MINISTÉRIO PÚBLICO BRASILEIRO
entre unidade e independência

ALEXANDRE DE CASTRO COURA

Doutor e mestre em Direito Constitucional pela UFMG. Pós-doutorado como Visiting Scholar na American University Washington College of Law e Visiting Foreign Judicial Fellow no Federal Judicial Center — Washington D.C. Professor do programa de doutorado e mestrado em Direitos e Garantias Fundamentais da FDV. Professor adjunto do Departamento de Direito da UFES. Promotor de Justiça no Estado do Espírito Santo. Autor do livro Hermenêutica jurídica e jurisdição (in)constitucional: para uma análise crítica da "jurisprudência de valores" à luz da teoria discursiva de Habermas. *Editora Mandamentos. E-mail: <alexandrecoura@ig.com.br>.*

BRUNO GOMES BORGES DA FONSECA

Doutorando e mestre em Direitos e Garantias Fundamentais pela FDV. Especialista em Direito Constitucional pela UFES. Procurador do Trabalho na 17ª região. Ex-procurador do estado do Espírito Santo. Ex-advogado. Autor do livro Compromisso de ajustamento de conduta, *LTr Editora. E-mail: <bgbfonseca@yahoo.com.br>.*

MINISTÉRIO PÚBLICO BRASILEIRO
entre unidade e independência

EDITORA LTDA.
© Todos os direitos reservados

Rua Jaguaribe, 571
CEP 01224-001
São Paulo, SP – Brasil
Fone: (11) 2167-1101
www.ltr.com.br
Fevereiro, 2015

Produção Gráfica e Editoração Eletrônica: Peter Fritz Strotbek
Projeto de Capa: Fabio Giglio
Impressão: Pimenta Gráfica e Editora

Versão impressa – LTr 5098.2 – ISBN 978-85-361-8282-7
Versão E-book – LTr 8583.0 – ISBN 978-85-361-8295-7

Dados Internacionais de Catalogação na Publicação (CIP)
(Câmara Brasileira do Livro, SP, Brasil)

Coura, Alexandre de Castro
    Ministério Público brasileiro : entre unidade e independência / Alexandre de Castro Coura, Bruno Gomes Borges da Fonseca. — São Paulo : LTr, 2015.

    Bibliografia.

    1. Ministério público — Brasil I. Fonseca, Bruno Gomes Borges da. II. Título.

15-00181   CDU-347.963(81)

Índice para catálogo sistemático:

1. Brasil : Ministério Público   347.963(81)

Agradecimentos

*À Livia Stein Coura, minha esposa e grande amor,
a quem agradeço por compartilhar a vida e por sonhar junto.*

*Ao amigo e colega Bruno Gomes Borges da Fonseca,
pelo convite e pela oportunidade de interlocução e aprendizado.*

*Aos amigos e à minha "grande família", especialmente aos meus
pais João Coura e Luzilda da Fonseca, pelo carinho.*

*À minha irmã querida Maira Coura Campanha,
promotora de Justiça no Estado de Rondônia, na pessoa
de quem saúdo os colegas do Ministério Público brasileiro.*

Alexandre de Castro Coura

Agradecimentos

Dedico esta obra, em meu nome e de toda a minha grande família, a duas pessoas inestimáveis que nos deixaram no curso de sua elaboração: Maria da Penha Haddad Fonseca e Lauro Borges da Fonseca. O legado, a gratidão e a saudade são imensos.

Aos meus pais Sérgio e Marize, minhas irmãs Daniele e Ana Paula pelo amor incondicional, pela amizade e crença nas minhas utopias.

À Fernanda, minha esposa, pela vida a dois, pelo amor e pela amizade e pela nossa vida compartilhada em torno de Sofia.

Às crianças da família Bernardo, Davi, Murilo e Alice (sobrinhos) e minha filha (Sofia), fontes de inspiração e os melhores amigos que o titio-papai poderia ter.

Aos nossos familiares e amigos, sobretudo minha esposa Fernanda, minha mãe Marize, minhas irmãs Daniele e Ana Paula, minha sogra Conceição, Cida e minhas cunhadas Chalini, Carla e Priscila pelo imprescindível apoio nos cuidados com nossa amada Sofia, necessário pela minha ausência física em virtude do exercício de membro do Ministério Público brasileiro.

Ao amigo Alexandre Coura pelo aprendizado e pela possibilidade de idealizarmos e concluirmos projetos acadêmicos em comum, como esta obra.

Aos colegas e amigos do Ministério Público do Trabalho pelas relevantes funções desenvolvidas neste país, na pessoa dos quais cumprimento todos os demais membros do Ministério Público brasileiro.

Bruno Gomes Borges da Fonseca

Sumário

Prefácio — *Carlos Henrique Bezera Leite* 13

Apresentação 15

Introdução 17

Capítulo 1 — Ministério Público Brasileiro 19
1.1. Origens do Ministério Público Brasileiro 19
1.2. Revisitação dos princípios da unidade institucional e independência funcional ... 28
    1.2.1. Reconhecimento de repercussão geral em atuações conflitantes de membros do Ministério Público 28
    1.2.2. Recomendação n. 19/2011 do Conselho Nacional do Ministério Público: tentativa de amenização das atuações divergentes 30
    1.2.3. Rupturas e divergências na esfera extrajudicial e modificação de obrigações contempladas em compromisso de ajustamento de conduta 30
    1.2.4. Ausência de afronta ao princípio da unidade em virtude de atuação conflitante de membros do Ministério Público: defesa do princípio da independência funcional 31
    1.2.5. Ausência de afronta ao princípio da independência funcional em virtude de atuação conflitante de membros do Ministério Público: defesa do princípio da unidade 32
    1.2.6. Princípio da unidade e (des)necessidade de ratificação de manifestações de outros ramos e sub-ramos do Ministério Púbico sem atribuição 33
    1.2.7. Atuação dos sub-ramos do Ministério Público da União diretamente na Suprema Corte: a resposta do Supremo Tribunal Federal 34
    1.2.8. Atuação do Ministério Público nos Estados perante o Superior Tribunal de Justiça e o Supremo Tribunal Federal 35
    1.2.9. Impossibilidade de o Conselho Nacional do Ministério Público analisar atividade-fim desenvolvida pelos membros do Parquet: reafirmação institucional do princípio da independência funcional 36
    1.2.10. Revisão bibliográfica e sistematização teórica do princípio da unidade no Ministério Público brasileiro 39

1.2.11. Revisão bibliográfica e sistematização teórica do princípio da independência funcional no Ministério Público brasileiro 43

1.3. Tensão entre unidade e independência funcional: riscos da sobreposição principiológica 51

Capítulo 2 — Disputa de Paradigmas na Conformação do Ministério Público Brasileiro 55

2.1. Condição paradigmática dos distintos modelos de atuação institucional 56

2.2. Modelo teórico *pré-institucionalizado* de atuação do Ministério Público 58

2.3. Modelo teórico *ontologizado* ou *entificado* de atuação do Ministério Público .. 61

2.4. Modelo teórico teológico de atuação do Ministério Público: a influência da crença na interpretação do direito 65

2.5. Modelo teórico naturalista de atuação do Ministério Público: continuidade do direito natural 67

2.6. Modelo teórico positivista de atuação do Ministério Público: unidisciplinaridade, discurso de autoridade, formalismo e discricionariedade como modos de agir 72

2.7. Modelo teórico utilitarista de atuação do Ministério Público: maior felicidade possível como meta subjacente ao agir institucional 77

2.8. Modelo teórico realista de atuação do Ministério Público: subjugação das normas pela decisão judicial e pelos fatos 78

2.9. Modelo teórico pós-positivista de atuação do Ministério Público: equívocos metodológicos na aplicação dos princípios jurídicos e dignidade humana como metalinguagem 82

2.10. Modelo teórico liberal de atuação do Ministério Público: posição de abstenção e pretensão de neutralidade 86

2.11. Ministério Público no papel de macrossujeito: *déficit* de participação dos afetados no paradigma do estado social 89

2.12. Modelo teórico mentalista de atuação do Ministério Público: ajo conforme minha consciência 93

2.13. Modelo teórico *axiolizante* de atuação do Ministério Público e seu suposto efeito prático na atuação institucional 94

2.14. Ministério Público na condição de decisor da moralidade prevalecente em uma comunidade *órfã* 98

2.15. Ministério Público demandista: arena judicial como foco de atuação 99

2.16. Ministério Público de gabinete: dificuldade de interação 101

2.17. Considerações parciais 102

Capítulo 3 — Ministério Público Brasileiro Democrático e Resolutivo: (Re)Construção Institucional à Luz do Atual Paradigma Constitucional 104

3.1. Pensamento pós-metafísico, filosofia da linguagem, intersubjetividade, teorização democrática do direito e pós-positivismo: eixos temáticos oxigenadores da construção de um novo modo de atuação do Ministério Público 104

3.2. Ministério Público e(m) crise? Ou crise de paradigmas? o papel do ensino jurídico nesse contexto 112

3.3. Tensão entre estado de direito e democracia na contínua (re)construção do Ministério Público Brasileiro 120

3.4. Unidade *versus* independência e uso criativo de (aparentes) paradoxos: traço distintivo do Ministério Público brasileiro 135

3.5. Considerações parciais e síntese do Ministério Público democrático e resolutivo 145

Capítulo 4 — A (Des)Construção do Ministério Público Brasileiro Democrático e Resolutivo 154

4.1. Discurso apocalíptico? Realidade indiciária? Supostos riscos e perspectivas do Ministério Público Brasileiro 154

4.2. Nós, o Ministério Público, vistos por seus membros: encaminhamentos para reflexão 162

Considerações Finais 177

Referências 179

Prefácio

Com imensa alegria e profundamente honrado, recebi o convite para prefaciar esta inovadora e relevante obra "MINISTÉRIO PÚBLICO BRASILEIRO: entre unidade e independência", de autoria de dois dos mais talentosos alunos que tive em minha vida acadêmica que se associam em feliz e oportuna parceria autoral: Alexandre de Castro Coura e Bruno Gomes Borges da Fonseca.

O leitor logo perceberá que se trata de obra que é fruto de profícua pesquisa realizada por dois destacados professores e membros do Ministério Público brasileiro. Alexandre, promotor de justiça, pós-doutor em direito e professor universitário, e Bruno, procurador do trabalho, doutorando em direito e professor universitário, conseguiram reunir, em um único livro, inúmeros e importantíssimos aspectos teóricos e práticos alusivos à atuação ministerial no paradigma do Estado democrático de direito.

Para tanto, a obra está cuidadosa e didaticamente dividida em quatro partes. Na primeira, os autores analisam o perfil histórico do Ministério Público brasileiro e a sua evolução institucional no ordenamento juspolítico, abordando com acuidade ímpar e criticidade emancipadora os conflitos internos de atribuições à luz de uma renovadora hermenêutica dos princípios da unidade e independência funcional, embasados em revisão bibliográfica e sistematização teórica desses princípios, e alertando para os riscos da sobreposição principiológica.

Na segunda parte, os autores investigam as disputas de paradigmas na conformação dos diversos modelos de atuação do *Parquet* brasileiro, destacando os modelos pré-institucional, ontológico, teleológico, naturalista, positivista, utilitarista, realista, pós-positivista, liberalista, axiologizante, moralista e demandista. Ao final, convidam o leitor à reflexão sobre o modelo de Ministério Público de gabinete e as dificuldades de sua interação com os demais modelos.

A terceira parte da obra é destinada à análise do Ministério Público Brasileiro democrático e resolutivo no atual paradigma do Estado constitucional e democrático de direito. Aqui os autores abordam os pensamentos pós-metafísico, da filosofia da linguagem, da intersubjetividade, da teorização democrática do direito e do pós-positivismo como eixos temáticos oxigenadores da construção de um novo modo de atuação do Ministério Público brasileiro. Esta parte da obra contém instigantes interrogações sobre a existência de crises do (ou no) Ministério Público ou de paradigmas, oportunidade em que os autores contextualizam o importante papel do ensino jurídico na formação dos atores ministeriais, a tensão entre Estado de direito e democracia na contínua (re)construção institucional, a unidade *versus* independência funcional e a conjugação equilibrada desses princípios como traço distintivo do Ministério Público brasileiro.

Na quarta e última parte, os autores destacam a possibilidade de construção (ou desconstrução) do Ministério Público brasileiro democrático e resolutivo sob o enfoque dos discursos apocalípticos, da realidade indiciária e dos supostos riscos e perspectivas da instituição ministerial brasileira. Nessa parte os autores, como membros do Ministério Público, propõem importantes encaminhamentos para uma profunda reflexão sobre os papéis que a instituição deve desempenhar no paradigma do atual Estado democrático de direito, enaltecendo como sua atuação primeira a extrajudicial, sem prejuízo da sua relevante função judicial. Para tanto, destacam que o dinamismo da instituição e a possibilidade de sua atuação adequada à Constituição dependerão do reconhecimento da dicotomia "tensão e harmonia" entre os princípios da unidade e independência funcional.

Por tudo isso, parece-me que a presente obra encontra-se em perfeita sintonia com o atual estágio do modelo constitucional e democrático de acesso justo à justiça, especialmente no seu sentido material, o qual deve assegurar o acesso de todas as pessoas aos direitos metaindividuais, sobretudo os de ordem social, por meio da participação efetiva dos seus titulares, diretamente ou por meio dos seus "representantes ideológicos", ao espaço público, o que implica a imperiosa necessidade de uma nova cultura dos operadores jurídicos a respeito do papel contemporâneo do Ministério Público brasileiro na efetivação dos direitos fundamentais no paradigma do Estado democrático de direito.

Não poderia deixar de mencionar que os autores desta obra, assim como este prefaciador, são pesquisadores do Programa de Pós-Graduação *Stricto Sensu* (mestrado e doutorado) em Direitos e Garantias Fundamentais da Faculdade de Direito de Vitória (FDV), e vêm produzindo inúmeras publicações nessa importante área da ciência jurídica. Ambos se destacam pela dedicação, seriedade e disposição em ajudar e dividir seus conhecimentos com os demais colegas docentes e discentes da referida instituição de ensino.

Parabenizo, pois, os autores, por nos brindarem com esta excelente obra que, pela sua diferenciada importância teórica e prática, merecerá ampla acolhida da comunidade jurídica; a LTr Editora, pela publicação do conhecimento jurídico em nosso País, e, principalmente, o público leitor — advogados, magistrados, membros do Ministério Público, professores, estudantes e candidatos aos concursos públicos — destinatário final deste livro imprescindível para todos aqueles que almejam conhecer e pesquisar a fundo o Ministério Público brasileiro.

Carlos Henrique Bezerra Leite

Doutor e Mestre em Direito (PUC/SP). Professor de Direitos Humanos Sociais e Metaindividuais do Programa de Mestrado e Doutorado em Direitos e Garantias Fundamentais (FDV). Professor de Direito Processual do Trabalho (FDV). Ex-Professor Associado de Direitos Humanos e Direito Processual do Trabalho (UFES). Ex-Diretor da EJUD-Escola Judicial do TRT da 17ª Região. Desembargador do Trabalho do TRT da 17ª Região/ES. Ex-Procurador Regional do Ministério Público do Trabalho. Titular da Cadeira 44 da Academia Brasileira de Direito do Trabalho.

Apresentação

O Ministério Público brasileiro é instituição com interessante e complexo desenho constitucional. Recebeu relevantes funções e sua atuação parece capaz de promover, abrir e incentivar caminhos de transformação social.

Somos integrantes dessa instituição e acreditamos que a Constituição conferiu-lhe um papel importante na construção do projeto do estado democrático de direito, no qual a garantia dos direitos fundamentais está indissociavelmente ligada à democratização das práticas sociais e institucionais.

Embora uno, o Ministério Público brasileiro é integrado por agentes com diferentes compreensões do mundo e do direito e independência funcional. Tal diversidade materializa, dentro da mesma instituição, condutas e padrões de atuação distintos, ora alinhados, ora concorrentes por prevalência.

Nesse contexto, o Ministério Público brasileiro depara-se com o desafio de lidar com a tensão entre os princípios institucionais da unidade e independência funcional.

De um lado, o risco de que a omissão e o voluntarismo individuais, travestidos de independência funcional, inviabilizem a coordenação de ações institucionais de caráter geral. De outro, o perigo de que o discurso de uniformização de condutas fortaleça viés hierarquizante a partir da cúpula administrativa do Ministério Público e prejudique a capacidade de cada promotor-procurador delinear as estratégias adequadas à realização dos fins constitucionais da instituição à luz das peculiaridades dos casos concretos.

O desvelamento desse aparente paradoxo e a aproximação de um ponto de equilíbrio são imprescindíveis à construção de um Ministério Público brasileiro democrático e resolutivo. Todavia, o equilíbrio entre independência e unidade não é, simplesmente, um ponto ideal e definitivo de chegada. Nem é extraído apenas de conclusões teóricas gerais e abstratas, supostamente aplicáveis a todas as possíveis situações.

Tal equilíbrio depende de um permanente processo de debate e reflexão, repleto de picos de tensão, mas impulsionador de aprimoramentos e aprendizado. A diversidade e a possibilidade de divergência institucional criam desafios, mas também apresentam forte potencial produtivo, ao promover o desenvolvimento da instituição em (e para) uma sociedade em constante transformação.

Análise da multiplicidade presente na unidade institucional, permite identificar paradigmas refletidos (e com reflexos) nos modos de agir dos membros do Ministério Público que, concomitantemente, constituem e são construídos por práticas compartilhadas. Esse processo dialético é mutável de idas e vindas e de avanços e retrocessos, porque da teoria extrai-se a prática e desta retorna-se e reavalia-se aquela.

A presente obra, em perspectiva esquemática e argumentativa, buscará fomentar a discussão e o amadurecimento acerca dos possíveis modelos e padrões de comportamento institucional, bem como os pressupostos e marcos teóricos que lhes são subjacentes.

Para tanto, distintas vertentes teóricas e pragmáticas de atuação do Ministério Público brasileiro foram identificadas e correlacionadas a certos paradigmas, supostamente adotados pelos seus membros. Houve tentativa de formar teorização geral sobre hipóteses de agir dos membros da instituição e seus possíveis efeitos pragmáticos. Concomitantemente, a relação de tensão entre unidade e diversidade (à qual independência funcional se associa) foi explorada com o propósito de extrair de um aparente paradoxo algo de útil à construção democrática da instituição.

A expressão *supostos modelos teóricos de atuação*, propositadamente, tem relativa ambiguidade. São esquemas genuinamente teóricos, categorias, entretanto, passíveis de serem relacionados a diversas práticas de membros da instituição. Essa ideia pareceu interessante, pois ensejou aproximação de supostas condutas de seus agentes com referenciais teóricos, admitiu reflexão acerca da sua compatibilidade com o atual paradigma constitucional e, ainda, possibilitou avaliação das possíveis consequências decorrentes da adoção de uma ou outra base teórica. Essa proposta ora põe em xeque a unidade, ora a independência funcional. E esse foi, explicitamente, o objetivo e a estratégia metodológica empregada nesta obra.

Aludida maneira de abordagem também viabilizará a demonstração de que a prática decorre da teoria e esta sofre influência e é formada em virtude daquela. Assim, a identificação de supostas categorias teóricas na maneira de agir dos seus agentes serve para perceber em qual sentido o Ministério Público é influenciado por paradigmas diversos, na medida em que seus membros são agentes hermenêuticos, cujos pressupostos e pontos de vista constituem forma(s) de atuação institucional.

A tensão entre os princípios da unidade e independência funcional, contudo, não será abordada como um problema a ser eliminado, mas como condição de possibilidade para constituição de sentido nesse complexo horizonte hermenêutico, no qual a conciliação entre princípios aparentemente contraditórios é fundamental, sem prejuízo de seu processo de construção conflitivo.

Temos orgulho de integrarmos o Ministério Público brasileiro. A análise, indisfarçadamente crítica, decorreu do propósito permanente de aprimoramento. A proposta apresentada, por outro lado, lastreou-se no paradigma por nós adotado nesta obra e de maneira alguma visou afirmar a equivocidade de outras correntes ou sua contrariedade à ordem jurídica. Tem-se, apenas, ponto de vista alternativo pautado em marcos teóricos e em concepções hermenêuticas por nós compartilhados, aos quais submetemos à prova dos nossos futuros leitores, na expectativa de fomentar debate e reflexão.

Boa leitura!

Os autores

Introdução

A democratização do país e a CF/1988 promoveram o (re)nascimento do Ministério Público. Tem-se, a partir de então, o contorno de uma (nova) instituição, essencial à função jurisdicional, à defesa do regime democrático e à ordem jurídica e, como tal, defensora dos direitos sociais e individuais indisponíveis.

O Ministério Público brasileiro foi aparelhado com instrumentos de atuação extrajudiciais e judiciais. Em seu rol atributivo, encontram-se mecanismos potencialmente interessantes, como o TAC, as ações coletivas, o IC, as notificações recomendatórias e as audiências públicas.

Todavia, embora as discussões acerca da finalidade precípua do Ministério Público convirjam para o disposto no art. 127 da CF/1988, as divergências acerca dos caminhos concretos para efetivação desse mister são evidentes.

Nesse contexto, a tensão entre unidade e independência funcional se apresenta, sendo a conciliação de tais princípios institucionais um grande desafio para o Ministério Público brasileiro.

Em virtude dessa particularidade e da amplitude da definição constitucional, é possível vislumbrar diversos modelos teóricos de agir influenciados por diferentes paradigmas que constituem e também são constituídos pela prática adotada por seus membros.

A presente pesquisa analisará o aparente paradoxo de a instituição situar-se entre a unidade e a independência, bem como a constituição de modelos teóricos de atuação de membros do Ministério Público brasileiro e sua suposta vinculação a determinados paradigmas. No fim, proporá um agir institucional oxigenado pelo paradigma do Estado democrático de direito, apresentará riscos e fará encaminhamentos propositivos.

O problema impulsionador deste trabalho reporta-se à suposta influência de paradigmas e de marcos teóricos adotados por membros do Ministério Público na forma de atuação da instituição e em qual sentido é possível conjugar a unidade e a (ou na) independência funcional (diversidade) de seus agentes.

A pesquisa partirá de uma hipótese afirmativa, pois, ao que parece, os membros do Ministério Público, mesmo involuntariamente, agem pautados por paradigmas diversos, que influenciam a conformação da instituição e retroalimentam práticas individuais concorrentes. Por isso, o desafio é aclarar essa asseveração e laborar em uma proposta problematizante e de conjugação equilibrada, mas sempre em estado de tensão, entre unidade e (ou na) diversidade decorrente da independência funcional.

O objetivo será problematizar possíveis práticas dos membros do Ministério Público que, ao serem naturalizadas, são reproduzidas de forma irrefletida, acrítica, e consolidam pressupostos de atuação insustentáveis à luz do atual paradigma constitucional e desvirtuam a unidade institucional prevista na Constituição.

A pesquisa analisará também os riscos de que certas interpretações acerca dos princípios da unidade e da indivisibilidade sufoquem o potencial resolutivo da atuação dos membros do Ministério Público, dificultem rupturas paradigmáticas ou obstaculizem alternativas institucionais produtivas e inovadoras.

O livro objetivará, ainda, descortinar alguns dos supostos paradigmas adotados pelos membros do Ministério Público. Esse ponto poderá contribuir à medida que sujeitar autorreferências a autorrelações e aprimorar o diálogo entre independência funcional e a busca de unidade na instituição.

A intenção, assim, será trabalhar com modelos teóricos de atuação decorrentes de supostos paradigmas adotados por membros do Ministério Público e associá-los, mesmo por aproximação, a situações hipotéticas, mas possíveis de ocorrerem na prática da instituição. As abordagens filosóficas-jurídicas, propositadamente, serão objetivas e limitadas pelo propósito de ancorar indícios, caminhos possíveis e (in)desejáveis.

O primeiro capítulo revisitará os princípios da unidade e independência funcional aplicáveis ao Ministério Público brasileiro. Haverá uma imbricação pragmática-teórica, pautada por decisões de órgãos vinculados ao *Parquet*, dos tribunais e revisão bibliográfica. O problema será enfrentado, nesse momento, em busca de premissas, mas, ainda, sob uma óptica introdutória e indiciária.

O segundo capítulo apresentará e analisará os supostos modelos teóricos que podem constituir e ser constituídos por paradigmas de atuação dos membros do Ministério Público brasileiro. Haverá junção das abordagens teórica e pragmática em direção a um possível descortinar de pressupostos subjacentes a condutas algumas vezes irrefletidas.

O terceiro capítulo apresentará e avaliará o modelo teórico de atuação do Ministério Público oxigenado pelo paradigma do Estado democrático e circunscrito pela filosofia da linguagem, pelos movimentos pós-metafísico e do pós-positivismo e pela intersubjetividade como condição da subjetividade. A linha de exposição será, concomitantemente, de agregação e de rupturas em busca do reconhecimento de um novo, formante e dinâmico modelo de atuação da instituição, o que, de certa maneira, soará como um caminho para convivência entre unidade e independência, sem jamais perder seu estágio tensional.

O último capítulo contemplará reflexões, eventuais riscos e perspectivas do Ministério Público brasileiro e formulará problematizações acerca dos possíveis caminhos a serem seguidos, sem, contudo, ter a pretensão de dogmatizar e eternizar respostas.

Capítulo 1
Ministério Público Brasileiro

O Ministério Público brasileiro, paulatinamente, em um caminho de avanços e recuos, encontrou na CF/1988 um impressionante, complexo e potencialmente poderoso rol de atribuições. Seu contorno constitucional, ainda no ano de 1988, deu sinais da necessidade de rompimento paradigmático, do abandono da interpretação retrospectiva e do enfrentamento hermenêutico da Constituição.

Estudar o Ministério Público brasileiro é encargo árduo, dos mais delicados, por envolver análises de diversas matizes e ciências. Ainda mais em uma instituição circunscrita pelos princípios da unidade e independência funcional, presentada por membros com distintas pré-compreensões.

Defendemos a existência de um novo Ministério Público brasileiro a partir da CF/1988. Nossa concepção, no plano formal, é registrada pela elocução *Ministério Público democrático e resolutivo*. Materialmente, teorizaremos um *Parquet*[1], interna e externamente, radicalmente democrático e ciente de que sua atividade-fim é a atuação extrajudicial, sem, porém, desmerecer ou tornar irrelevante as atribuições judiciais. Mas essa síntese é apenas um indício, uma pista a ser desenvolvida no transcorrer da pesquisa[2].

Para alcançarmos nosso propósito, a análise será verticalizada. Neste capítulo, inicialmente, contextualizaremos o Ministério Público brasileiro. Após, enfrentaremos, sob uma óptica introdutória, indiciária, e em um viés pragmático-teórico, o problema desta pesquisa.

1.1. Origens do Ministério Público Brasileiro[3]

Este subcapítulo apresentará, em linhas gerais, as origens e a atual conformação do Ministério Público brasileiro. A abordagem terá caráter preparatório e propiciará, posteriormente, avanço da pesquisa. Muitos dos temas a serem expostos serão retomados adiante com maior agudeza e sob enfoque específico, reflexivo e crítico.

---

(1) O Ministério Público é conhecido pela expressão francesa *parquet*, que significa junção de tábuas (lâminas de *parquet*) formantes do chão. Os procuradores do rei, na França, em sua origem, postulavam aos juízes (magistratura sentada ou *magistrature assise*) de pé (*magistratura debut*) sobre o assoalho: MAZZILLI, Hugo Nigro. *Regime jurídico do ministério público*. 6. ed. rev. ampl. e atual. São Paulo: Saraiva, 2007. p. 39.

(2) Conclusões hipotéticas ou à guisa de esclarecimento podem ser contempladas introdutoriamente. A prática poderá vir antes da teoria, juntas ou em outra ordem. Tudo em prol da maior clareza das ideias e do abandono de pensamentos mecanicistas.

(3) Alguns trechos, teorizações e citações constantes deste subcapítulo foram extraídos de: FONSECA, Bruno Gomes Borges da. *Compromisso de ajustamento de conduta*. São Paulo: LTr, 2013. p. 27-47.

A partir da promulgação da CF/1988 e da redemocratização do país, é possível afirmar no plano teórico, o surgimento de um novo Ministério Público, em face das relevantes modificações introduzidas pela Constituição e, posteriormente, pela legislação infraconstitucional.

A origem do Ministério Público, ainda, é discutida. Conhecer alguns pontos da história da instituição, decerto, facilitará a compreensão de críticas e propostas desenvolvidas neste trabalho. Entretanto o delineamento do *Parquet* brasileiro é de vanguarda e fruto do poder constituinte originário de 1988, e essa lembrança deverá cingir interpretações meramente retrospectivas[4].

O Ministério Público tem origem controvertida. A gênese será distinta, consoante premissa adotada quanto ao papel por ele desempenhado[5]. Ao pressupor ser inerente ao *Parquet* a acusação criminal, a precedência será diferente daquele que considere como imprescindível, em sua caracterização, a tutela do interesse público ou a defesa do estado. Por efeito, convém asseverar pela multiplicidade genealógica.

Na Antiguidade inexistia a figura do Ministério Público, como conhecida atualmente. É possível vislumbrar certas atividades similares às realizadas pela instituição hodiernamente e, nesse ponto, fazer um paralelo genealógico com o *Parquet*. Por esse aspecto critica-se a busca de genealogia na antiguidade[6].

A França, contemporaneamente, é apontada, pela maioria dos juristas, como local de origem do Ministério Público, em razão da Ordenação Francesa de 1302 do rei *Philippe IV, O Belo*[7].

A Revolução Francesa consolidou as garantias da inamovibilidade e independência. De procuradores do rei passaram a procuradores da sociedade[8]. Os textos napoleônicos instituíram o Ministério Público conhecido da França na atualidade[9] e as invasões de Napoleão espalharam o *Parquet* por toda a Europa[10], inclusive Portugal, cujas ordenações trouxeram-no ao Brasil.

A Constituição imperial (1824) omitiu-se em disciplinar o Ministério Público. Constou apenas menção ao Procurador da Coroa e Soberania Nacional como responsável pela acusação no juízo do crime (art. 48). O Código de Processo Criminal do Império de 1832 (arts. 36 a 38) reservou uma seção ao então promotor público (e não de justiça).

---

(4) Chamamos de retrospectivas as interpretações profundas em dados históricos, mas que fracassam em interpretar o Ministério Público a partir da CF/1988. Estudar a história da instituição é relevante. Todavia merece especial destaque a reviravolta do Ministério Público com a Constituição de 1988, cujo texto é essencial para compreensão da atual conformação da instituição.

(5) MACHADO, Antônio Cláudio da Costa. *A intervenção do Ministério Público no processo civil brasileiro*. São Paulo: Saraiva, 1989. p. 9.

(6) LYRA, Roberto. *Teoria e prática da promotoria de justiça*. 2. ed. Porto Alegre: Sergio Antonio Fabris. 1989. p. 17 e 20.

(7) LYRA, Roberto. Op. cit., p. 20-21.

(8) GARCIA, Emerson. *Ministério público*. Organização, atribuições e regime jurídico. 3. ed. rev. ampl. atual. Rio de Janeiro: Lumen Juris, 2008. p. 9-10.

(9) MAZZILLI, Hugo Nigro. *Regime jurídico do Ministério Público*. 6. ed. rev. ampl. e atual. São Paulo: Saraiva, 2007. p. 39.

(10) TORNAGHI, Hélio. *Curso de processo penal*. 10. ed. Atualização Adalberto José Q. T. De Camargo Aranha. São Paulo: Saraiva, 1997, v. I. p. 490.

A primeira Constituição republicana (CF/1891) dispunha sobre a escolha do PGR entre os ministros do STF (art. 58, § 2º). O art. 81, § 1º, da CF/1891, ademais, conferia legitimidade ao PGR para promover a revisão criminal. Essa incumbência emitia sinais de que o Ministério Público atuaria como uma espécie de *parte imparcial*, pois ora acusador, ora autor da pretensão de libertação.

A CF/1934 associou o *Parquet* ao Poder Executivo e o inscreveu no Capítulo VI: *Dos órgãos de cooperação nas atividades governamentais* (arts. 95 a 98). Previu a organização da instituição na União, no DF, nos Territórios e nos Estados. O PGR e os demais chefes da instituição eram escolhidos entre cidadãos com requisitos estabelecidos. O PGR era nomeado pelo presidente da República e demissível *ad nutum*. Estipulou garantias e prerrogativas e manteve a legitimidade ativa para revisão criminal.

A CF/1937, por sua vez, omitiu-se em organizar o Ministério Público em capítulo específico, como fez a anterior, em flagrante retrocesso institucional. Previu o PGR como chefe do MPF. O PGR funcionava no STF, sendo cargo de livre nomeação e demissão pelo presidente da República, dentre as pessoas que reunissem os requisitos exigidos para o cargo de ministro na Suprema Corte (art. 99). Admitiu que lei delegasse à instituição nos estados a função de representar em Juízo a Fazenda Federal (art. 109, parágrafo único), o que comprometia a autonomia institucional.

Nesse período de ditadura, houve ampliação formal das atribuições do Ministério Público. O CPC de 1939 estabeleceu a obrigatoriedade de intervenção do Ministério Público em diversos tipos processuais. Estrutura-se, pois, a função de *custos legis* ou de parecerista. O CPP de 1941, por sua vez, previu o poder de requisitar instauração de IP e conferiu à instituição a titularidade da ação penal.

A CF/1946 voltou ao conferir título autônomo ao Ministério Público, separado dos demais Poderes. Continuava, porém, em atribuir a função de representar judicialmente a União (art. 126, parágrafo único). Os procuradores da república eram incumbidos de defender a União e, nas comarcas do interior, a incumbência era do MPE. A escolha do PGR recaía em cidadãos com requisitos previamente estabelecidos e a nomeação era do presidente da República, porém, após aprovação pelo Senado Federal. A demissão era *ad nutum* (art. 126)

A CF/1967 inseriu o Ministério Público na seção destinada ao Poder Judiciário (arts. 137 a 139) e manteve sua incumbência de defender a União. A EC n. 1/1969, diferentemente, incluiu o Ministério Público em tópico referente ao Poder Executivo (arts. 94 e 96).

A Lei Complementar n. 40/1981, disciplinante de normas gerais aplicáveis ao MPE, apresentou mudanças significativas, inclusive muitas foram absorvidas pela CF/1988. O Ministério Público foi alçado à condição de instituição (art. 1º), regida pelos princípios da unidade, indivisibilidade e autonomia funcional[11] (art. 2º), com função de promover ação penal e ACP[12] (art. 3º).

---

(11) O termo autonomia funcional foi empregado em vez de independência funcional. O art. 16 da Lei Complementar n. 40/1981, entretanto, garantiu ao membro do Ministério Público, expressamente, independência no exercício de suas funções.

(12) A ação civil pública (ACP) é a ação coletiva por excelência do direito brasileiro. Além da previsão constitucional (art. 129, III), foi regulamentada por diversos atos normativos, em especial, pela Lei n. 7.347/1985.

O texto constitucional de 1988 decorreu de mobilização de membros e defensores do Ministério Público brasileiro e acolheu, em grande parte, as propostas contempladas na Carta de Curitiba aprovada em 1986[13]. Esse documento propôs a independência funcional como uma das garantias dos membros (art. 5º, I). Embora abordasse o *Parquet* como instituição, absteve-se de propor o princípio da unidade (art. 1º).

O Ministério Público brasileiro foi definido como instituição permanente, essencial à função jurisdicional do Estado, com incumbência de defender a ordem jurídica, o regime democrático e os interesses sociais e individuais indisponíveis (art. 127 da CF/1988, art. 1º EMPU e art. 1º LONMP). O contorno dogmático-constitucional-legal realçou, portanto, o aspecto funcional do *Parquet* ao circunscrevê-lo com listagem de suas atribuições. Essa definição pode ser enxergada como o início da mudança paradigmática institucional.

A CF/1988 diluiu o vínculo do Ministério Público com o Poder Executivo e o afastou da função de representação judicial da União. Essas reminiscências, decerto, arranhavam a autonomia institucional. A expressão *instituição* conformou-se entre o órgão e a pessoa jurídica de direito público. É menos do que esta e mais do que aquele[14]. Ao Ministério Público, como *instituição*, foi reconhecida personalidade judiciária. A solução foi a mais adequada e contribuiu para explicitar seu caráter autônomo[15].

Para alguns, o Ministério Público brasileiro estaria, ainda, vinculado ao Poder Executivo. Para outros, seria um quarto poder ou, enquanto concepção teórica distinta, uma instituição extra-poderes. A CF/1988 renunciou em definir, explicitamente, a colocação constitucional da instituição em relação aos Poderes de Estado, e, para certo segmento, saber se integra um deles é uma questão de menor relevância, pois, o essencial é assegurar-lhe autonomia e independência[16].

Embora o Ministério Público não seja definido como um poder, mas sim como instituição, foi alçado pela CF/1988 à condição análoga a de um poder de Estado[17], entretanto suas funções não se enquadram em qualquer das funções estatais tradicionais[18].

O Ministério Público, malgrado a nomenclatura seja disforme, é estudado em todo o mundo. O direito comparado permite análise quanto à forma de ingresso na carreira, suas atribuições, vinculação da carreira à magistratura, autonomia institucional relativamente a outros Poderes, entre outros temas.

---

(13) Proposta elaborada pelo Ministério Público e aprovada em 1986 no Primeiro Encontro Nacional de Procuradores Gerais de Justiça e Presidentes de Associações, realizado na capital do Paraná. Recebeu o nome de Carta de Curitiba. Inúmeras previsões desse manifesto foram acolhidas pela CF/1988.

(14) GARCIA, Emerson. *Ministério público*. Organização, atribuições e regime jurídico. 3. ed. rev. ampl. atual. Rio de Janeiro: Lumen Juris, 2008. p. 41-43.

(15) MAZZILLI, Hugo Nigro. *Regime jurídico do ministério público*. 6. ed. rev. ampl. e atual. São Paulo: Saraiva, 2007. p. 105.

(16) BRASIL. *STF*. MS n. 21239/DF. Tribunal Pleno. Relator: ministro Sepúlveda Pertence. Julgamento: 5.6.1991.

(17) STRECK, Lenio Luiz; FELDENS, Luciano. *Crime e constituição*. A legitimidade da função investigatória do ministério público. 3. ed. Rio de Janeiro: Forense, 2006. p. 41.

(18) Eduardo Ritt. *O ministério público como instrumento de democracia e garantia constitucional*. Porto Alegre: Livraria do Advogado, 2012. p. 148.

O arcabouço jurídico do Ministério Público brasileiro é, possivelmente, o mais aprimorado em cotejo com previsões de outros países[19]. Por isso, seu estudo é genuíno e não encontrará similar no direito comparado.

O Ministério Público brasileiro recebeu capítulo específico na CF/1988. Sua definição, seu papel e sua organização têm, portanto, sede constitucional, diferentemente de outros países que o regulamentaram apenas no plano infraconstitucional. Além disso, é regido, em especial, por duas normas infraconstitucionais: (i) EMPU, a princípio, aplicável ao MPU e (ii) LONMP, de início, referente ao MPE. Esses atos normativos imbricam-se, sendo possível integração por aplicação subsidiária (LONMP, art. 80).

No país, o ingresso na instituição dá-se por concurso público de provas e títulos, com participação da OAB (art. 129, § 3º, da CF/1988, arts. 186 a 194 da EMPU, art. 59 da LONMP e Resolução n. 14/2006, alterada pela Resolução n. 24/207, ambas do CNMP), diferentemente de países do *common law* nos quais o recrutamento ocorre por eleição ou contratação direta[20]. No Brasil, exige-se do candidato, além do bacharelado em Direito, atividade jurídica de três anos[21]. O exercício da função por agente não integrante da carreira (art. 129, § 2º, da CF/1988, art. 33 do EMPU e art. 25, parágrafo único, da LONMP) e a nomeação de membro *ad hoc*[22] [23] são vedados.

O Ministério Público brasileiro tem atribuições diversas (art. 129 da CF/1988, art. 5º da EMPU e arts. 25 a 27 da LONMP) e em praticamente todas as áreas do direito, diferentemente de países nos quais sua atividade restringe-se à esfera criminal[24]. Há, porém, vedação de representar judicialmente e prestar consultoria jurídica a entidades públicas (CF/1988, art. 129, IX), ao contrário, por exemplo, do modelo de *Parquet* português, que tem a função de defender o estado entre suas atribuições[25]. Isso, porém, não é empecilho

---

(19) GRINOVER, Ada Pelegrini. O papel do Ministério Público entre as instituições que compõem o sistema brasileiro de justiça. *In*: SADEK, Maria Tereza (Org.). *O ministério público e a justiça no Brasil*. São Paulo: Sumaré/IDESP, 1997. p. 13. Eduardo Ritt. *Op. cit.*, p. 137, também reconhece que o Ministério Público brasileiro adquiriu uma natureza jurídico-constitucional sem similar no mundo.

(20) GARCIA, Emerson. *Ministério público*. Organização, atribuições e regime jurídico. 3. ed. rev. ampl. atual. Rio de Janeiro: Lumen Juris, 2008. p. 10.

(21) O requisito da atividade jurídica decorreu da promulgação da EC n. 45/2004 e foi declarado constitucional pelo STF: BRASIL. *STF*. ADI n. 3460/DF. Tribunal Pleno. Relator: Ministro Carlos Britto. Julgamento: 31.8.2006. Fonte: DJe-37, divulgado em 14.6.2007 e publicado em 15.6.2007. A Resolução n. 40/2009, alterada pelas Resoluções n. 57/2010 e n. 87/2012, todas do CNMP, definiu a atividade jurídica para fins de requisito de ingresso na carreira do Ministério Público.

(22) BRASIL. *STF*. ADI n. 1748 MC/RJ. Tribunal Pleno. Relator: Ministro Sydney Sanches. Julgamento: 15.12.1997. Fonte: DJ 8.9.2000.

(23) Excepcionalmente admitiu-se a nomeação *ad hoc* de promotores de justiça em virtude de movimento paredista dos membros do Ministério Público e, nessa hipótese excepcional, as cortes superiores abstiveram-se de declarar a nulidade processual: BRASIL. *STF*. HC n. 71198/GO. 2ª Turma. Relator: Ministro Maurício Corrêa. Julgamento: 21.2.1995. Fonte: DJ 30.6.2000; BRASIL. *STJ*. HC n. 1669/GO. 6ª Turma. Relator: Ministro Pedro Acioli. Julgamento: 27.4.1993. Fonte: DJ 14.6.1993, p. 11.790.

(24) GARCIA, Emerson. *Ministério público*. Organização, atribuições e regime jurídico. 3. ed. rev. ampl. atual. Rio de Janeiro: Lumen Juris, 2008. p. 10.

(25) SAUWEN FILHO, João Francisco. *Ministério Público brasileiro e estado democrático de direito*. Rio de Janeiro: Renovar, 1999. p. 47.

para a atuação da instituição brasileira em defesa do patrimônio público (STJ, Súmula n. 329) nas hipóteses de relevância social, por se tratar de *interesse público primário*, transcendente ao estrito interesse estatal (*interesse público secundário*).

Para exercer essas vastas atribuições, o Ministério Público brasileiro foi dividido em dois grandes ramos (CF/1988, art. 128, I e II): (i) Ministério Público da União (MPU); (ii) Ministério Público nos Estados (MPE). Este encontra-se presente em cada estado da federação, enquanto o primeiro, de âmbito nacional, foi subdivido em quatro sub-ramos: Ministério Público Federal (MPF), Ministério Público do Trabalho (MPT), Ministério Público Militar (MPM) e Ministério Público no Distrito Federal e Territórios (MPDFT).

O direito brasileiro, além desses ramos e sub-ramos, prevê o Ministério Público nos Tribunais de Contas (MPTC) (art. 130 da CF/1988 e arts. 80 a 84 da Lei n. 8.443/1992) e a função de Ministério Público eleitoral (arts. 72 a 80 do EMPU, art. 32, III, da LONMP, e Resolução n. 30/2008 do CNMP).

A previsão do Ministério Público nos Tribunais de Contas foi declarada constitucional pelo STF[26]. Essa Corte reconheceu a independência funcional dos membros do MPTC, mas considerou-o como órgão integrante da estrutura organizacional do tribunal de contas, sem autonomia institucional[27].

O MPTC, por efeito, não integra, como um dos ramos ou sub-ramos, a instituição Ministério Público brasileiro, mas sim pertence à estrutura da corte de contas; é, pois, um *Parquet* especial, à parte. A Resolução n. 22/2007 do CNMP, congruente com essa concepção, prescreveu a impossibilidade de membros do MPE atuarem nos Tribunais de Contas e previu prazos para cessação dessa prática.

Inexiste outrossim um ramo denominado *Ministério Público Eleitoral*. Há, na realidade, uma função desempenhada por membros do MPF e do MPE na Justiça Eleitoral que passam a ocupar os cargos de procuradores e promotores eleitorais.

O Ministério Público brasileiro, para desincumbir-se do seu fim determinado pela Constituição, tem legitimidade privativa para promover ação penal pública e legitimidade concorrente e disjuntiva para propositura de ACP. Atua como *ombudsman*[28], investiga

---

(26) BRASIL. *STF*. ADI n. 789/DF. Tribunal Pleno. Relator: Ministro Celso de Mello. Julgamento: 26.5.1994. Fonte: DJ 19.12.1994.

(27) BRASIL. *STF*. ADI n. 1858 MC/GO. Tribunal Pleno. Relator: Ministro Ilmar Galvão. Julgamento: 16.12.1998. Fonte: DJ 18.05.2001; BRASIL. *STF*. ADI n. 160/TO. Tribunal Pleno. Relator: Ministro Octavio Gallotti. Julgamento: 23.4.1998. Fonte: DJ 20.11.1998.

(28) Essa função tem origem na Constituição Sueca de 1809 e depois foi estendida à Constituição Espanhola de 1978 com o *Defensor del Pueblo* e à Constituição Portuguesa de 1976 com o Provedor de Justiça. A Assembleia Nacional Constituinte da CF/1988, ao verificar que o Ministério Público estava estruturado e espraiado em todo o país, preferiu conferir a atividade de *ombudsman* a essa instituição: JATAHY, Carlos Roberto de Castro. *O ministério público e o estado democrático de direito*. Perspectivas constitucionais de atuação institucional. Rio de Janeiro: Lumen Juris, 2007. p. 30. A função de *ombudsman* consiste em zelar pelo efetivo respeito dos poderes públicos e dos serviços de relevância pública aos direitos assegurados na Constituição (art. 129, II, da CF/1988 e art. 2º do EMPU).

criminalmente[29], preside com exclusividade o inquérito civil (IC)[30], tem legitimidade ativa nas ações de inconstitucionalidades, defende os interesses dos índios, controla externamente a atividade policial[31], fiscaliza os estabelecimentos prisionais[32], realiza audiências públicas[33] e expede notificações recomendatórias, entre outras funções e instrumentos de ação.

A ordem jurídica brasileira, ademais, previu uma espécie de cláusula de abertura ao admitir que o Ministério Público exerça outras funções que lhe forem conferidas, desde que compatíveis com sua finalidade (art. 129, IX, da CF/1988, art. 5º, § 2º, do EMPU e art. 10, XIV, da LONMP). Possibilitou, portanto, o estabelecimento de novas atividades (legalmente previstas) conforme o advento de demandas sociais, o que conferiu dinamismo à instituição. Em razão desse ensejo, surgiu, como atribuição do *Parquet* brasileiro, por exemplo, a legitimidade ativa para celebrar compromisso de ajustamento de conduta (TAC) (art. 5º, § 6º, da LACP), entre outras funções institucionais.

O direito brasileiro assegurou ao Ministério Público autonomias administrativa, orçamentária, legislativa e funcional (art. 127, §§ 2º a 6º, da CF/1988, arts. 22 e 23 do EMPU e arts. 3º e 4º da LONMP). É uma instituição que não integra nem é subordinada a quaisquer dos Poderes, embora a nomeação dos chefes institucionais seja de autoria do Poder Executivo (CF/1988, art. 128, §§ 1º e 3º)[34].

O MPU é chefiado pelo PGR, nomeado pelo presidente da República entre integrantes da carreira, maiores de 35 anos, após a aprovação de seu nome pela maioria absoluta dos membros do Senado Federal, para mandato de dois anos, permitida a recondução. A sua destituição, por iniciativa do presidente da República, deverá ser precedida de autorização da maioria absoluta do Senado Federal (CF/1988, art. 128, §§ 1º e 2º).

---

(29) A Resolução n. 13/2006 do CNMP admitiu a instauração de procedimento administrativo presidido pelo Ministério Público com objetivo de investigar crimes. Esse tema será retomado adiante.

(30) A Resolução n. 23/2007 do CNMP regulamentou a tramitação do inquérito civil. Em síntese, esse procedimento administrativo investiga violações a direitos ou interesses metaindividuais (difusos, coletivos e individuais homogêneos) e a direitos individuais indisponíveis.

(31) A Resolução n. 20/2007 do CNMP regulamentou a maneira que o Ministério Público exercerá o controle externo da atividade policial.

(32) A Resolução n. 50/2006, alterada pela Resolução n. 72/2011, ambas do CNMP, regulamentou a forma da fiscalização dos estabelecimentos prisionais a ser empreendida pelo Ministério Público.

(33) A Resolução n. 82/2012 do CNMP regulamentou a realização de audiências públicas no âmbito do Ministério Público. Preferimos, no entanto, a expressão *audiências coletivas* em vez de *audiências* públicas. Audiências, comumente, são públicas, abertas aos diretamente envolvidos e terceiros. As audiências coletivas partem do pressuposto de serem públicas. Porém admitem e propiciam (por convite) participação de terceiros, inseridos no debate, com possibilidade (real) de lançarem e rebaterem argumentos, prestarem informações e posicionarem-se em quadro idealizado de máxima liberdade e igualdade: FONSECA, Bruno Gomes Borges da. *Compromisso de ajustamento de conduta*. LTr: São Paulo, 2013. p. 42

(34) Na Itália, diferentemente, o Ministério Público integra a *magistratura requerente*, enquanto os juízes integram a *magistratura julgadora*, com possibilidade de transferência de uma função para outra: CALAMANDREI, Piero. *Instituições de direito processual civil*. Tradução Douglas Dias Ferreira. 2. ed. Campinas: Bookseller, 2003. v. II. p. 341. Essa peculiaridade do sistema italiano gera inconvenientes, pois o julgador enxerga no acusador um colega da mesma profissão: GRINOVER, Ada Pelegrini. *Op. cit.*, p. 13.

O MPE e o MPDFT, diferentemente, formarão lista tríplice entre os integrantes da carreira. Em seguida, o PGJ será nomeado pelo governador, para mandato de dois anos, permitida uma recondução. O PGJ poderá ser destituído por deliberação da maioria absoluta do Poder Legislativo da respectiva unidade da federação (CF/1988, art. 128, §§ 3º e 4º).

Aos seus membros, o direito brasileiro previu garantias[35] (vitaliciedade, inamovibilidade e irredutibilidade de subsídios) e prerrogativas[36], como comunicação da prisão ao PGR ou PGJ (conforme o membro seja lotado no MPU ou no MPE), vista, exame e intervenção em processos judiciais, intimação pessoal com remessa dos autos à respectiva promotoria-procuradoria[37], ingresso e trânsito livres, assento à direita e no mesmo plano do magistrado[38] e porte de arma[39].

Aos membros do Ministério Público, em contraponto, houve imposição de deveres[40], como manifestações fundamentadas, atendimento aos interessados e advogados[41] e residência na circunscrição ou comarca de lotação[42].

Houve também consignação de vedações[43], como recebimento de honorários, percentagens ou custas processuais, exercício imediato da advocacia, após a aposentadoria, na localidade em que atuou como membro do Ministério Público[44][45], participação em

---

(35) Art. 128, § 5º, I, *a* a *c*, da CF/1988, art. 17 do EMPU e art. 38 da LONMP.

(36) Arts. 18 a 20 do EMPU e arts. 40 a 42 da LONMP.

(37) Surgiu questionamento quanto ao início da contagem do prazo processual: data de recebimento dos autos na promotoria-procuradoria ou da recepção pessoal do membro do Ministério Público. O STF decidiu pelo acerto da primeira corrente, ou seja, o prazo processual tem início a partir do recebimento dos autos no prédio da repartição pública: BRASIL. *STF*. HC n. 83255/SP. Tribunal Pleno. Relator: Ministro Marco Aurélio. Julgamento: 5.11.2003. Fonte: DJ 12.3.2004.

(38) A ANAMATRA ajuizou ADI, em tramitação no STF, contra a prerrogativa do Ministério Público de assento à direita do magistrado. Argumentou que se trata de um privilégio injustificado quando o Ministério Público é autor da demanda, comprometedor da igualdade e do equilíbrio entre as partes. Nesse processo, inúmeras associações foram admitidas como *amicus curiae* e o PGR emitiu parecer no sentido de improcedência da pretensão: BRASIL. *STF*. ADI n. 3962/DF. Tribunal Pleno. Relatora: Ministra Cármen Lúcia.

(39) Tradicionalmente, distinguem-se garantias de prerrogativas. Estas são inerentes ao cargo, enquanto àquelas às funções exercidas pelo Ministério Público. Há, entretanto, garantias que são prerrogativas e vice-versa, o que tornou essa sútil diferenciação irrelevante: MAZZILLI, Hugo Nigro. *Regime jurídico do ministério público*. 6. ed. rev. ampl. e atual. São Paulo: Saraiva, 2007. p. 199. Ambas não pertencem ao agente exercente do cargo e, portanto, são irrenunciáveis (EMPU, art. 21).

(40) Art. 236 do EMPU e art. 43 da LONMP.

(41) A Resolução n. 88/12 do CNMP dispôs sobre o dever e a forma de atendimento pelo Ministério Público aos interessados e advogados de maneira que as demais atividades ministeriais não fossem afetadas. Hugo Nigro Mazzilli, há muito, sustenta que as partes têm o direito de serem atendidas pelo *Parquet* por ser essa uma função institucional: *O acesso à justiça e o ministério público*. 5. ed. São Paulo: Saraiva, 2007. p. 97-99.

(42) Essa exigência foi também prevista na CF/1988 (art. 129, § 2º). A Resolução n. 26/2007 do CNMP regulamentou o dever de residir na circunscrição ou comarca de lotação e admitiu, mediante autorização, residência em localidade diversa, atendidos certos critérios

(43) Art. 128, §§ 5º e 6º, da CF/1988, art. 237 do EMPU e art. 44 da LONMP.

(44) O art. 29, § 3º, do ADCT, permitiu aos membros do Ministério Público da União, salvo os agentes do MPDFT, ingressos antes da CF/19888, o exercício cumulativo da advocacia. A Resolução n. 8/2006, alterada pela Resolução n. 16/2007, ambas do CNMP, regulamentou essa possibilidade e vedou o exercício da advocacia em causas nas quais esteja prevista a atuação do Ministério Público (art. 2º).

(45) O membro do Ministério Público aposentado somente poderá exercer advocacia no mesmo local de atuação três anos após o jubilamento.

sociedade empresária[46], exercício de outra função pública, salvo uma de magistério[47], exercício de atividade político-partidária[48] e representação judicial e consultoria de entidades públicas[49].

O direito brasileiro, além de todas essas previsões, estabeleceu, tanto no âmbito constitucional quanto infraconstitucionalmente, princípios institucionais (ou fundamentais) aplicáveis ao Ministério Público[50]. Três foram previstos expressamente e são divulgados unanimemente: unidade, indivisibilidade e independência funcional. Um quarto vem sendo reconhecido, com muita resistência, nos planos teórico e pragmático: princípio do promotor-procurador natural[51].

Esse complexo arranjo jurídico aplicável ao Ministério Público brasileiro trouxe inúmeros questionamentos acerca do controle externo da instituição. Para certos segmentos, a atuação das Corregedorias, como órgãos internos, era insuficiente. Nessa linha, foi defendida a criação de um órgão fora da estrutura institucional, para exercício de um controle externo[52].

A EC n. 45/2004 (CF/1988, art. 130-A) criou o CNMP[53]. Esse Conselho tem composição híbrida formada por quatorze integrantes: PGR, quatro membros do MPU, três membros do MPE, dois juízes, dois advogados e dois cidadãos, sendo um indicado pelo Senado Federal e outro pela Câmara dos Deputados.

O CNMP executa a fiscalização administrativa, financeira e disciplinar do Ministério Público brasileiro e de seus membros. Em virtude desse mister, tem editado inúmeras recomendações e resoluções, bem como efetuado julgamentos sobre a conduta profissional dos integrantes do *Parquet*.

---

(46) A Resolução n. 18/2007 do CNMP apenas admitiu que o agente do Ministério Público exerça função em sociedade cooperativa de crédito constituída para prestar serviços a seus membros.

(47) A Resolução n. 73/2011 do CNMP regulamentou o exercício do magistério pelo membro do Ministério Público.

(48) Essa vedação decorreu da EC n. 45/2004 e foi regulamentada pela Resolução n. 5/2006, alterada pela Resolução n. 72/2011, ambas do CNMP.

(49) Antes da promulgação da CF/1988, a representação judicial de entidades públicas era uma das funções do Ministério Público. Essa vedação é uma das principais mudanças na instituição advindas da atual Constituição.

(50) Art. 127, § 1º, da CF/1988, art. 4º do EMPU e art. 1º, parágrafo único, da LONMP.

(51) São fundamentos utilizados para sustentar a existência do princípio do promotor-procurador natural: art. 5º, LIII, da CF/1988; art. 10, IX, *e* e *g*, e art. 24, ambos da LONMP. O STF (BRASIL. *STF*. HC n. 69599/RJ. Tribunal Pleno. Relator: Ministro Sepúlveda Pertence. Julgamento: 30.6.1993. Fonte: DJ 27.8.1993) negou a existência do princípio sob o argumento de ausência de previsão legal. Mesmo após promulgação da LONMP, o STF (BRASIL. *STF*. HC n. 90277/DF. 2ª Turma. Relatora: Ministra Ellen Gracie. Julgamento: 17.6.2008. Fonte: DJe-142, divulgado em 31.7.2008 e publicado em 1.8.2008) negou, novamente, a existência do princípio no ordenamento jurídico brasileiro. Posteriormente, o STF, em decisões mais recentes, reconheceu a existência do princípio do promotor-procurador natural no direito brasileiro, indicando nova tendência acerca da discussão: BRASIL. *STF*. RE n. 638757 AgR/RS. 1ª Turma. Relator: Ministro Luiz Fux. Julgamento: 9.4.2013. Fonte: DJe-78, divulgado em 25.4.2013 e publicado em 26.4.2013; BRASIL. *STF*. HC n. 103038/PA. 2ª Turma. Relator: Ministro Joaquim Barbosa. Julgamento: 11.10.2011. Fonte: DJe-207, divulgado em 26.10.2011 e publicado em 27.10.2011.

(52) Ada Pelegrini Grinover. *Op. cit.*, p. 15, antes da EC n. 45/2004, sustentou a necessidade de controle externo do Ministério Público em virtude da abrangência das funções constitucionais conferidas à instituição.

(53) A EC n. 45/2004 criou também o CNJ, órgão de controle externo do Poder Judiciário.

Essa abordagem, embora célere, evidenciou a posição de originalidade e a potencialidade do Ministério Público brasileiro. Como alertado, inúmeros temas serão retomados no curso da exposição. Adiante, analisar-se-á a previsão, em um plano de aparente equilíbrio de forças, dos princípios institucionais da unidade e independência funcional. Esse ponto parece crucial para responder ao problema desta pesquisa e para a construção de um Ministério Público democrático e resolutivo.

1.2. Revisitação dos princípios da unidade institucional e independência funcional

A CF/1988 prescreveu ao Ministério Público brasileiro, explicitamente, três princípios institucionais (ou fundamentais): unidade, indivisibilidade e independência funcional[54].

Esses princípios estavam previstos na Carta de Curitiba de 1986. No entanto, nesse documento prévio e preparatório à Constituição nacional, o princípio da unidade estava cingido a cada ramo do Ministério Público. A CF/1988, por sua vez, estabeleceu-o sem essa ressalva.

A aplicação e a teorização desses princípios (unidade *versus* independência funcional) geram um aparente paradoxo: como conjugar a uniformidade em um Ministério Público repartido em ramos e sub-ramos, presentado por membros diversos e garantidos constitucionalmente pela independência no agir. Em outro dizer, como assegurar unidade na diversidade.

Para avançar sobre esse aparente paradoxo é imprescindível revisitar os princípios da unidade e independência funcional, tanto no plano teórico quanto no plano pragmático[55], em uma perspectiva crítica e genuína do direito brasileiro, mas também coerente com o marco teórico deste trabalho.

Com esse desiderato, serão estudados, de forma sintética, casos e hipóteses nos quais houve aplicação dos princípios institucionais da unidade e independência funcional aplicáveis ao Ministério Público brasileiro. Após, haverá revisitação bibliográfica sobre o tema. Por fim, mas sem a pretensão de esgotar respostas acerca das indagações subjacentes ao debate que se pretende introduzir, tais pontos serão contornados por reflexões, questionamentos e possíveis encaminhamentos.

1.2.1. *Reconhecimento de repercussão geral em atuações conflitantes de membros do Ministério Público*

A possibilidade de atuação divergente de membros do Ministério Público, no mesmo processo judicial, parece, em uma análise inicial, conspirar contra o princípio da unidade.

---

(54) Art. 127, § 1º, da CF/1988, art. 4º do EMPU e art. 1º, parágrafo único, da LONMP.

(55) A expressão *plano pragmático* parece mais adequada do que a elocução *plano jurisprudencial*. O objetivo será verificar a aplicação do princípio institucional da independência funcional em um juízo de aplicação da norma, seja no Poder Judiciário, seja no Ministério Público, ou em qualquer outra arena cujo propósito seja aplicar o direito.

Como uma instituição, que se pressupõe una, poderá conviver com a possibilidade de atuações conflitantes?

O STF enfrentou uma situação inusitada, sobretudo em uma instituição, tal qual o Ministério Público brasileiro, regida, nos planos constitucional e legal, pelo princípio da unidade.

Um membro do MPE, na fase de alegações finais em um processo penal, requereu a impronúncia do acusado. Esse pleito foi acolhido pelo juiz. Dessa decisão, outro membro, do mesmo MPE, interpôs recurso.

O TJ assentou preclusão ao direito de o MPE recorrer sob o argumento de que o princípio da independência funcional recairia à instituição Ministério Público e não aos seus membros. Logo, seria descabido agentes do *Parquet* atuarem de maneira conflitante.

O MPE interpôs recurso extraordinário ao STF e sustentou que outro membro do *Parquet* verificou uma situação atentatória à legalidade no requerimento e na decisão de impronúncia, sendo possível a rediscussão da questão, que não estaria prejudicada pela preclusão. Argumentou, ainda, que a decisão estadual violaria a função constitucional do Ministério Público de defensor da ordem jurídica e implicaria afronta ao princípio da independência funcional.

O PGR, em parecer no STF, manifestou-se pelo provimento do recurso, sob o fundamento de que o membro do Ministério Público tem apenas compromisso com a lei e sua consciência, e não estaria obrigado a seguir entendimento anteriormente formalizado.

O STF, ao apreciar recurso extraordinário que versava sobre esse conflito de atuações entre agentes do Ministério Público, reconheceu repercussão geral do caso, vencido o relator, que concluiu que a situação relatada nos autos não transcendia o interesse subjetivo das partes[56].

Essa situação, presente no cotidiano do Ministério Público brasileiro, parece pôr em xeque o princípio institucional da unidade, pois como reconhecê-lo em uma instituição que admite a concorrência de manifestações dos seus membros dentro do mesmo processo? Independência funcional estaria a subjugar a unidade institucional nesses casos?

Embora esse contexto divergente de membros do Ministério Público pareça consagrar uma regra de precedência em favor da independência funcional e em detrimento da unidade institucional, a reflexão proposta nesta obra pretende transcender a lógica da sobreposição.

Também não se adotará, como premissa, o binômio *quanto mais divergência, maior a independência,* por demais simplista, em face da complexidade dos problemas a serem enfrentados. Afinal, nem toda divergência é justificada pelo princípio da independência funcional, cuja concretização encontra limites constitucionais à luz do paradigma do estado democrático de direito.

---

(56) BRASIL. *STF.* RE n. 590908 RG/AL. Tribunal Pleno. Relator: Ministro Ricardo Lewandowski. Relator para acórdão: Ministro Marco Aurélio. Julgamento: 3.11.2011. Fonte: DJe-112 de 11.6.2012.

A discussão proposta requer superação da crença em fórmulas gerais supostamente *autoaplicáveis*, que pretendam dispensar uma reflexão constitutiva de sentido em face do caso concreto, no qual incidirá a tensão entre unidade institucional e independência funcional.

1.2.2. Recomendação n. 19/2011 do Conselho Nacional do Ministério Público: tentativa de amenização das atuações divergentes

O CNMP, para amenizar — mas sem resolver, em definitivo, a possibilidade de atuação conflituosa de membros de uma mesma instituição em idêntico processo —, recomendou pela desnecessidade de atuação de mais um agente do Ministério Público em ações individuais e coletivas, propostas ou não pela instituição[57].

A Recomendação n. 19/2011 do CNMP parece ter privilegiado o princípio da unidade institucional, ao pretender evitar atuações conflitantes de membros do Ministério Público no mesmo processo.

A possibilidade de inobservância da Recomendação n. 19/2011 do CNMP, contudo, é algo corriqueiro em virtude da aplicação do princípio da independência funcional. Inclusive, o nome do ato normativo (recomendação) evidencia sua facultatividade.

Assim, na hipótese de descumprimento da Recomendação n. 19/2011 do CNMP, é possível ter-se a seguinte situação: o membro do Ministério Público, em grau superior de jurisdição, poderá emitir parecer contrário à pretensão por outro membro, subscritor da petição inicial (ou de outro parecer exarado nos autos, em grau anterior de jurisdição). Nesse caso, manifestações conflituosas poriam em xeque o princípio institucional da unidade e, à primeira vista, reforçariam o princípio da independência funcional.

1.2.3. Rupturas e divergências na esfera extrajudicial e modificação de obrigações contempladas em compromisso de ajustamento de conduta

Atuação conflitante de agentes do Ministério Público pode ocorrer também na esfera extrajudicial. Em períodos de mudança do promotor-procurador natural, seja em razão de férias, licenças ou remoção, a assunção por outro membro é capaz de modificar os rumos de decisões tomadas anteriormente. Dentro do Ministério Público, linhas e estratégias de investigação podem ser modificadas e atos consolidados, como notificações recomendatórias e TACs, questionados.

O art. 14-A da Resolução n. 69/2007 do CSMPT, por exemplo, diante dessa possibilidade de atuação extrajudicial conflitiva de membros do MPT, previu que na hipótese de o procurador do trabalho oficiante considerar o TAC, anteriormente celebrado, ineficaz, deverá, em despacho fundamentado, apontar os defeitos imputados ao instrumento, as medidas necessárias para saná-los, bem como a proposta retificadora ou para sua anulação, com remessa dos autos à CCRMPT para apreciação.

---

(57) Recomendação n. 19/2011, que alterou a redação do art. 3º da Recomendação n. 16/2010, ambas do CNMP.

Caso o TAC tenha sido subscrito por membro diverso do agente proponente à mudança desse instrumento, o art. 14-A, §§ 1º, 2º e 3º, da Resolução n. 69/2007 do CSMPT determina seja ele cientificado para manifestação facultativa. Na hipótese de o subscritor do TAC não mais integrar a instituição ou dela estiver afastado, será ouvido o procurador-chefe. A proposta retificadora do instrumento, além disso, exigirá anuência expressa do legitimado passivo subscritor.

Essa previsão, de um lado, almejou garantir segurança jurídica à celebração do TAC. De outro, reconheceu a possibilidade de divergência e contradição internas, mesmo em instituição regida, normativamente, pelo princípio da unidade.

Apesar de o subscritor do TAC ser o MPT, a intimação do (re)presentante sucedido não foi dispensada pelo ato normativo em tela, que conferiu relevância à posição individual de cada membro da instituição, em vez da ideia de unidade institucional.

À luz desse contexto, empecilhos à alteração de atos praticados pelo antecessor em procedimentos administrativos (extrajudiciais) poderiam soar como violação ao princípio da independência funcional, caso o membro sucessor fosse obrigado a defender ponto de vista incompatível com seu entendimento. Nessa esteira, inúmeros são os exemplos de como se manifesta a relação de tensão entre unidade e independência, cerne do presente livro.

1.2.4. Ausência de afronta ao princípio da unidade em virtude de atuação conflitante de membros do Ministério Público: defesa do princípio da independência funcional

Membros do MPE divergiram sobre a classificação de crime antes do oferecimento da denúncia. Um deles, ao analisar o IP, considerou referir-se a crime cuja ação penal seria condicionada à representação da vítima. Posteriormente, outro agente da mesma instituição entendeu que o crime investigado seria outro cuja ação penal independeria de representação. Ato contínuo, ofereceu denúncia.

O réu, diante dessa divergência entre os agentes do *Parquet*, impetrou *habeas corpus*, inicialmente no TJ e, depois, no STF, com o argumento de que a divergência entre membros do MPE destoou dos princípios da unidade e indivisibilidade, bem como violou a autonomia funcional do Ministério Público. Requereu, por fim, trancamento da ação penal.

O STF, ao apreciar o *habeas corpus*, decidiu que a divergência entre membros do Ministério Público acerca da classificação de crimes abstinha-se de afrontar o princípio da unidade (e também o da indivisibilidade) e confirmou o acórdão recursado. Argumentou que o CPP admite mudança de classificação do crime até mesmo após o oferecimento da denúncia, mas ainda na fase de inquérito[58].

O STJ, em outro caso, indeferiu *habeas corpus* que questionara atuação divergente de membros do Ministério Público no mesmo processo. Na hipótese, houve homologação

---

(58) BRASIL. *STF*. RHC n. 66944/ES. 2ª Turma. Relator: Ministro Djaci Falcão. Julgamento: 18.11.1988. Fonte: DJ 2.12.1988.

de transação penal, com base na Lei dos Juizados Especiais, e concordância do presentante do *Parquet*. Entretanto, outro agente ministerial, que oficiava como *custos juris*, interpôs recurso contra a sentença homologatória.

Na decisão, o STJ considerou que o princípio da independência funcional justificaria atuação divergente de membros do Ministério Público no mesmo processo[59].

O STJ volveu a reafirmar sua posição, em hipótese na qual, em um processo penal, decidiu que membros do Ministério Público, ao substituírem-se, não estariam vinculados às manifestações de seus antecessores[60].

Em outro caso, o STJ concluiu que a circunstância de o membro do Ministério Público, na fase das alegações finais, ter formulado pedido de absolvição, acolhido na sentença, não impediria outro agente do *Parquet* de interpor recurso com pedido condenatório[61].

1.2.5. Ausência de afronta ao princípio da independência funcional em virtude de atuação conflitante de membros do Ministério Público: defesa do princípio da unidade

Diferentemente do exposto no subcapítulo anterior, outras decisões judiciais têm apostado no princípio da unidade em cotejo com o da independência funcional, na hipótese na qual há divergência de membros do Ministério Público no mesmo processo.

O STJ, em casos similares aos apresentados anteriormente, acolheu preliminar de falta de interesse para recorrer do MPDFT em razão de o membro ter subscrito parecer favorável à concessão da ordem de *habeas corpus* e, posteriormente, ter mudado de opinião e interposto apelação contra a decisão acolhedora de sua manifestação[62]. O princípio da independência funcional, nessa decisão, parece ter sucumbido ao da unidade.

A mesma corte, em outro julgamento, decidiu que os princípios da unidade e indivisibilidade prevaleceriam sobre o princípio da independência funcional em caso no qual o agente do Ministério Público apresentou petição prévia com informação de renúncia ao direito de recorrer, o que impediria manifestação posterior em sentido contrário, por ser ato irretratável e consumativo de preclusão lógica[63].

O TST, por seu turno, decidiu que a regra processual da preclusão impediria que membro do MPT arguisse incompetência absoluta da Justiça do Trabalho para apreciar

---

(59) BRASIL. *STJ*. HC n. 77041/MG. 1ª Turma. Relator: Ministro Ilmar Galvão. Julgamento: 26.5.1998. Fonte: DJ 7.8.1998.

(60) BRASIL. *STJ*. REsp n. 1095253/DF. 6ª Turma. Relator: Ministro Sebastião Reis Júnior. Julgamento: 18.4.2013. Fonte: DJe 30.4.2013; BRASIL. *STJ*. HC n. 105804/SP. 6ª Turma. Relatora: Ministra Maria Thereza de Assis Moura. Julgamento: 16.9.2010. Fonte: DJe 4.10.2010.

(61) BRASIL. *STJ*. AgRg no Ag n. 1322990/RJ. 5ª Turma. Relatora: Ministra Laurita Vaz. Julgamento: 12.4.2011. Fonte: DJe 4.5.2011; BRASIL. *STJ*. HC n. 112793/ES. 5ª Turma. Relator: Ministro Arnaldo Esteves Lima. Julgamento: 6.5.2010. Fonte: DJe 24.5.2010; BRASIL. *STJ*. HC n. 171306/RJ. 5ª Turma. Relator: Ministro Gilson Dipp. Julgamento: 20.10.2011. Fonte: DJe 4.11.2011.

(62) BRASIL. *STJ*. REP n. 132-951/DF. 5ª Turma. Relator: Ministro José Arnaldo. Julgamento: 13.10.1998. Fonte: DJ 1º.3.1999, p. 357.

(63) BRASIL. *STJ*. EDcl no HC n. 227658/SP. 6ª Turma. Relator: Ministra Maria Thereza de Assis Moura. Julgamento: 3.5.2012. Fonte: DJe 14.5.2012.

determinado caso, alegação esta faltante na primeira manifestação de outro agente da instituição. A corte acresceu que aludida preclusão decorreu da observância ao princípio da unidade[64].

Essa corte, novamente com fulcro no princípio da unidade, ao apreciar caso distinto, decidiu que o pronunciamento de membro do MPT, no sentido da inexistência de interesse público da controvérsia, inadmite assertiva ao revés[65].

Nessas decisões, o princípio da unidade sugere, em certo sentido, limitação à liberdade de atuação de outros (re)presentantes do Ministério Público, pois foram vedadas modificações de entendimento pelos agentes sucessores e afastada concorrência de posições dentro da mesma instituição.

1.2.6. Princípio da unidade e (des)necessidade de ratificação de manifestações de outros ramos e sub-ramos do Ministério Púbico sem atribuição

Situação interessante e recorrente na prática jurídica, com repercussão no alcance do princípio da unidade, diz respeito à necessidade, ou não, de ratificação de manifestações de autoria de membros do Ministério Público sem atribuição.

O STF, em nome do princípio da unidade, decidiu pela desnecessidade de ratificação, pelo membro do MPF com atribuição, de denúncia oferecida por outro agente do MPF em foro incompetente. Segundo a decisão, os atos foram praticados em nome da instituição, una e indivisível. Logo, o ato processual de oferecimento da denúncia foi considerado válido, mesmo sendo praticado pelo MPF, que atuava em foro incompetente, independentemente de ratificação pelo membro (do mesmo grau funcional e do mesmo Ministério Público) que atua em foro competente no qual a denúncia foi remetida posteriormente[66].

Aludida decisão possui uma peculiaridade: a declinação de competência do juízo deu-se em razão de regras territoriais. Essa espécie de incompetência é relativa. Consequentemente, o voto do relator ressaltou que o processo continuaria a tramitar na Justiça Federal, sem afronta à unidade institucional, pois os procuradores da república, embora distintos, são (re)presentantes do MPF.

O Ministro Marco Aurélio, em seu voto, apresentou argumentação diferente. Sustentou que o deslocamento do processo, em virtude da declinação de competência, tornaria sem efeito a denúncia em razão do princípio do promotor-procurador natural. Logo, caberia ao membro do Ministério Público, com atribuição, ratificá-la.

Essa particularidade do HC n. 85137 pareceu relevante para a decisão em prol da desnecessidade da ratificação, porquanto o STF, em outros casos, tem exigido confirmação da denúncia.

---

(64) BRASIL. *TST.* RR n. 43786-71.1992.5.10.0002. 5ª Turma. Julgamento: 24.3.2010. Relator: Ministro Emmanoel Pereira. Fonte: DEJT 11.6.2010.

(65) BRASIL. *TST.* RR n. 553395-40.1999.5.05.5555. 4ª Turma. Julgamento: 17.5.2000. Relator: Ministro Ives Gandra Martins Filho. Fonte: DJ 16.6.2000.

(66) BRASIL. *STF.* HC n. 85137/MT. 1ª Turma. Relator: Ministro Cezar Peluso. Julgamento: 13.9.2005. Fonte: DJ 28.10.2005.

Nesse sentido, o STF apreciou caso no qual houvera denúncia de vários réus em primeiro grau de jurisdição. Posteriormente, verificou-se que um deles era detentor de foro perante a Corte Suprema. Nesse caso, houve ratificação da denúncia pelo PGR, o que tornou superadas questões relativas à atribuição do subscritor da peça original[67].

O STF, em outro processo, decidiu que, com a superveniente alteração da competência do juízo, é possível ratificar denúncia, formulada anteriormente por membro do Ministério Público sem atribuição, o que afastaria nulidade do processo[68].

O STJ, ao sacramentar o que parece representar o entendimento das cortes superiores, decidiu que a ausência de ratificação, por parte do MPF, de denúncia oferecida pelo MPE, impede a realização de juízo acerca da peça acusatória[69].

1.2.7. Atuação dos sub-ramos do Ministério Público da União diretamente na Suprema Corte: a resposta do Supremo Tribunal Federal

O MPT, como visto, é um dos sub-ramos do MPU, que, por sua vez, é um ramo do Ministério Público Brasileiro. Nessa condição, um de seus membros subscreveu reclamação direcionada ao STF contra decisão de um TRT.

No STF, o PGR[70] atua na condição de (re)presentante do Ministério Público. A dedução de pretensões originárias na Suprema Corte, a princípio, são de sua autoria.

Ao apreciar a reclamação, o STF decidiu carecer ao MPT legitimidade, pois é incumbência do PGR, na condição de (re)presentante institucional exclusivo do MPU, deduzir pretensão originária na Suprema Corte. Um dos fundamentos para essa conclusão foi a necessidade de observância dos princípios da unidade e indivisibilidade[71].

O MPDFT, também na condição de um dos sub-ramos do MPU, vivenciou similar situação.

A decisão do STF ressaltou que o MPDFT poderia interpor recurso extraordinário e agravo de instrumento quanto à eventual negativa de seguimento, recursos esses que seriam encaminhados à Suprema Corte, mas a partir de então cessaria sua legitimidade para agir. Todavia, o MPDFT não poderia postular pretensão diretamente naquela corte.

Nessa hipótese apreciada pelo STF, o réu foi condenado pelo Tribunal do Júri e interpôs apelação ao TJ, que anulou a sentença. O MPDFT, então, interpôs recurso especial. A

---

(67) BRASIL. *STF*. Inq n. 2471/SP. Tribunal Pleno. Relator: Ministro Ricardo Lewandowski. Julgamento: 29.9.2011. Fonte: DJe-43, divulgado em 29.2.2012 e publicado em 1.3.2012.

(68) BRASIL. STF. HC n. 98373/SP. 1ª Turma. Relator: Ministro Ricardo Lewandowski. Julgamento: 6.4.2010. Fonte: DJe-071, divulgado em 22.4.2010 e publicado em 23.4.2010.

(69) BRASIL. *STJ*. AP n. 689/BA. Corte Especial. Relatora: Ministra Eliana Calmon. Julgamento: 17.12.2012. Fonte: DJe de 15.3.2013.

(70) Art. 103, § 1º, da CF/1988, art. 46 do EMPU e art. 156 do RISTF.

(71) BRASIL. *STF*. Rcl n. 4824 AgR-ED/MS. Tribunal Pleno. Relator: Ministro Dias Toffoli. Julgamento: 6.2.2013. Fonte: DJe-043, 6.3.2013. Também, no mesmo sentido: BRASIL. *STF*. Rcl n. 5873 AgR/ES. Tribunal Pleno. Relator: Ministro Celso de Mello. Julgamento: 9.12.2009. Fonte: DJe-027 de 12.2.2010; BRASIL. *STF*. Rcl n. 4931 AgR/CE. Tribunal Pleno. Relator: Ministro Celso de Mello. Julgamento: 23.9.2009. Fonte: DJe-200 de 23.10.2009.

corte local negou seguimento ao recurso e o MPDFT interpôs agravo de instrumento. Esse apelo foi improvido pelo STJ e desse acórdão o MPDFT manejou agravo regimental. O STJ, em virtude desse novo apelo, reconsiderou a decisão e admitiu o recurso especial.

O réu impetrou *habeas corpus* sob alegação de que o MPDFT não teria legitimidade para interpor agravo regimental. O PGR, no STF, emitiu parecer favorável ao paciente.

O STF, novamente, reconheceu a ilegitimidade do MPDFT para atuar diretamente na Suprema Corte, pois esse papel recairia ao PGR. Fundamentou que o EMPU define as atribuições do PGR e do MPDF. Enquanto o primeiro atua no STF e no STJ, o segundo oficia nos tribunais inferiores.

A Suprema Corte, em sua decisão, recordou que o art. 29, IV, da LONMP recebeu veto do presidente da República. Esse dispositivo previa cadeira do PGJ no STF. Nas razões do veto, consignou-se que em virtude do princípio da unidade do Ministério Público vedar-se-ia atuação simultânea, o que poderia ocorrer com a presença do PGR e do PGJ na Suprema Corte[72].

O STF, portanto, concluiu que apenas o PGR tem legitimidade para atuar diretamente na Suprema Corte na condição de (re)presentante do Ministério Púbico. Consequentemente, os demais sub-ramos do MPU, como o MPT e o MPDFT, seriam partes ilegítimas.

1.2.8. *Atuação do Ministério Público nos Estados perante o Superior Tribunal de Justiça e o Supremo Tribunal Federal*

A jurisprudência do STJ afirmou que o MPE não possuía legitimidade para atuar diretamente nessa corte. Nesse contexto, tal incumbência era do PGR[73]. Essa decisão, de certa forma, parecia privilegiar a ideia de unidade institucional, inclusive entre ramos e sub-ramos do Ministério Público.

O STF, porém, ao (re)analisar a questão em tela, reconheceu a legitimidade do MPE para atuar diretamente na Suprema Corte e modificou a jurisprudência até então estabelecida.

No RE n. 593.727/MG[74], o STF discute a possibilidade de o Ministério Público promover investigação criminal. Além desse tema, o processo aborda a legitimidade de o MPE atuar na Suprema Corte nas hipóteses nas quais é parte.

O STF, ao resolver questão de ordem suscitada pelo PGR, decidiu, por maioria, que o MPE pode atuar diretamente na Suprema Corte nos processos em que for parte[75] e,

---

(72) BRASIL. *STF.* HC n. 80463/DF. 2ª Turma. Relator: Ministro Maurício Corrêa. Julgamento: 15.8.2001. Fonte: DJ 1.8.2003.

(73) BRASIL. *STJ.* AgRg nos EREsp n. 1162604/SP. 1ª Seção. Relator: Ministro Cesar Asfor Rocha. Julgamento: 23.5.2012. Fonte: DJe de 30.5.2012.

(74) BRASIL. *STF.* Tribunal Pleno. RE n. 593727 RG/MG. Relator: Ministro Cezar Peluso. Julgamento: 27.8.2009. Fonte: DJe-181, divulgado em 24.9.2009 e publicado em 25.9.2009.

(75) BRASIL. *STF.* Tribunal Pleno. RE n. 593727 RG/MG. Relator: Ministro Cezar Peluso. Fonte: informativo n. 671.

assim, assentou a legitimidade do PGJ do Estado de Minas Gerais, ora recorrido, para fazer sustentação oral.

A Suprema Corte argumentou que o PGR poderia desempenhar, no STF, dois papéis simultâneos: um de fiscal da lei e outro de parte. Quando o MPU, em quaisquer dos seus ramos, figurasse como parte, somente ao PGR seria permitido oficiar perante o STF. Nos demais casos, o PGR exerceria a função de fiscal da lei. Nesta última condição, a sua manifestação, porém, não poderia excluir a das partes, sob pena de ofensa ao princípio do contraditório. Ressaltou inexistir relação de subordinação jurídico-institucional que submetesse o MPE à chefia do MPU, pois o PGR é chefe apenas do MPU.

O STF, ao continuar sua argumentação, reconheceu que, não raras vezes, seriam possíveis situações processuais nas quais se estabelecessem posições antagônicas entre MPU e MPE e a privação do membro do MPE, para figurar na causa e expor suas razões, consubstanciaria exclusão de um dos sujeitos da relação processual. Ressaltou que, em diversos momentos, o PGR teria se manifestado contrariamente a recursos aviados pelo MPE.

O Ministro Dias Toffoli, embora vencido, argumentou que a organicidade imporia que apenas um representante do Ministério Público atuasse no STF, ora como parte, ora como fiscal da lei. Do contrário, deveria haver mais 27 assentos na Suprema Corte para representantes do MPE em 26 estados e um representante do MPDFT.

O STF, antes da decisão acima, tinha precedente, em votação por maioria, que reconheceu a legitimidade do MPE para propor reclamação diretamente na Suprema Corte, diferentemente do entendimento firmado acerca das reclamações de autoria dos sub-ramos do MPU[76].

O STJ, posteriormente, seguiu linha idêntica à Suprema Corte e reconheceu legitimidade do MPE para atuar diretamente naquela corte. A nova orientação considerou que o Ministério Público brasileiro foi organizado em dois segmentos: MPU e MPE. Este, por sua vez, não está vinculado nem subordinado, no plano processual, administrativo e/ou institucional, à chefia do MPU, o que lhe conferiria ampla possibilidade de postular, autonomamente, perante o STJ[77].

O STF e o STJ, ao admitirem atuação direta do MPE, sem prejuízo da atuação do PGR, no papel de (re)presentante do MPU e fiscal da lei, afastaram a ideia de que a unidade vinculada aos ramos e sub-ramos do Ministério Público configuraria empecilho à ampliação da possibilidade de atuação do *Parquet* estadual nas cortes superiores.

1.2.9. Impossibilidade de o Conselho Nacional do Ministério Público analisar atividade-fim desenvolvida pelos membros do Parquet: reafirmação institucional do princípio da independência funcional

A criação do CNMP remeteu à ideia de controle externo das atividades desenvolvidas pelo Ministério Público, favorecida pela suposta premissa de que as Corregedorias, por serem compostas com os membros do *Parquet*, funcionariam corporativamente.

---

(76) BRASIL. *STF*. Rcl n. 7358/SP. Tribunal Pleno. Relatora: Ministra Ellen Gracie. Julgamento: 24.2.2011. Fonte: DJe-106, divulgado em 2.6.2011 e publicado em 3.6.2011.

(77) BRASIL. *STJ*. AgRg no AgRg no AREsp n. 194892/RJ. 1ª Seção. Relator: Ministro Mauro Campbell Marques. Julgamento: 24.10.2012. Fonte: DJe 26.10.2012.

Pedidos de providência e reclamações contra atos praticados pelos membros do Ministério Público, por efeito, foram encaminhados ao CNMP. Muita expectativa acerca de um efetivo (e até total) controle das funções desempenhadas pelos membros do Ministério Público foi depositada na proposta de criação desse Conselho. Todavia, nenhum órgão ou instituição, inclusive de controle, deve ser elevado à infalibilidade ou imunidade crítica e reflexiva dos seus pressupostos de atuação.

Acerca dos limites da independência funcional dos membros do Ministério Público, o CNMP recebeu reclamação contra a ausência de propositura de ação por membro do Ministério Público. O órgão, entretanto, reconheceu sua incompetência para apreciar ato referente à atividade-fim do membro do *Parquet* em virtude da intangibilidade do princípio da independência funcional, na visão do Conselho, pedra angular da instituição ministerial[78].

Ainda, em outro caso, o CNMP recebeu requerimento de que fosse recomendado a determinado promotor de justiça abstenção em manifestar-se em execuções fiscais e seus incidentes, com o fito de contribuir para celeridade na tramitação das demandas.

O CNMP, ao apreciar aludido requerimento, julgou improcedente o pedido de providência. Reconheceu que a manifestação do Ministério Público em execuções fiscais é desnecessária, mas não vedada. Logo, incumbiria ao membro, no caso concreto, avaliar o cabimento da emissão de parecer. Novamente, o órgão explicitou sua incompetência para interferir na atividade-fim dos membros do *Parquet*, os quais, segundo o Conselho, atuam sob o pálio do sagrado princípio da independência funcional[79].

Diante desse contexto, o CNMP publicou o Enunciado n. 6/2009, segundo o qual os atos relativos à atividade-fim do Ministério Público são insuscetíveis de revisão ou desconstituição. O verbete considera como atividade finalística da instituição os atos praticados em sede de procedimentos preparatórios de investigação, ICs e procedimentos administrativos investigatórios, pois, embora possuam natureza administrativa, são inconfundíveis com aqueles referidos no art. 130-A, § 2º, II, da CF/1988, os quais se referem à gestão administrativa e financeira da instituição.

O STF, em trilha similar à seguida pelo CNMP, considerou que a decisão judicial que determinou a inclusão de corréu — não denunciado pelo Ministério Público — em ação penal afrontou o princípio da independência funcional[80].

Todavia, no julgamento do mandado de segurança n. 28408, em 18 de março de 2014, o STF parece ter invertido o pêndulo jurisprudencial até então favorável à independência funcional[81]. Nesse caso, o CNMP havia recebido uma representação contra

---

(78) BRASIL. *CNMP*. Relator: Ernando Uchoa Lima. Processo n. 0.00.000.000064/2006-12.
(79) BRASIL. *CNMP*. Relator: Ernando Uchoa Lima. Processo n. 0.00.000.000141/2008-98.
(80) HC n. 62110/RJ. 1ª Turma. Relator: Ministro Oscar Correa. Julgamento: 14.12.1984. Fonte: DJ de 22.2.1985.
(81) BRASIL. *STF*. MS n. 28408. 2ª Turma. Relatora: Ministra Cármen Lúcia.

promotor de justiça que requerera ao TJ que, nos feitos nos quais ele atuasse, não fossem intimados os procuradores de justiça integrantes das Câmaras Cíveis no segundo grau.

O argumento central do promotor de justiça era o de que, uma vez tendo o Ministério Público atuado como parte, não poderia a instituição agir também como fiscal da lei. Em seus requerimentos, o membro do MPE alegara que a dupla manifestação do Ministério Público poderia ensejar pedidos de declaração de nulidade e gerar prejuízo ao regular desenvolvimento dos processos.

O CNMP, entretanto, posicionou-se de forma desfavorável ao promotor, em procedimento administrativo instaurado por representação de procurador de justiça contrário ao entendimento explicitado em tais requerimentos.

Por consequência, o promotor de justiça impetrou o aludido MS n. 28408, diretamente no STF, contra a decisão do CNMP. No MS, o membro do MPE alegara que o CNMP não teria competência, como órgão administrativo, de interferir em sua autonomia e independência funcional.

Nesse julgamento, a 2ª Turma do STF analisou os limites da independência funcional do *Parquet* e do controle externo a ser exercido pelo CNMP em relação às manifestações funcionais do membro de Ministério Público.

Com a denegação da ordem pretendida, prevaleceu o entendimento da ministra relatora Cármen Lúcia, segundo o qual as Constituições Federal e Estadual, a LONMP e a Lei Orgânica do Ministério Público estadual estabelecem limites à atuação dos promotores de justiça. Segundo a relatora, a atitude do aludido membro do MPE seria contrária, também, à resolução do Colégio dos Procuradores do respectivo Estado. Por fim, asseverou que o CNMP tem o papel de zelar pela autonomia funcional do Ministério Público, a qual considerou ameaçada pela atitude do promotor de justiça, que pretendia evitar atuação de colegas em segundo grau em processos nos quais o Ministério Público havia se manifestado como parte.

No mesmo sentido, o ministro Teori Zavascki fundamentou seu voto ao afirmar que a decisão do CNMP teve apenas o objetivo de fazer cumprir uma decisão do Colégio de Procuradores e que o princípio da independência deve compatibilizar-se com a hierarquia na formação institucional do Ministério Público.

Considerando a fundamentação da decisão do STF e, especialmente, o argumento explicitado pelo ministro Teori Zavascki, nota-se que Suprema Corte validou entendimento restritivo da independência funcional do promotor de justiça impetrante do MS n. 28.408.

No entanto nem todos os ministros do STF identificaram, na conduta do promotor de justiça, abuso da independência funcional ou risco ao funcionamento da instituição.

Em voto divergente, o ministro Ricardo Lewandowski afirmou que promotores de justiça não podem ser cerceados no seu direito de formular requerimentos em juízo, por materializar direito funcional do membro do Ministério Público, cuja exigência é a devida fundamentação. Se for o caso, o juízo poderá indeferir o postulado, mas é incabível restrições à atuação funcional ou medida disciplinar contra o membro do ministério público autor do(s) requerimento(s).

1.2.10. Revisão bibliográfica e sistematização teórica do princípio da unidade no Ministério Público brasileiro

A análise do princípio da unidade enseja diversas teorizações e considerações distintas. Este subcapítulo objetivará revisitar essas concepções, em tom predominantemente informativo, mas atento ao desvelamento da tensão com o princípio da independência funcional.

É possível sistematizar — sem pretensão de exaurimento — as teorizações sobre o princípio da unidade aplicável ao Ministério Público brasileiro nas seguintes propostas, que, por vezes, serão cumulativas, aproximadas e convergentes.

(i) O Ministério Público brasileiro constituir-se-ia em uma única instituição[82].

Essa corrente promove o sentido aparentemente literal do texto constitucional. O Ministério Público, nessa perspectiva, seria instituição una e haveria apenas sua divisão em ramos e sub-ramos. Seus membros não deveriam ser identificados individualmente, mas sim como integrantes do mesmo organismo[83].

Os membros, portanto, atuariam em nome da instituição[84]. Por isso, as peças subscritas pelo Ministério Público, geralmente, são redigidas em terceira pessoa do singular. A unidade, porém, abster-se-ia de autorizar aos seus agentes a prática de qualquer ato em nome do *Parquet*, pois urgiria respeitar a divisão de atribuições em decorrência do princípio da legalidade[85].

A unidade, nessa primeira proposta, perpassaria todos os ramos do Ministério Público. Haveria, pois, integração dos sub-ramos do MPU e desses com os MPEs em cada Estado da federação[86].

(ii) Os membros do Ministério Público, por ser essa instituição una, poderiam substituírem-se, uns aos outros, sem alteração subjetiva no processo ou no procedimento administrativo[87].

---

(82) MACHADO, Antônio Cláudio da Costa. *Op. cit.*, p. 40; CARNEIRO, Paulo Cezar Pinheiro. *O ministério público no processo civil e penal*. Promotor natural, atribuição e conflito com base na constituição de 1988. 5. ed. Rio de Janeiro: Forense, 1995. p. 43; SAUWEN FILHO, João Francisco. *Op. cit.*, p. 209; LEITE, Carlos Henrique Bezerra. *Ministério público do trabalho*. Doutrina, jurisprudência e prática. 2. ed. São Paulo: LTr, 2002. p. 49-50; JATAHY, Carlos Roberto de Castro. *Curso de princípios institucionais do ministério público*. 4. ed. Rio de Janeiro: Lumen Juris, 2009. p. 123.

(83) JATAHY, Carlos Roberto de Castro. *Curso de princípios institucionais do ministério público*. 4. ed. Rio de Janeiro: Lumen Juris, 2009. p. 123.

(84) CARNEIRO, Paulo Cezar Pinheiro. *Op. cit.*, p. 44.

(85) CARNEIRO, Paulo Cezar Pinheiro. *Op. cit.*, p. 44.

(86) Nem todos os autores citados durante a explicação desta corrente comungam dessa afirmação.

(87) CINTRA, Antonio Carlos de Araújo; GRINOVER, Ada Pelegrini; DINAMARCO, Cândido Rangel. *Teoria geral do processo*. 13. ed. São Paulo: Malheiros, 1997. p. 213.

Essa concepção analisa o princípio da unidade, conjuntamente, com o da indivisibilidade, ou, às vezes, parece confundi-los. Assim, o autor da ação, o presidente do IC, o subscritor do TAC, seria o Ministério Público, e não o membro presentante.

Essa proposta, a princípio, coadunar-se-ia com o princípio do promotor-procurador natural, pois as substituições entre membros do Ministério Público poderiam ocorrer desde que observadas as normas jurídicas previamente estabelecidas, sem utilização de promotores-procuradores de exceção, indicados para atuar em certos casos.

(iii) O Ministério Público brasileiro, sob os enfoques orgânico e institucional, seria regido pelo princípio da unidade em todos os seus ramos e sub-ramos[88].

Todos os ramos e sub-ramos do *Parquet* deveriam atuar com o propósito de cumprir suas tarefas previstas no ordenamento jurídico. O art. 128, *caput*, da CF/1988 é considerado fundamento para a conclusão de que o Ministério Público, na condição de instituição, abrangeria todas as suas ramificações[89].

O Ministério Público, assim, materializaria único corpo. Nesse ponto, haveria unidade orgânica. Ademais, como os ramos e sub-ramos do *Parquet* têm desideratos afins, também por esse viés, constatar-se-ia unidade institucional.

(iv) O Ministério Público brasileiro, sob a óptica funcional, seria regido pelo princípio da unidade[90].

Em parte, essa proposição parece similar à anterior. Todos os ramos do Ministério Público brasileiro desempenhariam idênticas funções institucionais, conforme listagem do art. 129 da CF/1988. Haveria, apenas, uma repartição de campos temáticos de atuação em relativa observância ao sistema federativo. O MPT, por exemplo, agirá no mundo do trabalho, enquanto o MPM, em questões militares.

A unidade, entendida funcionalmente, permitiria concluir pela legalidade do fornecimento de informações e documentos sigilosos entre os ramos do Ministério Público, bem como pela possibilidade de atuação conjunta e litisconsorcial[91].

(v) O Ministério Público brasileiro seria regido por unidade apenas substancial[92].

Essa proposição assemelha-se às duas anteriores. Todavia, utiliza nomenclatura diversa e sugere nova direção.

---

(88) LEITE, Carlos Henrique Bezerra. *Op. cit.*, p. 49-50.
(89) LEITE, Carlos Henrique Bezerra. *Op. cit.*, p. 50.
(90) LYRA, ROBERTO. *Op. cit.*, p. 179; GARCIA, Emerson. *Ministério público.* Organização, atribuições e regime jurídico. 3. ed. rev. ampl. atual. Rio de Janeiro: Lumen Juris, 2008. p. 55; ZENKNER, Marcelo. *Ministério público e efetividade do processo civil.* São Paulo: Revista dos Tribunais, 2006. p. 73.
(91) Em sentido próximo: ZENKNER, Marcelo Barbosa de Castro. *Ministério público e efetividade do processo civil.* São Paulo: Revista dos Tribunais, 2006. p. 73-74.
(92) LYRA, ROBERTO. *Op. cit.*, p. 183.

Para garantir um contorno mínimo de unidade no Ministério Público seria imprescindível superar dissenções pessoais e adotar uma causa comum pautada na substancialidade da atuação do *Parquet* brasileiro[93].

Essa proposta tende a deslocar o foco da subjetividade dos presentantes do Ministério Público para uma noção de *subjetividade da instituição* pautada em seus misteres constitucionais. Nessa perspectiva, uma unidade substancial acerca das funções constitucionais da instituição relegaria divergências individuais ao segundo plano.

(vi) O princípio da unidade seria inaplicável ao Ministério Público brasileiro sob o prisma orgânico[94].

Essa proposição reduz a unidade orgânica do Ministério Público. As ramificações dessa instituição comporiam estruturas organizacionais distintas, cada qual com autonomia financeira e chefia própria.[95]

A unidade, dessa forma, existiria apenas em cada ramo do Ministério Público[96].

(vii) O princípio da unidade indicaria que apenas um dos ramos e sub-ramos do Ministério Público brasileiro possui atribuição para atuar em determinado caso concreto[97].

O Ministério Público, por ser organismo único, seria repartido em ramos, que possuem atribuições distintas. O princípio da unidade balizaria essa divisão temática na atuação do *Parquet* e evitaria duplicidade de agires de ramos diferentes.

O princípio da unidade não autorizaria atuação indistinta dos membros do Ministério Público em todas as áreas. Assim, sob o lema da unidade, um agente do MPF não poderia agir em caso de atribuição do MPE, por exemplo[98].

(viii) Inexistiria unidade administrativa entre os ramos do Ministério Público brasileiro[99].

O Ministério Público, embora tenha unidade orgânica e institucional, careceria de unidade administrativa entre seus ramos.

O art. 185 do EMPU veda a transferência ou o aproveitamento de cargos entre os ramos do MPU[100]. O art. 32 do EMPU prescreve que as carreiras dos diferentes

---

(93) Em sentido próximo: LYRA, ROBERTO. *Op. cit.,* p. 179 e 183,
(94) GARCIA, Emerson. *Ministério público.* Organização, atribuições e regime jurídico. 3. ed. rev. ampl. atual. Rio de Janeiro: Lumen Juris, 2008. p. 55.
(95) *Idem.*
(96) MORAES, Alexandre. *Direito constitucional.* 19. ed. São Paulo: Atlas, 2006. p. 547-548.
(97) JATAHY, Carlos Roberto de Castro. *Curso de princípios institucionais do ministério público.* 4. ed. Rio de Janeiro: Lumen Juris, 2009. p. 124.
(98) GARCIA, Emerson. *Ministério público.* Organização, atribuições e regime jurídico. 3. ed. rev. ampl. atual. Rio de Janeiro: Lumen Juris, 2008. p. 55.
(99) CARNEIRO, Paulo Cezar Pinheiro. *O ministério público no processo civil e penal.* Promotor natural, atribuição e conflito com base na constituição de 1988. 5. ed. Rio de Janeiro: Forense, 1995. p. 43; LEITE, Carlos Henrique Bezerra. *Op. cit.,* p. 49.
(100) LEITE, Carlos Henrique Bezerra. *Op. cit.,* p. 50.

sub-ramos do MPU são independentes entre si, tendo, cada uma delas, organização própria. Com efeito, tais dispositivos fundamentam essa tese.

(**ix**) Existiria unidade entre os sub-ramos do MPU e em cada MPE organizado no âmbito estadual[101].

Os sub-ramos do MPU e o MPE, em cada Estado da federação, seriam, nessa proposta, instituições autônomas. Inexistiria, assim, unidade entre o MPE e MPU, ou entre os MPEs espraiados pelo Brasil.

Essa proposição, sinteticamente, sustenta a existência de unidade entre os sub-ramos do MPU. Logo, MPF, MPT, MPM e MPDFT, na condição de sub-ramos do MPU, seriam regidos pelo princípio da unidade.

No caso do MPE, cada unidade seria autônoma nos limites organizacionais do Estado da federação ao qual se reporta, o que afastaria o princípio da unidade entre os MPEs brasileiros.

(**x**) Inexistiria unidade entre os diversos ramos e sub-ramos do Ministério Público brasileiro[102].

Essa corrente nega a existência do princípio da unidade entre os ramos e sub-ramos do Ministério Público brasileiro. Assim, cada sub-ramo e cada um dos MPEs seriam autônomos entre si.

Em outras palavras, inexistiria unidade entre os sub-ramos do MPU (MPF, MPT, MPM e MPDFT) e entre os diversos MPEs. A unidade, portanto, seria muito mais conceitual do que efetiva[103].

(**xi**) Inexistiria unidade no Ministério Público brasileiro[104].

Essa tese é mais radical do que as anteriores, que admitiram a aplicação do princípio da unidade mitigadamente.

Para essa proposição inexistiria unidade no Ministério Público — e não apenas entre seus ramos e sub-ramos — em virtude do princípio da independência funcional. A liberdade de atuação, portanto, impediria a uniformidade institucional e esse seria um problema sem solução no *Parquet* nacional[105].

Essa concepção enxerga a aplicabilidade concomitante dos princípios da unidade e da independência funcional como algo inconciliável. Haveria, assim, total incompatibilidade

---

(101) Aparentemente nesse sentido: MAZZILLI, Hugo Nigro. *Regime jurídico do ministério público*. 6. ed. rev. ampl. e atual. São Paulo: Saraiva, 2007. p. 116; CINTRA, Antonio Carlos de Araújo; GRINOVER, Ada Pelegrini; DINAMARCO, Cândido Rangel. *Op. cit.*, p. 212.
(102) MAZZILLI, Hugo Nigro. *Regime jurídico do ministério público*. 6. ed. rev. ampl. e atual. São Paulo: Saraiva, 2007. p. 116; SAUWEN FILHO, João Francisco. *Op. cit.*, p. 209; MORAES, Alexandre. *Op. cit.*, p. 547-548.
(103) MAZZILLI, Hugo Nigro. *Regime jurídico do ministério público*. 6. ed. rev. ampl. e atual. São Paulo: Saraiva, 2007. p. 116.
(104) LYRA, ROBERTO. *Op. cit.*, p. 179.
(105) LYRA, ROBERTO. *Op. cit.*, p. 179 e 182.

desses princípios em uma mesma instituição. A unidade afetaria a independência e esta mitigaria aquela. Logo, não poderiam coexistir.

(xii) Inexistiria, atualmente, unidade estrutural no Ministério Público brasileiro[106].

A visão estrutural da unidade no Ministério Público foi pertinente no transcorrer da evolução histórica da instituição. Entretanto, atualmente, seria insuficiente, pois o princípio da unidade ganhou conotação política e ultrapassou aspectos estruturais, para informar e orientar os membros na consecução dos objetivos estratégicos do *Parquet*[107].

O Ministério Público, nessa conotação política, institucional e estratégica do princípio da unidade, deveria observar os objetivos da república federativa brasileira no desenvolvimento de suas atividades dentro das possibilidades conferidas pela sua conformação constitucional e seu rol atributivo[108].

(xiii) Unidade e atuação estratégica do Ministério Público transitariam em via de mão dupla[109].

Os critérios definidores da unidade do Ministério Público seriam fornecidos pela CF/1988 e pelos planos e programas de atuação, nos quais constam as prioridades e os meios de execução[110].

A unidade, no plano abstrato, funcionaria como unidade ideológica. No plano concreto como unidade de ação. Os dois planos, porém, deveriam ser orientados pelos valores e princípios informadores do projeto constitucional e pelas prioridades e metas estabelecidas nos planos e programas de atuação[111].

Essa unidade, porém, deveria ser construída democraticamente. Ao Ministério Público caberia estar aberto ao fluxo social e interagir com os demais sujeitos políticos e coletivos que compõem a base de sustentação do projeto democrático[112].

1.2.11. *Revisão bibliográfica e sistematização teórica do princípio da independência funcional no Ministério Público brasileiro*

O princípio da independência funcional é inconfundível com a autonomia funcional. O primeiro aplica-se aos membros do *Parquet*, enquanto o segundo à instituição Ministério Público[113].

---

(106) GOULART, Marcelo Pedroso. Princípios institucionais do ministério público. *In:* RIBEIRO, Carlos Vinícius Alves (Org.). *Ministério público*. Reflexões sobre princípios e funções institucionais. São Paulo: Atlas, 2010. p. 170.

(107) *Idem.*

(108) Em sentido próximo: GOULART, Marcelo Pedroso. Princípios institucionais do ministério público. *In:* RIBEIRO, Carlos Vinícius Alves (Org.). *Ministério público*. Reflexões sobre princípios e funções institucionais. São Paulo: Atlas, 2010. p. 170-171.

(109) *Ibidem*, p. 171.

(110) *Idem.*

(111) *Idem.*

(112) *Idem.*

(113) MAZZILLI, Hugo Nigro. *Regime jurídico do ministério público*. 6. ed. rev. ampl. e atual. São Paulo: Saraiva, 2007. p. 202; JATAHY, Carlos Roberto de Castro. *Curso de princípios institucionais do ministério público*. 4. ed. Rio de Janeiro: Lumen Juris, 2009. p. 147.

A autonomia abarcaria a prerrogativa de estabelecer as próprias normas de regência, enquanto a independência limita-se aos atos de execução abrangidos pela esfera de atuação funcional do órgão ou do agente. Haveria entre as definições uma relação de *plus* e *minus*[114].

Embora o conteúdo possa ser aproximado, a autonomia funcional é invocada em face dos demais Poderes (Executivo, Legislativo e Judiciário) e materializada pelo exercício das demais autonomias: orçamentária, financeira, legislativa e administrativa[115].

A análise do princípio da independência funcional, tal qual o da unidade, enseja diversas teorizações e considerações distintas. Este subcapítulo objetivará revisitar essas concepções e abordá-las mais em tom informativo, com ênfase, contudo, na tensão com o princípio da unidade.

É possível sistematizar — sem pretensão de exaurimento — as teorizações sobre o princípio da independência funcional aplicável ao Ministério Público brasileiro nas seguintes propostas, que, por vezes, serão cumulativas, convergentes e complementares.

(i) O princípio da independência funcional teria caráter fundamental superior aos demais princípios institucionais do Ministério[116] e sua aplicabilidade seria ilimitada[117].

Em decorrência do princípio da independência funcional, nem mesmo recomendações expedidas pelo Conselho Superior, no desempenho de suas atribuições normativas, seriam obrigatórias[118]. Todo o arsenal normativo editado pelos órgãos superiores, inclusive pelo chefe do Ministério Público, seria recebido pelos membros como faculdade de agir.

(ii) O princípio da independência funcional, sob o enfoque do exercício das funções, traduzir-se-ia na prerrogativa de o membro do Ministério Público atuar livremente, consoante sua consciência e o Direito[119].

---

(114) GARCIA, Emerson. Ministério público: essência e limites da independência funcional. *In*: RIBEIRO, Carlos Vinícius Alves (Org.). *Ministério público*. Reflexões sobre princípios e funções institucionais. São Paulo: Atlas, 2010. p. 65.

(115) É por essa razão que Roberto Lyra. *Op. cit.*, p. 23, com base na lição do então ministro Alfredo Valladão, ao discorrer sobre o Ministério Público brasileiro, afirmou que se Montesquieu reescrevesse o *Espírito das Leis* a divisão dos poderes seria quádrupla e não tríplice.

(116) JATAHY, Carlos Roberto de Castro. *Curso de princípios institucionais do ministério público*. 4. ed. Rio de Janeiro: Lumen Juris, 2009. p. 145.

(117) CARNEIRO, Paulo Cezar Pinheiro. *Op. cit.*, p. 46; JATAHY, Carlos Roberto de Castro. *Curso de princípios institucionais do ministério público*. 4. ed. Rio de Janeiro: Lumen Juris, 2009. p. 145.

(118) CARNEIRO, Paulo Cezar Pinheiro. *Op. cit.*, p. 46; CINTRA, Antonio Carlos de Araújo; GRINOVER, Ada Pelegrini; DINAMARCO, Cândido Rangel. *Op. cit.*, p. 213; MORAES, Alexandre. *Op. cit.*, p. 548.

(119) MACHADO, Antônio Cláudio da Costa. *Op. cit.*, p. 40; CARNEIRO, Paulo Cezar Pinheiro. *Op. cit.*, p. 46; CINTRA, Antonio Carlos de Araújo; GRINOVER, Ada Pelegrini; DINAMARCO, Cândido Rangel. *Op. cit.*, p. 213; CHIOVENDA, Giuseppe. *Instituições de direito processual civil*. Tradução Paolo Capitanio. Capinas: Bookseller, 1998. v. 2. p. 109; CALAMANDREI, Piero. *Op. cit.*, p. 342; GARCIA, Emerson. *Ministério público*. Organização, atribuições e regime jurídico. 3. ed. rev. ampl. atual. Rio de Janeiro: Lumen Juris, 2008. p. 63; JATAHY, Carlos Roberto de Castro. *Curso de princípios institucionais do ministério público*. 4. ed. Rio de Janeiro: Lumen Juris, 2009. p. 145; MORAES, Alexandre. *Op. cit.*, p. 548; GOULART, Marcelo Pedroso. Princípios institucionais do ministério público. *In*: RIBEIRO, Carlos Vinícius Alves (Org.). *Ministério público*. Reflexões sobre princípios e funções institucionais. São Paulo: Atlas, 2010. p. 174.

Essa é a mais tradicional definição do princípio da independência funcional. O membro do Ministério Público, nessa linha, deveria respeito à sua consciência e ao Direito. Qualquer outra interferência seria indevida.

O princípio da independência funcional, entretanto, não desobrigaria o membro do Ministério Público de apresentar fundamentação acerca da sua decisão[120]. Poderia decidir livremente, mas com exposição dos motivos que o levou a adotar um caminho ou desistir de outro.

(iii) O princípio da independência funcional, quanto ao seu elemento intrínseco ou subjetivo, vedaria qualquer tipo de interferência[121].

A apreciação da prova, a adoção de certa estratégia e a formulação de um ou outro pedido ou requerimento, entre outros exemplos, estariam acobertados pelo princípio da independência funcional e, portanto, seriam inatingíveis por constrangimentos internos e externos[122].

Porém essa proteção não autorizaria arbítrios. Por efeito, o agente ministerial, na condição de servidor público, estaria sujeito a sanções na hipótese de desvirtuamento de suas garantias e prerrogativas, bem como de abusos em sua atuação[123].

(iv) O princípio da independência funcional, internamente, vedaria a existência de hierarquia funcional entre membros do Ministério Público[124].

Os membros do Ministério Público, internamente, estariam sujeitos à observância do princípio da legalidade[125], mas não a ordens decorrentes de escalonamento de cargos na instituição ou a critérios de antiguidade.

O Ministério Público brasileiro asseguraria independência funcional a seus membros, diferentemente do *Parquet* francês, regido pelo princípio hierárquico. Nem mesmo os princípios da unidade e indivisibilidade permitiriam a afirmação de hierarquia entre agentes ministeriais[126].

O princípio da independência funcional, no plano interno, justificaria atuações divergentes de membros do Ministério Público. Assim, por exemplo, o acolhimento de

---

(120) JATAHY, Carlos Roberto de Castro. *Curso de princípios institucionais do ministério público*. 4. ed. Rio de Janeiro: Lumen Juris, 2009. p. 145.

(121) LYRA, ROBERTO. *Op. cit.*, p. 158. Em sentido próximo: MAZZILLI, Hugo Nigro. *Regime jurídico do ministério público*. 6. ed. rev. ampl. e atual. São Paulo: Saraiva, 2007. p. 117.

(122) LYRA, ROBERTO. *Op. cit.*, p. 158.

(123) *Idem*.

(124) LEITE, Carlos Henrique Bezerra. *Op. cit.*, p. 51; MACHADO, Bruno Amaral. *Ministério público*: organização, representações e trajetórias. Curitiba: Juruá, 2007. p. 133; GOULART, Marcelo Pedroso. Princípios institucionais do ministério público. *In:* RIBEIRO, Carlos Vinícius Alves (Org.). *Ministério público*. Reflexões sobre princípios e funções institucionais. São Paulo: Atlas, 2010. p. 174.

(125) MACHADO, Bruno Amaral. *Op. cit.*, p. 133-134.

(126) MAZZILLI, Hugo Nigro. *Regime jurídico do ministério público*. 6. ed. rev. ampl. e atual. São Paulo: Saraiva, 2007. p. 115-116.

parecer por um presentante do *Parquet* não impediria a interposição de recurso por outro agente da mesma instituição, em caminho diverso do pugnado pelo antecessor[127].

(**v**) O princípio da independência funcional, externamente, protegeria a atuação dos membros do Ministério Público contra interferências de outros Poderes, instituições, órgãos, entidades ou terceiros em geral[128].

O Ministério Público não deveria se isolar nem desconsiderar os anseios e as alegações dos interessados em determinado caso. Essas pretensões deveriam ser apreciadas e, fundamentadamente, acolhidas ou afastadas no bojo do processo ou do procedimento em questão[129].

Entretanto o princípio da independência funcional serviria de proteção contra interferências externas de pessoas e entidades alheias ao campo de atuação ou ao caso analisado, quando consideradas contrárias ou prejudiciais à efetivação do *mister* constitucional da instituição, sob a óptica do promotor-procurador oficiante.

Essa aresta externa da independência funcional aproximar-se-ia do contorno de autonomia funcional (garantia aplicável à instituição). Desvincularia o membro do Ministério Público de compromissos com outros Poderes, pessoas ou entidades, mas ressaltaria seu comprometimento com direitos assegurados pela ordem jurídica.

A amplitude do princípio da independência funcional seria tamanha que nem o presidente da República estaria autorizado a atentar contra o livre exercício do Ministério Público, sob pena de cometer crime de responsabilidade (CF/1988, art. 85, II).

(**vi**) O princípio da independência funcional afastaria a responsabilização de membros do Ministério Público brasileiro pelos atos praticados no exercício de suas funções[130].

O princípio da independência funcional protegeria o membro do Ministério Público e permitiria o exercício pleno de suas funções. Por efeito, no uso de suas atribuições, não poderia ser responsabilizado por atos praticados[131].

(**vii**) O princípio da independência funcional não afastaria a possibilidade de responsabilizar membros do Ministério Público brasileiro pelos atos praticados no exercício de suas funções[132].

---

(127) Em sentido próximo: ZENKNER, Marcelo Barbosa de Castro. *Ministério público e efetividade do processo civil*. São Paulo: Revista dos Tribunais, 2006. p. 76-77.

(128) Em sentido próximo: MACHADO, Antônio Cláudio da Costa. *Op. cit.*, p. 40; CINTRA, Antonio Carlos de Araújo; GRINOVER, Ada Pelegrini; DINAMARCO, Cândido Rangel. *Op. cit.*, p. 213; GARCIA, Emerson. *Ministério público*. Organização, atribuições e regime jurídico. 3. ed. rev. ampl. atual. Rio de Janeiro: Lumen Juris, 2008. p. 63.

(129) É dever do Ministério Público manifestar-se fundamentadamente (art. 129, VIII, da CF/1988 e art. 43, III, da LONMP).

(130) GARCIA, Emerson. *Ministério público*. Organização, atribuições e regime jurídico. 3. ed. rev. ampl. atual. Rio de Janeiro: Lumen Juris, 2008. p. 63.

(131) *Idem*.

(132) DALLARI, Adilson Abreu. Autonomia e responsabilidade do ministério público. *In*: RIBEIRO, Carlos Vinícius Alves (Org.). *Ministério público*. Reflexões sobre princípios e funções institucionais. São Paulo: Atlas, 2010. p. 51 e 53-56.

Autonomia e responsabilidade são conceitos que se exigiriam mutuamente. Assim, a independência funcional deveria ser entendida como liberdade de atuação dentro dos quadrantes da ordem jurídica[133].

O membro do Ministério Público, nessa linha, poderia ser responsabilizado, por exemplo, caso rejeitada a demanda proposta. Por efeito, mesmo tendo agido licitamente e com diligência, estaria sujeito à aplicação do art. 37, § 6º, da CF/1988[134].

(viii) O princípio da independência funcional vincular-se-ia diretamente ao exercício da atividade-fim do Ministério Público[135].

As atividades desenvolvidas pelo Ministério Público podem ser divididas em atividade-fim e atividade-meio. A primeira corresponde às atividades que compõem o núcleo da dinâmica da instituição e define a essência das suas atribuições, conforme previsão no ordenamento jurídico. A segunda são tarefas relevantes, mas periféricas e de apoio ao desenvolvimento das funções finalísticas[136].

A atividade-fim estaria protegida pelo princípio da independência funcional, enquanto a atividade-meio ou de apoio, envolvida em dinâmica eminentemente instrumental, poderia ser gerida pela administração superior em geral[137].

O princípio da independência funcional, em outro dizer, seria instrumental e, nesse sentido, não seria um fim em si mesmo, por permitir o desenvolvimento da atividade finalística do Ministério Público[138].

(ix) O princípio da independência funcional seria relativizado em face da hierarquia (exclusivamente) administrativa[139].

Os chefes dos ramos do Ministério Público (PGR e PGJ) materializariam hierarquia exclusivamente administrativa[140]. No plano funcional, por sua vez, o membro do *Parquet* não deveria obediência às ordens do PGR ou do PGJ[141], mas apenas aos comandos decorrentes diretamente do Direito.

---

(133) DALLARI, Adilson Abreu. *Op. cit.*, p. 43-44.

(134) *Ibidem*, p. 51 e 53-54.

(135) MAZZILLI, Hugo Nigro. *Regime jurídico do ministério público*. 6. ed. rev. ampl. e atual. São Paulo: Saraiva, 2007. p. 202; GARCIA, Emerson. *Ministério público*. Organização, atribuições e regime jurídico. 3. ed. rev. ampl. atual. Rio de Janeiro: Lumen Juris, 2008. p. 64.

(136) Utilizamos, por analogia, as definições de atividade-fim e meio vinculadas ao tema terceirização encontradas em: DELGADO, Mauricio Godinho. *Curso de direito do trabalho*. 10. ed. São Paulo: LTr, 2011. p. 438.

(137) MAZZILLI, Hugo Nigro. *Regime jurídico do ministério público*. 6. ed. rev. ampl. e atual. São Paulo: Saraiva, 2007. p. 202.

(138) GARCIA, Emerson. *Ministério público*. Organização, atribuições e regime jurídico. 3. ed. rev. ampl. atual. Rio de Janeiro: Lumen Juris, 2008. p. 65 e 71.

(139) LYRA, ROBERTO. *Op. cit.*, p. 157; MAZZILLI, Hugo Nigro. *Regime jurídico do ministério público*. 6. ed. rev. ampl. e atual. São Paulo: Saraiva, 2007. p. 117; LEITE, Carlos Henrique Bezerra. *Op. cit.*, p. 52.

(140) CARNEIRO, Paulo Cezar Pinheiro. *Op. cit.*, p. 46; JATAHY, Carlos Roberto de Castro. *Curso de princípios institucionais do ministério público*. 4. ed. Rio de Janeiro: Lumen Juris, 2009. p. 146.

(141) LYRA, ROBERTO. *Op. cit.*, p. 158.

Dessa forma, haveria mitigação do princípio da independência funcional, exclusivamente em seu aspecto administrativo e apenas nesse sentido seria possível cogitar em hierarquização[142].

O chefe dos ramos e sub-ramos do Ministério Público, portanto, seriam denominados de chefes administrativos e, em suas gestões, haveria vedação a interferências na atividade-fim desenvolvida pelos membros da instituição.

(x) O princípio da independência funcional poderia ser relativizado também por decisões administrativas de outros órgãos da administração superior do Ministério Público[143].

No plano administrativo, constituiria dever dos membros do Ministério Público observar não apenas os comandos do chefe da instituição (PGR ou PGJ), mas também as decisões dos demais órgãos da administração superior, nos termos do art. 43, XVI, da LONMP.

Isso não se aplicaria ao exercício da atividade-fim. Nessa seara, recomendações expedidas por órgãos da administração superior da instituição não teriam caráter vinculativo em razão do princípio da independência funcional.

Por exemplo, em caso de conflito negativo de atribuições, no qual dois membros da instituição dizem-se sem atribuição para atuar em determinado caso, caberia ao chefe do Ministério Público apontar o agente responsável pelo caso, o qual deverá acatar a decisão[144].

Independentemente da suscitação de conflito, o princípio da independência funcional também seria relativizado em razão do poder de revisão afeto ao chefe dos ramos e sub-ramos do Ministério Público. Na hipótese de o membro entender que não é caso de atuação, esse ato poderia ser revisado pelo chefe da instituição[145].

Em tais situações, nota-se a prevalência do princípio hierárquico[146] sobre o princípio da independência funcional.

O mesmo acontece com a aplicação, por analogia, do artigo art. 28 do CPP aos processos em geral. Nesses casos, o juiz poderá discordar da decisão do promotor-procurador

---

(142) CARNEIRO, Paulo Cezar Pinheiro. *Op. cit.*, p. 46; LEITE, Carlos Henrique Bezerra. *Op. cit.*, p. 51-52.

(143) SAUWEN FILHO, João Francisco. *Op. cit.*, p. 212-213; JATAHY, Carlos Roberto de Castro. *Curso de princípios institucionais do ministério público*. 4. ed. Rio de Janeiro: Lumen Juris, 2009. p. 148.

(144) JATAHY, Carlos Roberto de Castro. *Curso de princípios institucionais do ministério público*. 4. ed. Rio de Janeiro: Lumen Juris, 2009. p. 149.

(145) GARCIA, Emerson. Ministério público: essência e limites da independência funcional. *In*: RIBEIRO, Carlos Vinícius Alves (Org.). *Ministério público*. Reflexões sobre princípios e funções institucionais. São Paulo: Atlas, 2010. p. 75-79.

(146) GARCIA, Emerson. Ministério público: essência e limites da independência funcional. *In*: RIBEIRO, Carlos Vinícius Alves (Org.). *Ministério público*. Reflexões sobre princípios e funções institucionais. São Paulo: Atlas, 2010. p. 67; JATAHY, Carlos Roberto de Castro. *Curso de princípios institucionais do ministério público*. 4. ed. Rio de Janeiro: Lumen Juris, 2009. p. 148.

de não agir em determinado processo e remeter os autos ao chefe do Ministério Público, que decidirá e, se for o caso, determinará que outro agente ministerial atue[147].

Essa hipótese de controle, provocada pelo Poder Judiciário, retira do promotor-procurador a palavra final acerca da pertinência (ou não) da atuação ministerial no caso concreto e atribui ao chefe do Ministério Público a decisão da controvérsia. Além disso, a decisão não se restringe à atividade-meio dos membros da instituição por envolver também atividade-fim.

Por isso, as pretensões de sentido atribuídas, em abstrato, às definições de *atividade-fim*, *atividade-meio*, *intervenção administrativa* e *atuação funcional* (bem como as consequências delas decorrentes) deveriam estar sujeitas à discussão e redefinição à luz de cada situação de aplicação.

Sujeitam-se a tal reflexão até mesmo hipóteses de intervenção dos órgãos da administração superior rotuladas (a princípio) como *de cunho estritamente administrativo*. Afinal, toda intervenção administrativa pode, em maior ou menor grau, repercutir na atuação funcional dos promotores-procuradores, a depender do caso concreto.

(xi) O princípio da independência funcional conferiria aos promotores-procuradores ampla possibilidade de alteração do próprio posicionamento ou do posicionamento de outro órgão do Ministério Público exteriorizado em processo judicial ou em procedimento administrativo[148].

O membro do Ministério Público, subscritor de determinada ação penal, poderia ao fim do processo, antes da prolação da decisão, em razão do princípio da independência funcional, requerer fosse julgada improcedente a pretensão condenatória e, em última análise, defender os direitos do réu[149].

O Ministério Público, presentado por certo membro, em razão do princípio da independência funcional, poderia interpor recurso contra sentença que tenha acolhido pedido de absolvição formulado por outro agente do *Parquet*. Inexistiria, portanto, a formação de vínculo entre os membros da instituição no exercício de seus ofícios[150].

Também seria possível que membro do *Parquet*, em atuação na condição de instituição interveniente, inicialmente, formulasse parecer de rejeição da pretensão, acolhido pelo juiz e, ainda assim, recorresse em virtude da mudança da sua opinião[151].

---

(147) JATAHY, Carlos Roberto de Castro. *Curso de princípios institucionais do ministério público*. 4. ed. Rio de Janeiro: Lumen Juris, 2009. p. 149.

(148) MACHADO, Antônio Cláudio da Costa. *Op. cit.*, p. 581-583; ZENKNER, Marcelo Barbosa de Castro. *Ministério público e efetividade do processo civil*. São Paulo: Revista dos Tribunais, 2006. p. 82.

(149) GARCIA, Emerson. *Ministério público*. Organização, atribuições e regime jurídico. 3. ed. rev. ampl. atual. Rio de Janeiro: Lumen Juris, 2008. p. 72; ZENKNER, Marcelo Barbosa de Castro. *Ministério público e efetividade do processo civil*. São Paulo: Revista dos Tribunais, 2006. p. 82.

(150) GARCIA, Emerson. *Ministério público*. Organização, atribuições e regime jurídico. 3. ed. rev. ampl. atual. Rio de Janeiro: Lumen Juris, 2008. p. 73; JATAHY, Carlos Roberto de Castro. *Curso de princípios institucionais do ministério público*. 4. ed. Rio de Janeiro: Lumen Juris, 2009. p. 147-148.

(151) MACHADO, Antônio Cláudio da Costa. *Op. cit.*, p. 582.

A independência funcional, nesse ponto, identificar-se-ia com liberdade ampla de atuação e o interesse público perseguido pelo Ministério Público seria o vetor de justificação de eventual mudança de entendimento do(s) presentante(s) do *Parquet*, ainda que dentro de um único processo judicial ou procedimento administrativo[152].

Inexistiria, portanto, a necessidade de uma linha de continuidade na atuação do(s) membro(s) do Ministério Público. Haveria possibilidade de inúmeras variações decorrentes de concepções subjetivas dos agentes da instituição[153].

(xii) O princípio da independência funcional vincularia a atuação do Ministério Público brasileiro a direitos e não a interesses[154].

A posição do Ministério Público no processo judicial ou procedimento administrativo diferia da maneira de atuar do particular e também da administração pública em geral. O *Parquet* almejaria uma finalidade puramente jurídica, tal qual o juiz, isto é, a perfeita observância do direito objetivo, diferentemente das demais partes desejosas de direitos subjetivos. Por isso, a instituição manteria sempre intacta sua imparcialidade[155].

O Ministério Público, por exemplo, ao intervir no processo em virtude da hipossuficiência da parte, agiria como *parte imparcial* e, por efeito, poderia manifestar-se livremente, inclusive com fundamentos contrários ao interesse da parte ensejante da sua intervenção[156].

(xiii) O princípio da independência funcional vincular-se-ia à observância da estratégia institucional do Ministério Público (unidade)[157].

Segundo essa concepção, o princípio da independência funcional estaria sendo compreendido em sentido superficial. Decerto, o dever de obediência exclusiva à consciência e ao Direito e a inexistência de hierarquia funcional comporiam o seu conteúdo, mas seriam noções insuficientes para sua exata medida[158].

A independência funcional, antes de ser uma garantia do membro do Ministério Público, seria uma garantia da sociedade, porquanto instituída para assegurar atuação de um agente com autonomia, imune às pressões. Entretanto, essa conclusão não autorizaria o membro a agir com base em juízos estritamente subjetivos e pautas pessoais, pois deveria observância à estratégia funcional definida no plano geral da instituição[159].

---

(152) MACHADO, Antônio Cláudio da Costa. *Op. cit.*, p. 582.

(153) GARCIA, Emerson. *Ministério público*. Organização, atribuições e regime jurídico. 3. ed. rev. ampl. atual. Rio de Janeiro: Lumen Juris, 2008. p. 75.

(154) LYRA, ROBERTO. *Op. cit.*, p. 29.

(155) CALAMANDREI, Piero. *Op. cit.*, p. 349-350

(156) MAZZILLI, Hugo Nigro. *Regime jurídico do ministério público*. 6. ed. rev. ampl. e atual. São Paulo: Saraiva, 2007. p. 560; CÂMARA, Alexandre Freitas. *Lições de direito processual civil*. 10. ed. Rio de Janeiro: Lumen Juris, 2004. v. 1. p. 219.

(157) GOULART, Marcelo Pedroso. Princípios institucionais do ministério público. *In:* RIBEIRO, Carlos Vinícius Alves (Org.). *Ministério público*. Reflexões sobre princípios e funções institucionais. São Paulo: Atlas, 2010. p. 174-176.

(158) *Ibidem*, p. 174.

(159) *Idem*.

Desse ponto decorreria a correlação entre os princípios da unidade e da independência funcional. Na condição de instituição una, caberia ao Ministério Público cumprir seus planos e programas de atuação estrategicamente definidos. A independência protegeria o agente de interferências que almejassem impedir o cumprimento dessas metas, cujo teor seriam de observância obrigatória[160].

(xiv) O princípio da independência geraria discricionariedade[161].

O membro do Ministério Público teria discricionariedade ao analisar o caso concreto. Diante das circunstâncias fáticas atuaria, ou não, segundo critérios de oportunidade e conveniência. Haveria também possibilidade de escolher o tipo de instrumento de ação. Essa liberdade decorreria do princípio da independência funcional[162].

Essa corrente apoia-se na ideia de que a atividade extrajudicial desempenhada pelo Ministério Público materializa espécie de função administrativa sujeita à certa margem de discricionariedade, à luz dos critérios de conveniência e oportunidade[163].

Tal discricionariedade decorreria do princípio da independência funcional. Entretanto teria limites e estaria sujeita ao controle da legalidade, da imprescindibilidade de motivação e da publicidade, entre outros. Por efeito, a independência funcional seria reconhecida como mero instrumento a serviço do Ministério Público no desempenho de suas atividades[164].

1.3. Tensão entre unidade e independência funcional: riscos da sobreposição principiológica

Neste subcapítulo, de maneira indiciária e ensaísta, iniciaremos a construção de uma possível resposta ao problema impulsionador deste livro, com apresentação de algumas pistas, que serão retomadas e discutidas no transcorrer da obra.

O princípio da unidade foi concebido na França e, em linhas gerais, pretendeu dizer que o Ministério Público, embora aja por múltiplos braços, está sujeito a um comando único[165]. Em sua gênese francesa, relaciona-se com o princípio da hierarquia, que autoriza o escalonamento funcional e a fixação de diretrizes pela administração superior[166] em busca de fixação da ideia de instituição.

Em uma fórmula talvez simplista, assevera que quanto maior for a unidade menor será a independência funcional. Por sua vez, quanto maior for a independência, menor

---

(160) GOULART, Marcelo Pedroso. Princípios institucionais do ministério público. *In:* RIBEIRO, Carlos Vinícius Alves (Org.). *Ministério público.* Reflexões sobre princípios e funções institucionais. São Paulo: Atlas, 2010. p. 175-176.

(161) RIBEIRO, Carlos Vinícius Alves. Funções administrativas e discricionárias do ministério público. *In:* _____. (Org.). *Ministério público.* Reflexões sobre princípios e funções institucionais. São Paulo: Atlas, 2010. p. 343.

(162) Em sentido próximo: RIBEIRO, Carlos Vinícius Alves. *Op. cit.*, p. 343.

(163) RIBEIRO, Carlos Vinícius Alves. *Op. cit.*, p. 341-343.

(164) RIBEIRO, Carlos Vinícius Alves. *Op. cit.*, p. 352-355.

(165) GARCIA, Emerson. *Ministério público.* Organização, atribuições e regime jurídico. 3. ed. rev. ampl. atual. Rio de Janeiro: Lumen Juris, 2008. p. 56.

(166) *Idem.*

será a observância do princípio da unidade[167]. Não apostaremos nessas afirmações, mas sim em perspectiva distinta, a partir da reconstrução do enfoque teórico e pragmático desses princípios.

A previsão na CF/1988 de adotar, como princípios institucionais do Ministério Público brasileiro, a unidade e a independência funcional, embora ousada e complicadora, parece oportuna.

A vinculação do primeiro ao princípio da hierarquia parece conspirar contra a existência do segundo e disso decorrem aparentes paradoxos. Há, evidentemente, forte tensão entre os princípios da unidade e da independência funcional.

Todavia, em nossa primeira análise, é possível perceber que esse estado de tensão pode contribuir para o aprimoramento constitucional do Ministério Público brasileiro. Isso porque a conjugação dinâmica desses dois polos, mediante avanços e contenções, viabilizará permanente processo de interpretação e (re)construção de sentido, a cada situação tensional. E, a partir do uso criativo desse aparente paradoxo, o Ministério Público poderá aprender e evoluir.

Nesse contexto, o estado tensional entre os princípios da unidade institucional e da independência funcional não será abordado como um problema a ser eliminado. Pelo contrário, será analisado como caminho para o desenvolvimento constitucional do Ministério Público, à luz do paradigma do Estado democrático de direito.

Aos membros do Ministério Público brasileiro impõem-se a difícil tarefa de equilibrar-se entre garantias, prerrogativas e deveres[168], sem perder de vista a imprescindível vinculação à uma instituição pautada por objetivos constitucionais. É desafio similar ao encontrado na relação entre democracia e Estado de direito, conforme será visto adiante.

Uma premissa, todavia, pode ser posta imediatamente: nenhum dos dois princípios têm caráter absoluto ou deve postular prevalência. Tanto a unidade quanto a independência funcional são filtradas pelo paradigma do Estado democrático de direito e encontrarão seu espaço, ora para mais, ora para menos. Qualquer definição estanque com pretensão de sobreposição acarretará graves problemas.

Para ilustrar, é válido um exercício reflexivo no qual se imagine a existência de um Ministério Público brasileiro regulado apenas pela unidade e, no outro extremo, somente pela independência.

Em tese, a existência de um Ministério Público brasileiro regido apenas pelo princípio da unidade facilitaria a eliminação de divergências internas e o aumento da segurança jurídica.

A existência dessa hipotética instituição fortaleceria o discurso de observância integral da constituição e das leis. Ao mesmo tempo, descartaria a alegação de independência

---

[167] GARCIA, Emerson. *Ministério público*. Organização, atribuições e regime jurídico. 3. ed. rev. ampl. atual. Rio de Janeiro: Lumen Juris, 2008. p. 57, afirma que quanto maior for a independência funcional dos membros do Ministério Público, menor será a unidade da instituição.

[168] Em sentido próximo: LYRA, ROBERTO. *Op. cit.*, p. 177.

funcional pelo membro do Ministério Público que pretendesse justificar iniciativa fundada em interpretação divergente do direito ou no seu ideal de justiça.

Nesse passo, o objetivo de uniformidade institucional acentuaria o risco de que promotores-procuradores fossem reduzidos a meros reprodutores de ideologia adotada por um chefe ou por um corpo de órgãos superiores. Isso poderia até ensejar a figura inconstitucional do promotor-procurador de exceção, mediante avocações e nomeações casuísticas.

A crença compartilhada no objetivo da atuação uniforme, como materialização de concepção hierarquizada de unidade, abriria as portas para destituição e substituição dos membros do Ministério Público originariamente designados.

Imaginemos, agora, o outro extremo e seus riscos. Dessa vez, um modelo hipoteticamente reverenciado pela sobreposição estanque em favor do princípio da independência funcional.

Nessa hipótese, a unidade seria relegada ao segundo plano e taxada de empecilho natural à criatividade individual dos promotores-procuradores, para justificar o desenvolvimento de estratégias adequadas às particularidades dos casos concretos e ao enfrentamento de novas demandas sociais.

Esse pretenso Ministério Público, regido apenas pela independência, abrandaria os rigores da lei e demais comandos normativos de caráter geral, em razão da pretensa virtude do membro oficiante para concretizar a *justiça* com decisões construídas à luz de cada caso concreto.

A sobreposição do princípio da independência funcional enfraqueceria a coesão institucional, aumentaria divergências internas e diminuiria a previsibilidade das decisões do Ministério Público. Haveria, ainda, o perigo de que agentes utilizassem a independência funcional como pretexto ao desconsiderarem, por mero voluntarismo, comandos gerais normativos.

Esse modelo hipotético impulsionaria a forte valorização da subjetividade e da autorreferência dos membros e consideraria válidas as decisões decorrentes da concepção pessoal do agente oficiante e nada mais, por adotar como premissa a crença de que a preponderância da independência permitiria um desenvolvimento difuso e constante das práticas institucionais. Por isso, cada agente poderia criar ou replicar as estratégias que considerasse pertinentes, sem dever de observância a normas e critérios gerais. Restaria, enfim, apenas os limites decorrentes do ordenamento jurídico que fossem identificados pela interpretação pessoal de cada promotor-procurador, sem qualquer pretensão de uniformidade.

Essas considerações teóricas, embora formuladas hipoteticamente, têm amplo efeito pragmático. O CNMP, ilustrativamente, vem enfrentando esse dilema e, em certa feita, recebeu petição com requerimento de suspensão da deliberação do Conselho Institucional do Ministério Público Federal e do ato da 4ª CCRMPF, referentes à exigência dos procuradores da república de submeterem o declínio de suas atribuições à homologação de órgão superior.

O CNMP, ao decidir essa reclamação, concluiu que a previsão de que o declínio de atribuição deva ser submetido à homologação da CCR não implica ofensa ao princípio da independência funcional. Ressaltou haver necessidade de equilíbrio entre a independência funcional dos membros do Ministério Público e o princípio da unidade da instituição. Segundo o CNMP, a prevalência de um sobre o outro pode acarretar o desprestígio do *Parquet* perante o corpo social[169].

Portanto, os princípios da unidade e independência funcional, isoladamente, parecem incapazes de desvelar o papel desempenhado pelo Ministério Público brasileiro. Todavia juntos, em relação de equiprimordialidade e em posição de tensão ideal, tais coprincípios estarão aptos a contribuir para o aprimoramento reflexivo das tarefas desenvolvidas pela instituição.

Assim, consideremos que os princípios da unidade e independência funcional são igualmente relevantes e imprescindíveis ao desenvolvimento das atividades de responsabilidade do Ministério Público brasileiro. Para tanto, deverão ser conjugados equilibradamente, em estado de tensão, com avanços e recuos, a depender do caso concreto.

Mas de que forma será possível concretizar essa complexa prática? Em busca dessa resposta, como passo seguinte, analisaremos a influência de certos paradigmas na maneira de agir do Ministério Público brasileiro, à luz de concepções teóricas e pragmáticas diversas, capazes de refletir no cotidiano de agentes integrantes da instituição.

O próximo capítulo será preparatório ao terceiro. Nele, como exercício reflexivo, exporemos a ideia acerca de um contexto de Ministério Público brasileiro regido apenas pela independência funcional. Propositadamente, essa é uma das hipóteses a serem problematizadas e discutidas, como estratégia para fomentar importantes reflexões, em oposição às tentativas de sobreposição, seja a favor da independência ou da unidade.

O segundo capítulo almejará trabalhar também com a possibilidade de descortinar concepções teóricas subjacentes do que seja Direito a partir de possíveis práticas adotadas pelos membros do Ministério Público.

Essa abordagem possibilitará evidenciar a nossa concepção acerca da instituição, o que ocorrerá no terceiro capítulo, sob o foco do marco teórico adotado nesta obra. Assim, as principais questões da obra serão (re)ordenadas e descortinar-se-á na perspectiva de quem observa o *quebra-cabeça* após a junção das peças.

---

(169) BRASIL. *CNMP*. Relator: Adilson Gurgel de Castro. Processo n. 0.00.000.000894/2009-84.

Capítulo 2

Disputa de Paradigmas na Conformação do Ministério Público Brasileiro

A proposta deste capítulo será a de promover aproximações teóricas entre supostos modos de atuação do Ministério Público a certos paradigmas. Objetivará, pois, desvelar e discutir bases teóricas e pragmáticas subjacentes a possíveis formas de agir dos membros dessa instituição.

Aos pressupostos dos tradicionais paradigmas[170] de Estado (liberal, social e democrático) e *filosóficos-jurídicos* (*jusnaturalismo*, positivismo e pós-positivismo), por exemplo, serão vinculados possíveis modelos de atuação do Ministério Público.

Essa estratégia didática assumirá o risco de simplificações ao utilizar tipos ideais por similitudes e aproximações[171] e postagem de *caixas classificatórias* ou de *categorias*[172]. Delas, entretanto, poderão ser extraídos proveitosas reflexões e encaminhamentos.

As concepções teóricas dificilmente são puras e incomunicáveis com outras correntes, mesmo aquelas aparentemente conflituosas. Para exemplificar, basta recordar que o direito natural, na atualidade, é também visto em vertente metafísica. Certo paradigma pós-positivista, outrossim a título exemplificativo, ao unir direito e moral, aproxima-se de um pós-*jusnaturalismo*. Porém, cientes dessa inter-relação, optamos por análise segmentada em prol de evidente didatismo e da observância do propósito desta obra.

Essa forma de exposição facilitará a compreensão dos supostos modelos teóricos de atuação do Ministério Público e suas consequências na forma de agir da instituição, bem como justificará a posição defendida nesta obra, na condição de um dos caminhos possíveis de serem trilhados.

A exposição dos modelos ocorrerá nos planos teórico e prático. A pesquisa, no entanto, absteve-se do desígnio de corroborar, empiricamente, a existência desses modos de atuação. Mas, mediante exercício reflexivo-argumentativo, eles foram relacionados a possíveis e supostas práticas do Ministério Público em um contexto de diversidade ideológica entre membros da instituição.

---
(170) O conceito de *paradigma* será detidamente analisado à frente.
(171) WEBER, Marx. *A ética protestante e o espírito do capitalismo*. Tradução Vinícius Eduardo Alves. São Paulo: Centauro, 2008. p. 79 e 200.
(172) ARISTÓTELES. *Categorias*. Tradução Edson Bini. São Paulo: Edipro, 2011. p. 29-30.

Eventuais adjetivações, consignadas após a expressão *Ministério Público*, escaparão ao objetivo de demonstrar a existência de novos ramos da instituição. Seus fins serão didáticos e almejam desvelar e discutir pressupostos paradigmáticos associados a possíveis e supostas formas de atuação, seja no plano individual, seja no plano institucional.

2.1. Condição paradigmática dos distintos modelos de atuação institucional[173]

A palavra *paradigma* indica valores, crenças e técnicas partilhados por membros de uma comunidade e soluções empregadas como modelos para substituir regras e equacionar outros problemas apresentados pela ciência[174]. Age como pano de fundo[175] interpretativo e permite explicar o desenvolvimento científico como um processo de rupturas em que um paradigma antigo é substituído pelo mais novo[176]. O seu sentido, ademais, com a ideia de Constituição, reporta-se ao consenso fundamental de uma comunidade política relativamente a princípios, valores e ideias diretivas que servem de padrões jurídicos[177].

A ideia de paradigma, inegavelmente, padece de óbvias simplificações[178]. É válida, porém, por permitir a seleção e o delineamento de visões de mundo em determinados contextos[179]. O reconhecimento de um paradigma, existente em certo momento, parece permitir a identificação dos pressupostos subjacentes às decisões, inclusive às referentes ao modelo teórico de atuação, supostamente adotado pelos agentes do Ministério Público, e o seu reflexo na atuação institucional.

A criação, a interpretação e a aplicação do direito, portanto, são influenciadas por um contexto. Assim, no paradigma do Estado liberal, os resultados possivelmente serão distintos dos alcançados à luz do paradigma do Estado social. O paradigma, portanto, explicará a função do direito em certo momento. Esse ponto permite compreender as funções normativas em determinada sociedade[180] e verificar que decisões, às vezes

---

(173) Alguns trechos, teorizações e citações constantes deste subcapítulo foram extraídos de: FONSECA, Bruno Gomes Borges da. *Compromisso de ajustamento de conduta*. São Paulo: LTr, 2013. p. 50-62; FONSECA, Bruno Gomes Borges da. Direitos humanos e fundamentais: pontos e contrapontos. *In:* SANTOS, Élisson Miessa; CORREIA, Henrique (Coord.). *Estudos aprofundados*: ministério público do trabalho. Salvador: JusPodivm, 2013. p. 216-220; COURA, Alexandre de Castro; FONSECA, Bruno Gomes Borges da. Reflexões acerca dos direitos fundamentais a partir da tensão entre Estado de Direito e Democracia em Jürgen Habermas. *Revista do Instituto de Hermenêutica Jurídica* (RIHJ), ano 11, n. 13, Belo Horizonte, Fórum, 2013. p. 29-50.

(174) KUHN, Thomas S. *A estrutura das revoluções científicas*. 9. ed. Tradução Beatriz Vianna Boeira e Nelson Boeira. São Paulo: Perspectiva, 2007. p. 220.

(175) HABERMAS, Jürgen. *Direito e democracia*: entre facticidade e validade. 2. ed. Tradução Flávio Beno Siebeneichler. Rio de Janeiro: Tempo Brasileiro, 2003. v. II. p. 131.

(176) KUHN, Thomas S. *Op. cit.*, p. 125-127.

(177) CANOTILHO, J. J. Gomes. *Direito constitucional e teoria da constituição*. 7. ed. Coimbra: Almedina, 2003. p. 1.438.

(178) O paradigma materializa uma síntese de convicções comuns: HABERMAS, Jürgen. *Direito e democracia:* entre facticidade e validade. 2. ed. Tradução Flávio Beno Siebeneichler. Rio de Janeiro: Tempo Brasileiro, 2003. v. II. p. 130.

(179) CARVALHO NETTO, Menelick. Requisitos pragmáticos da interpretação jurídica sob o paradigma do estado democrático de direito. *Revista de Direito Comparado*. Pós-graduação da faculdade de direito da Universidade Federal de Minas Gerais. Mandamentos: Belo Horizonte, v. 3, maio 1993. p. 476.

(180) HABERMAS, Jürgen. *Direito e democracia:* entre facticidade e validade. 2. ed. Tradução Flávio Beno Siebeneichler. Rio de Janeiro: Tempo Brasileiro, 2003. v. II. p. 129-131.

involuntariamente, materializaram seu propósito integrador e a etapa presente em determinado tempo histórico.

Esse contexto paradigmático, obviamente, influenciará a forma de atuação dos membros do Ministério Público e trará justificativas para atuação em um ou outro sentido. Daí a relevância de laborar com as teorizações subjacentes a certos discursos e práticas adotados pela instituição.

O processo interpretativo, portanto, pautar-se-á pela mobilidade fundamental da *pré-sença*, que se perfaz pela sua finitude e historicidade. Sempre haverá um projetar, uma leitura iniciada a partir de certas expectativas e na perspectiva de sentido determinado, isto é, um pré-conceito. Essa opinião prévia de conteúdo é constituinte da nossa *pré-compreensão*[181] e ela, certamente, influenciará na interpretação e no reconhecimento de um paradigma. É inviável, pois, sustentar neutralidade do intérprete.

Em razão da ausência de neutralidade do intérprete, parece irreal sustentar a personificação de uma instituição como o Ministério Público atuante e existente em si mesma. Malgrado organizada normativamente e embasada nos pilares da unidade e independência, as *pré-compreensões* e visões de mundo de seus membros são capazes de apresentar diversas facetas de *Ministérios Públicos*.

Esse aparente paradoxo (unidade *versus* diversidade ou unidade *versus* independência), por outro lado, poderá contribuir para o avanço institucional do Ministério Público. Todavia, os paradigmas dos seus membros e suas crises deverão ser aclarados, postos, a todo instante, em xeque e reflexão, em processo de interações, interna e externamente.

Os paradigmas, naturalmente, influenciam a maneira de agir dos membros do Ministério Público. De acordo com o pano interpretativo adotado pela instituição e por seus agentes, a forma de atuação, o posicionamento teórico, os instrumentos utilizados e os resultados alcançados poderão ser distintos. As práticas da instituição e de seus agentes, por outro lado, denunciam aproximações com paradigmas diversos e ensejam análise teórica do seu modo de agir.

O propósito da análise dos paradigmas adotados pelos membros do Ministério Público abstém-se de defender o discurso da neutralidade, de sustentar os malefícios da independência funcional de seus agentes, de defender a necessidade de ampla produção normativa reguladora da atividade pelos órgãos superiores da instituição, de repelir a diversidade de compreensões e de visões de mundo e, por fim, de indicar um paradigma único, imutável e inflexível a ser trilhado.

A tradução de práticas e suas associações a certos paradigmas almejarão incentivar a dialética de visões de mundo diferentes e contribuir para a permanente (re)discussão de autorreferências dos membros do Ministério Público capazes de formar, quase paradoxalmente, uma *unidade diversificada*.

---

(181) GADAMER, Hans-Georg. *Verdade e método I:* traços fundamentais de uma hermenêutica filosófica. 11. ed. Tradução Flávio Paulo Meurer. Petrópolis: Vozes/Editora Universitária São Francisco, 2011. p. 16, 21-22, 356-357 e 360.

Os paradigmas analisados e a constituição de modelos teóricos de atuação referem-se aos membros do Ministério Público. São eles, na condição de profissionais do direito, que carregam compreensões mundanas diversas, capazes de influenciar o modo de agir institucional ao corporificarem a instituição.

Impor personificação ao Ministério Público e responsabilizá-lo, como um ente existente em si, por modelos de atuação decorrentes de sua abstração, geraria uma ideia de *ontologização* ou *entificação* da instituição[182]. O *Parquet*[183] (re)presenta-se pelo agir de seus membros e assim é constituída a instituição. Os paradigmas deles, portanto, é que são refletidos e imputados a uma instituição existente no plano normativo e abstrato.

2.2. Modelo teórico *pré-institucionalizado* de atuação do Ministério Público[184]

O Brasil-colônia era regido pelas Ordenações (Afonsinas de 1447, Manuelinas de 1521 e Filipinas de 1603). Elas dispunham sobre agentes que desenvolviam funções parecidas com as realizadas atualmente pelo Ministério Público, como: intervenção em feitos de hipossuficientes, defesa do monarca, fiscalização do cumprimento da lei, acusação criminal etc.

A Constituição do Império do Brasil de 1824 deixou de organizar o Ministério Público. No art. 48 constava, apenas, o procurador da coroa e soberania nacional como responsável pela acusação no juízo do crime. O Código de Processo Criminal de 1832 destinava seção aos então Promotores Públicos (Seção III, arts. 36 a 38) e os incumbia da acusação penal. Entretanto inexistia disciplinamento organizacional de uma instituição.

A primeira Constituição republicana (CF/1891) dispunha acerca da escolha do PGR entre os ministros do STF (art. 58, § 2º), e novamente despreocupou-se em organizar o Ministério Público.

Aos Decretos n. 848, de 11 de outubro de 1890, e n. 1.030, de 14 de novembro de 1890[185], organizadores, respectivamente, da Justiça Federal e da Justiça no Distrito Federal, couberam abordar o Ministério Público com um desenho institucional[186].

O Ministério Público brasileiro, dos séculos XV a XIX, permaneceu, pelo menos no plano normativo, afastado da ideia de instituição e de unidade. Os atos normativos

---

(182) Esse tema será retomado à frente.

(183) O Ministério Público é conhecido pela expressão francesa *parquet,* que significa junção de tábuas (lâminas de *parquet*) formantes do chão. Os procuradores do rei, na França, em sua origem, postulavam aos juízes (magistratura sentada ou *magistrature assise*) de pé (*magistratura debout*) sobre o assoalho: MAZZILLI, Hugo Nigro. *Regime jurídico do ministério público.* 6. ed. rev. ampl. e atual. São Paulo: Saraiva, 2007. p. 39.

(184) Alguns trechos, teorizações e citações constantes deste subcapítulo foram extraídos de: FONSECA, Bruno Gomes Borges da. *Compromisso de ajustamento de conduta.* São Paulo: LTr, 2013. p. 27-31.

(185) Os decretos, entretanto, não utilizaram a expressão instituição. Ainda assim, o *Parquet* foi organizado em capítulo (arts. 21 a 26 do Capítulo VI do Decreto n. 848/1890) e título próprios (arts. 164 a 179 do Título III do Decreto n. 1.030/1890).

(186) A palavra *instituição* é utilizada no sentido de patentear a existência de um Ministério Público organizado. O *Parquet* é definido pela CF/1988 (art. 127) como instituição. Entrementes o ponto relevante por ora é a preocupação com seu aspecto organizacional e não o seu reconhecimento como pessoa jurídica, instituição ou órgão.

desse período fizeram previsões esparsas sobre atuações realizadas por agentes componentes do germe de uma instituição porvindoura. A atuação naquele período era, pois, *pré-institucionalizada*.

A existência de modelo teórico do *Ministério Público pré-institucionalizado* parece se caracterizar por atuação desarticulada, sem estratégica e pautada, *exclusivamente*[187], no desejo particular de cada agente. Esse arquétipo desfavorece atuação coordenada em virtude da pulverização das atividades desempenhadas.

Esse paradigma de Ministério Público é de duvidosa eficiência, especialmente em sociedades massificadas, nas quais afloram interesses metaindividuais, cuja conflituosidade interna decorrente da concorrência de interesses[188] exige atenção especial às circunstâncias de cada caso, sem prejuízo de realização da pretensão geral de igualdade.

Macrolesões reclamam atuação articulada dos membros do Ministério Público e a ausência de organização institucional dificulta aquele suposto modelo de obter sucesso nesse cenário. Esse modo de agir *pré-institucionalizado* é inadequado para atuações sob a forma de forças-tarefas, de *mutirões* e outras estrategicamente elaboradas com objetivos pré-fixados. Enfim, incompatibiliza-se com as exigências sociais da modernidade.

A superação do modelo teórico de atuação *pré-institucionalizado*, que inicia em 1890 com aludidos decretos e, posteriormente, com a CF/1934, entretanto, isoladamente, é insuficiente para romper com todos os óbices encontrados antes da estruturação institucional do Ministério Público.

Mesmo após a institucionalização formal do Ministério Público, o ranço do modelo teórico de atuação *pré-institucionalizada* pode fomentar valorização exacerbada da independência funcional, e, consequentemente, acarretar desagregação e incongruências baseadas exclusivamente no voluntarismo de certos agentes.

A recusa injustificada em cumprir resoluções e recomendações internas, bem como o desinteresse em agir estrategicamente coordenado ou em formar grupos de trabalho, ilustrativamente, parece refletir concepções típicas do modelo teórico pré-institucionalizado.

A institucionalização do Ministério Público patenteia-se pela atribuição normativa dos órgãos superiores da instituição. O PGR, os PGJs e os demais chefes dos sub-ramos do MPU poderão comandar a instituição e definir estratégias. As corregedorias, com realização de correições e inspeções periódicas (CNMP, Resolução n. 61/2010), os conselhos superiores e as câmaras de coordenação e revisão, nos termos da LONMP e do EMPU, têm papéis agregadores interessantes e poderão funcionar como canais de uniformização.

O CNMP outrossim poderá, com a expedição de atos regulamentares de sua atribuição (CF/1988, art. 130-A, § 2º, I), contribuir para dar contornos de unidade ao Ministério

---

(187) Esse ponto é relevante e materializa uma das problematizações a serem enfrentadas neste livro: o *enfrentamento do subjetivismo dos membros que presentam uma instituição regida pelos princípios constitucionais da unidade e da indivisibilidade* (CF/1988, art. 127, § 1º).

(188) RODRIGUES, Geisa de Assis. *Ação civil pública e termo de ajustamento de conduta*. Rio de Janeiro: Forense, 2002. p. 48-49.

Público. Nesse particular, a criação de bancos de dados nacionais de membros do *Parquet* (CNMP, Resolução n. 78/2011), de TACs, de ACPs e de ICs (CNMP, Resolução Conjunta n. 2/2011), a unificação de tabelas (CNMP, Resolução n. 63/2010) e a indicação de rito comum aos procedimentos administrativos e criminais (CNMP, Resolução n. 23/2007 e Resolução n. 13/2006, respectivamente), por exemplo, têm funções significativas.

A Recomendação n. 16/2010 do CNMP, ao dispor acerca da atuação do Ministério Público como instituição interveniente no processo civil, exaltou o modelo teórico institucionalizado ao dispensar a participação ministerial em dezena de ações (art. 5º). Destacou, ainda, necessidade de planejamento institucional com desiderato de priorizar conflitos de repercussão social (art. 7º).

A definição constitucional do Ministério Público é funcional. O art. 127 da CF/1988 estatuiu suas funções e delas são extraídos os motivos justificantes para intervenção em um processo judicial. Portanto, no plano normativo, a Recomendação n. 16/2010 do CNMP seria desnecessária. Todavia teve o inegável mérito de explicitar e divulgar as hipóteses de dispensa de intervenção. Mesmo assim, não raras vezes e sem motivos aparentes, tal recomendação é desconsiderada por membros da instituição, que, nesse ponto, parecem corroborar a manutenção do modelo teórico *pré-institucionalizado*.

A aparente inobservância de normas internas editadas por órgãos superiores do Ministério Público, todavia, nem sempre configura indícios de um modelo *pré-institucionalizado*. Tudo dependerá das razões apontadas para não aplicação da norma (na condição de sentido geral atribuído ao texto normativo), o que pode ser justificado por juízo de (in)adequabilidade em face das peculiaridades do caso concreto ou pelo juízo de inconstitucionalidade ou ilegalidade, devidamente fundamentados.

Esse pretenso modelo teórico *pré-institucionalizado* parece evidenciar-se com a conflituosidade de membros do Ministério Público em um mesmo processo. Um atua como instituição agente, enquanto o outro como instituição interveniente. Em certos casos, a tese exposta na petição inicial destoa da manifestada no parecer em explícita falta de afinação.

O art. 6º da Recomendação n. 19/2011 do CNMP, ao dispor sobre a atuação dos membros do Ministério Público no segundo grau, alterou a Recomendação n. 16/2010 também do CNMP, e previu como desnecessária a atuação de mais de um membro da instituição no mesmo processo, com vistas a impedir a instauração de conflitos.

Outro ponto reflexivo decorre do reconhecimento, pelo STF, da legitimidade autônoma do MPE para atuar originariamente nessa Corte nos processos nos quais seja parte. Segundo a decisão, o MPU e o MPE seriam instituições autônomas e com chefes distintos[189].

Essa dualidade entre MPU e MPE, a depender da existência ou não de interlocução e afinamento institucional, poderá gerar situações de conflituosidade entre os ramos. No

---

(189) BRASIL. *STF*. Rcl n. 7358/SP. Tribunal Pleno. Relatora: Ministra Ellen Gracie. Julgamento: 24.2.2011. Fonte: DJe-106, divulgado em 2.6.2011 e publicado em 3.6.2011.

STF, por exemplo, o MPU (pelo PGR) poderá recorrer de decisão que acolhe pretensão recursal do MPE, aflorando ranços de pré-institucionalização.

Outro contributo para transparecer uma putativa ausência de institucionalização, no sentido, entretanto, de *pessoalização* da atuação do Ministério Público, refere-se à lamentável situação de promotorias e procuradorias com carência de membros, algumas vezes, com apenas um (ou poucos) promotor(es)-procurador(es) lotado(s). Nesses casos, o membro do Ministério Público deve ter especial cuidado para evitar que, aos olhos da comunidade local, o *Parquet* seja substituído ou confundido com a pessoa física ocupante do cargo.

O Ministério Público, malgrado tais riscos, tem, indubitavelmente, avançado na atuação coletiva, em bloco. Como exemplos, destacam-se as Promotorias de Justiça e Procuradorias da República especializadas por matéria, os grupos de trabalho e os Centros de Apoio e a criação de coordenadorias temáticas, como ocorreu no MPT[190], com fixação de estratégias, construção de projetos, reuniões periódicas, estruturadas nacional e regionalmente. Isso é maneira de agir reflexivamente, de acordo com o paradigma do Estado democrático de direito. Afinal, é possível compatibilizar institucionalização e unidade com diversidade e independência funcional, como se verá nos capítulos seguintes.

2.3. Modelo teórico *ontologizado* ou *entificado* de atuação do ministério público

A filosofia clássica debruçou-se sobre a seguinte indagação: o nome dos seres e das coisas é inerente à sua natureza ou é fruto de mera convenção? Aplicando-a ao tema da obra, tal indagação seria assim reformulada: a atuação do Ministério Público é sempre adequada à Constituição, de forma inerente e automática, ou, assim como outras instituições, também correria risco de desvirtuamentos e de concorrer contra a afirmação do Estado democrático de direito?

Platão, em sua metafísica clássica, responde a primeira interrogação ao asseverar que os nomes pertencem às coisas por natureza e, a princípio, os costumes são incapazes de modificá-los. O conhecedor do signo, consequentemente, conhecerá a coisa, pois os nomes significam a realidade[191][192].

A teoria das formas ou das ideias de Platão reconhece uma forma (ou essência) destinada por natureza a cada coisa[193]. O homem, ao construir uma coisa, como uma

---

(190) SIMÓN, Sandra Lia. O ministério público do trabalho e as coordenadorias nacionais. *In:* PEREIRA, Ricardo José Macedo de Britto (Org.). *Ministério Público do Trabalho*: coordenadorias temáticas. Brasília: Escola Superior do Ministério Público da União, 2006. p. 12-13.

(191) *Crátilo*. Tradução Maria José Figueiredo. Lisboa: Instituto Piaget, 2001. p. 43-44 e 53 e 118-120.

(192) Platão, entretanto, admite o convencionalismo (não arbitrário) na formação das palavras decorrente do uso da língua que contribuem para evidenciar aquilo que temos em mente quando falamos, bem como a atribuição de nomes incorretos: *Crátilo*. Tradução Maria José Figueiredo. Lisboa: Instituto Piaget, 2001. p. 65, 68-69, 87-88, 111 e 117; OLIVEIRA, Manfedo, A. de. *Reviravolta linguístico-pragmática na filosofia contemporânea*. 3. ed. São Paulo: Loyola, 2006. p. 20-21.

(193) *Crátilo*. Tradução Maria José Figueiredo. Lisboa: Instituto Piaget, 2001. p. 51; *A república*. Tradução Albertino Pinheiro. 6. ed. São Paulo: Atena Editora, 1956. p. 239.

mesa, não fabrica a ideia, mas sim uma aparência da essência de mesa. Esse objeto é irreal, por apenas expressar algo que é verdadeiro como um tipo de imitação[194].

O *mito da caverna*, narrado por Platão, evidencia a dualidade de mundos. O primeiro é visível, representado por homens em morada subterrânea, em posição contrária à luz, cujas imagens vistas constituem-se sombras. O segundo é o inteligível, materializado pela mudança de posição dos homens, que acessaram a região superior e contemplaram as imagens reais, antes sombreadas[195].

Essa dualidade mundana é evidenciada por Platão novamente ao analisar a linguagem. Segundo sua filosofia, o nome imita ideias. Logo, haveria duas coisas: as reais e as imagens formadas pelo nome. Assim, tudo existiria em duplicidade[196].

Para Platão, portanto, o mundo físico seria experimentado pelos sentidos, enquanto o mundo inteligível é formado pelas nossas ideias, que contêm uma essência imutável, eterna e universal[197]. O mundo visível no espaço e no tempo é, pois, uma cópia do mundo ideal.

Santo Agostinho, em sua filosofia neoplatônica, também adota a teoria das ideias. Deus, ao iluminar nossa mente, deposita conhecimentos que posteriormente são utilizados pela alma mediante a recordação, a utilização da memória e a revelação. As imagens, portanto, não são hauridas pelos sentidos e mesmo sem elas o nosso interior é capaz de enxergá-las[198]. É por essa razão que divide a cidade em de Deus (vida divina) e dos homens (vida terrena), além de aludir à repartição do mundo em inteligível e visível[199].

Membros do Ministério Público, em certos momentos, podem vincular a existência da instituição a uma ideia imanente de democracia e de uma suposta vocação institucional nata à realização dos fins constitucionais de uma associação de pessoas livres e iguais. O regime democrático e a correção da conduta, nessa perspectiva, seriam marcas atávicas de sua criação e atuação; ser-lhe-iam, assim, inerentes e indeléveis.

Para os supostos membros aderentes desse paradigma ontológico, o Ministério Público é, invariavelmente, a expressão da retidão e do acerto de conclusões, sempre, e sem possibilidade de erros, direcionadas à democracia e ao cumprimento de seus fins na ordem jurídica estabelecida. Aos seus agentes caberia ingressar nos quadros do *Parquet* e, figurativamente, deixar a força natural da água continuar levando a instituição ao local de sucesso que está, previamente, reservado.

Nesse paradigma ontológico, portanto, a resposta à segunda pergunta formulada no início deste subcapítulo parece ser afirmativa, isto é, haveria uma presunção de que os

---

(194) *A república*. Tradução Albertino Pinheiro. 6. ed. São Paulo: Atena Editora, 1956. p. 412-415.
(195) *Ibidem*, p. 287-291.
(196) *Crátilo*. Tradução Maria José Figueiredo. Lisboa: Instituto Piaget. 2001, p. 113.
(197) *A república*. Tradução Albertino Pinheiro. 6. ed. São Paulo: Atena Editora, 1956. p. 238 e 240.
(198) *Confissões*. Tradução J. Oliveira e A. Ambrósio de Pina. Petrópolis: Vozes, 2011. p. 226-227.
(199) *A Cidade de Deus* (contra os pagões [*sic*]). Parte I. Tradução Oscar Paes Leme. Petrópolis: Vozes, 2012. p. 35-36.

membros sempre agem adequadamente, apenas (e unicamente) em razão de integrarem o Ministério Público.

Preocupações com maneiras de atuação, com a participação e a validação sociais e com o diálogo interinstitucional, são consideradas desnecessárias, pois, nesse paradigma, a instituição é democrática por natureza e, em todos os casos, sem exceção, cumpre seus fins constitucionais.

Talvez seja por essa razão que alguns estudiosos relutem em reconhecer a existência de uma instituição na antiguidade aproximada com a atual conformação do Ministério Público, sobretudo quando deparam-se com contextos autoritários. Como poderia uma instituição democrática como o *Parquet* existir em ditaduras[200]? Não sejamos ingênuos, pois é possível a sua existência em regimes de exceção[201], como, aliás, ocorreu no Brasil no período da ditadura militar, até porque a instituição é uma construção do direito.

A conformação constitucional do Ministério Público, atualmente, determina atuação adequada ao paradigma do Estado democrático de direito (CF/1988, art. 127). Aliás, tal instituição tem a missão de defender o regime democrático. Isso, contudo, não se concretiza automaticamente, sem atenção, esforço e autocrítica, ao contrário dos supostos adeptos do paradigma *ontologizado* de *Parquet*.

Os eventuais membros do Ministério Público partidários desse modelo teórico de atuação, ao *ontologizarem* a instituição, tendem a ser autoritários e recusam-se a interações, especialmente externas, pois a *verdade* está na instituição, na sua maneira de atuar, considerada, por eles, infalível.

Nas esferas judiciais e extrajudicial, atuariam despreocupados com o resultado de seus agires. O objetivo é externar a *verdade* imutável e insuperável decorrente da conformação do Ministério Público. Para eles, audiências individuais e coletivas são momentos para externar a posição do *Parquet* e não para interagir com pessoas e, talvez, ser convencido da adequabilidade do outro ponto de vista.

Os agentes do Ministério Público, nesse suposto modelo teórico, têm necessidade de asseverar, previamente, que suas opiniões são consolidadas e corretas *a priori*, independentemente da análise das circunstâncias do caso concreto e da argumentação da parte contrária.

Nesse contexto, até mesmo a proposta de celebração de TAC, por exemplo, é marcada pela unilateralidade. Inexistem debate e construção das obrigações a serem contempladas naquele instrumento. O compromisso, nesse pretenso modelo de atuação ontológico, é apresentado pelo membro à parte para assinatura, sem possibilidade de alteração e discussão de suas cláusulas, o que não nos parece adequado[202].

---

(200) Em sentido aproximado: SAUWEN FILHO, João Francisco. *Op. cit.,* p. 34.
(201) MAZZILLI, Hugo Nigro. *Regime jurídico do ministério público.* 6. ed. rev. ampl. e atual. São Paulo: Saraiva, 2007. p. 111.
(202) As procuradorias-promotorias, pela realização de audiências, podem transformar-se em espaços públicos de debate com vistas à celebração de TAC, que deve ser construído com a participação dos afetados e conforme o direito em vigor. Assim, as partes, inclusive o Ministério Público, seriam, concomitantemente, falantes e ouvintes,

A produção probatória, por sua vez, contenta-se com presunções adstritas a um plano idealizado. Elementos probatórios, como a inspeção e a colheita de depoimentos testemunhais, tendem a ser desprezados. O contato desse arquétipo com a realidade encontra resistência e, por efeito, a reconstrução histórica dos fatos é fragilizada.

A escolha dos tipos de prova, em certos contextos, é essencial à tramitação do IC e também ao curso do processo judicial. A prova documental é facilmente fraudada e, sobretudo em demandas envolventes do direito do trabalho, deve ser apreciada com cautela. Cartões de ponto sem horas extras e fichas de entrega de EPIs assinadas pelos trabalhadores, por exemplo, em inúmeras vezes, abstêm-se de retratar a situação, efetivamente, vivenciada pelo empregado. É prudente verticalização da análise, sem, previamente, dispensar a oitiva de testemunhas e a inspeção no estabelecimento empresarial.

Esse pretenso modelo teórico de atuação ontológico, por outro lado, parece laborar com expectativas de *verdades absolutas*, como aquelas creditadas à cognição exauriente do processo em cotejo com as *verdades relativas* decorrentes da cognição sumária típicas dos juízos cautelares e de antecipação de tutela[203].

O processo judicial, nesse ponto, é visto como mecanismo de apuração de *verdades imutáveis*[204], e o que não estiver nos *autos não estará no mundo*. O findar da colheita de provas representará a reconstrução de uma *história verdadeira*, e é ela que, possivelmente, direcionará a atuação do Ministério Público.

A restrição de interposição de recursos às cortes superiores, de certa forma, reconhece como *verdade imutável* a análise fática e probatória realizada pelos tribunais estaduais e regionais[205]. Essa concepção implica reflexos na atuação dos agentes do Ministério Público que se veem compelidos ou aliviados em compartilharem dessa *verdade*.

Esse suposto modelo teórico de atuação do *Parquet* aposta na existência de algo justo em si e infiltrado em todos os tempos. Talvez essa constatação justifique os requerimentos de *justiça* formulados em petições iniciais e peças recursais de advogados, defensores e também de agentes do Ministério Público, bem como a pretensão de justiça das decisões judiciais, o que oportunizaria realização de novas diligências[206] e até a reforma de uma decisão recursada[207].

---

pela postagem de argumentos e a possibilidade de serem convencidos um pelo outro: FONSECA, Bruno Gomes Borges da. *Compromisso de ajustamento de conduta*. LTr: São Paulo, 2013. p. 79-97.

(203) BRASIL. *TJ-RS*. AI n. 70045190600. 1ª Câmara Cível. Relator: Jorge Maraschin dos Santos. Julgamento: 23.11.2011. Publicação: DJ de 5.12.2011.

(204) BRASIL. *TJ-SC*. AC n. 2008.021708-7. 4ª Câmara de Direito Público. Relator: José Volpato de Souza Julgamento: 14.9.2009.

(205) A súmula n. 7 do STJ permite a conclusão de que a análise fática e probatória dos tribunais estaduais e regionais materializa *verdade imutável*. Nesse sentido: BRASIL. STJ. AgRg no REsp 685808/PR. 1ª Turma. Relator: Ministro Francisco Falcão. Julgamento: 14.9.2005. Publicação: DJ 28.11.2005, p. 205.

(206) BRASIL. *TJ-SC*. AC n. 11272.2011.001127-2/SC. 2ª Câmara de Direito Público. Relator: Ricardo Roesler Julgamento: 27.1.2012. Julgamento: 27.1.2012.

(207) BRASIL. *TJ-MS*. MS n. 2011.037707-7/0001.00. 2ª Seção Cível. Relator: Desembargador Joenildo de Sousa Chaves. Julgamento: 12.3.2012. Publicação: 16.3.2012.

A *ontologização* também recai sobre a função a ser desempenhada pelo Ministério Público. Mesmo involuntariamente, costuma-se asseverar que a função imanente à instituição é a promoção da acusação penal e, fora dessa seara, existiria pouco espaço para outro tipo de atuação[208]. Ademais, por conta da *entificação* da instituição, afirma-se que, em certos tipos de paradigmas de Estado, a presença do *Parquet* geraria incongruência[209].

Essa *entificação* no modo de enxergar o Ministério Público, ou esse congelamento ou sequestro do tempo em relação à instituição, parece impedir rupturas, novas abordagens e reconhecimento de novos modelos de atuação. Como exemplo, a ideia de que o *Parquet* sempre foi acusador penal e sempre o será. Ou que somente deverá existir em países de modernidade tardia onde a representação é imprescindível, e assim sucessivamente, em uma postagem de premissas impeditivas de novos ares e olvidantes da possibilidade de constante renovação institucional.

Esse suposto modelo, ao trabalhar com essencialidades imanentes, materializa riscos. É acrítico, por impedir análise contemporânea e fática da atuação do Ministério Público e olvidar-se do curso (não linear) da história. Esquece-se da possibilidade de a instituição existir (e coexistir) em regimes autoritários. Idealiza instituição criada pelo homem que, como outras, poderá atuar antidemocraticamente e a serviço de interesses diversos dos imaginados ou ecoados pela ordem jurídica em vigor. Em última análise, desconsidera riscos com os quais todas as instituições deparam-se e devem estar preparadas para enfrentar.

O indigitado modelo teórico de atuação ontológico é, em síntese, presunçoso, relativamente impermeável à argumentação e indiferente à multifacetada realidade social. Trabalha em um plano formal, abstrato, conceitual e com ideais pretensamente inatas, o que leva a um agir acrítico e atemporal, com contornos de autoritarismo, insensível às peculiaridades dos casos concretos.

2.4. Modelo teórico teológico de atuação do Ministério Público: a influência da crença na interpretação do direito

O réu é acusado de um crime. Na hipótese, o fato típico descrito na denúncia retrata, também, o descumprimento de um mandamento bíblico. Imagine o manejo dessa descrição como um dos fundamentos para acusação e o pedido de condenação. A defesa repele os fatos articulados e, ao pugnar pela absolvição, invoca como tese defensiva o perdão divino. Essa é uma suposta mas possível cena do Tribunal do Júri. Haveria, no exemplo, uma confusão entre Direito e Teologia.

A Filosofia na Idade Média, praticamente, fundiu-se com a Teologia. Nesse período, destacaram-se as concepções de dois teólogos-filósofos: Santo Agostinho e São Tomás de Aquino. Essa visão teológica do mundo reconhece, em linhas gerais, como *lei maior* a

---

(208) Em sentido próximo: SAUWEN FILHO, João Francisco. *Op. cit.,* p. 72.
(209) Em sentido próximo: SAUWEN FILHO, João Francisco. *Op. cit.,* p. 72.

revelada pelo Criador. Por efeito, exige-se congruência entre a lei dos homens e a lei divina. Nesse contexto, a razão humana sucumbe à capacidade profética[210].

Santo Agostinho, em sua filosofia neoplatônica, almejou conciliar a filosofia de Platão com o Cristianismo. Reconheceu a união entre homem e Deus e este como criador da natureza. Nessa linha, o filho tem, por natureza, a forma do pai. As paixões humanas contrárias ao costume humano[211] devem ser repelidas e o livre-arbítrio é inconfundível com a falsa liberdade. Sustenta a existência de uma lei eterna da salvação (ou Lei de Deus), cuja inobservância ocasiona a culpabilidade pelo pecado[212]. O homem é dotado de razão e acima dela existe Deus[213].

A lei eterna, criada por Deus, é considerada imutável, invariável, justa em si mesma, inquestionável e localizada no topo hierárquico. É uma lei superior, a única que regula e funciona como vetor interpretativo das leis temporais, que são mutáveis e sujeitas ao fluxo do tempo. Na lei temporal, a justiça e a legitimidade decorrem da obediência à lei eterna. O homem, criado à semelhança de Deus, pela razão é capaz de conhecer a lei eterna e a ela deve obediência[214].

Mas qual a ligação de tal filosofia com o exercício das atribuições contemporâneas do Ministério Público? Para responder, recorrer-se-á a outra indagação: a Constituição admite união civil entre pessoas do mesmo sexo?[215] Essa discussão, em muitos momentos, foi pautada por concepções e argumentos religiosos, e não apenas pela hermenêutica constitucional. Nem mesmo alguns profissionais do direito ficaram livres desse direcionamento.

O suposto membro do Ministério Público adotante do paradigma teológico poderá acreditar que deva tentar obrigar o acusado a frequentar determinado culto religioso, sob pena de não oferecimento da transação penal ou da suspensão condicional do processo.

Esse pretenso modelo teórico teológico pode ir de um extremo a outro e justificar desde a pretensão de se extrapolar os limites legais para a redução da pena em face da confissão (leia-se perdão), até a exasperação da sanção penal da prática criminosa (leia-se pecado) em razão da demonização do autor do delito.

O Direito, no hipotético modelo teórico teológico de atuação, poderia ser visto como caminho para redenção, seja para punir e purificar, seja para absolver e perdoar.

---

(210) Afirmação aproximada foi contemplada em uma cena de: O NOME DA ROSA. Direção: Jean-Jacques Annaud. Brasil: Videolar S.A. Licença: *Warner Bros.* 1986, filme (131 min.).

(211) Ideia de essência da natureza humana proveniente da metafísica clássica de Platão. A ligação da filosofia de Santo Agostinho com a *Platônica* evidencia-se com a asserção de que estava de costas para a luz em uma evidente alusão à alegoria da caverna de Platão: *Confissões.* Tradução J. Oliveira e A. Ambrósio de Pina. Petrópolis: Vozes, 2011. p. 94.

(212) AGOSTINHO, Santo. *Confissões.* Tradução J. Oliveira e A. Ambrósio de Pina. Petrópolis: Vozes, 2011. p. 44, 69, 70-71 e 151.

(213) AGOSTINHO, Santo. *O livre-arbítrio.* Tradução Nair de Assis Oliveira. 6. ed. São Paulo: Paulus, 2011. p. 92-93.

(214) *Ibidem*, p. 39-42 e 48-49.

(215) O STF admitiu a união civil de pessoas do mesmo sexo em razão de interpretação da Constituição: BRASIL. *STF.* ADI n. 4277/DF. Tribunal Pleno. Relator: ministro Ayres Britto. Julgamento: 5.5.2011. Fonte: DJe-198 divulgado em 13.10.2011 e publicado em 14.10.2011; BRASIL. *STF.* ADPF n. 132/RJ. Tribunal Pleno. Relator: Ministro Ayres Britto. Julgamento: 5.5.2011. Fonte: divulgado em 13.10.2011 e publicado em 14.10.2011.

Assim, funcionaria como vetor *moralizante* das condutas e omissões das pessoas. A interpretação jurídica, por sua vez, comportar-se-ia como a revelação, o que dispensaria sua inter-relação com o ponto de vista do outro.

Cumpre ao Ministério Público, todavia, observar e garantir a laicização do Estado constitucional (CF/1988, art. 19, I) e abster-se de misturar dogmas religiosos com normas jurídicas.

A invocação do argumento teológico para convencer a parte contrária em cumprir determinada obrigação; a sobreposição de dispositivos constitucionais por incompatibilidade decorrente de ponderação com dogmas religiosos (supostamente mais justos); pedidos de imposição de penas mais *brandas* ou mais *rigorosas* em razão de mandamentos bíblicos; desacreditar na possibilidade de atuação estratégica e maliciosa da parte contrária, em virtude da presunção da bondade (e, em outros casos, também da maldade) humana; transformar a relação processual em um caminho de perdão e salvação, parecem modos de agir de supostos membros do Ministério Público pautados nesse modelo teórico de atuação.

Os membros do Ministério Público poderão ser seguidores de qualquer religião e congregarem seus dogmas, inclusive com a pregação, entrementes em seara extra-institucional. Naturalmente, a formação e os valores religiosos do agente influenciarão em sua maneira de enxergar o mundo. Por isso, a interação com o outro, a análise do caso concreto e a devida fundamentação das decisões são imprescindíveis à legitimidade da atuação. Dessa forma, autorreferências poderão ser descortinadas, submetidas a controle e, quando for o caso, postas em xeque pela inter-relação.

Ao contrário do paradigma teológico, os membros do Ministério Público deverão fundamentar suas decisões com pontos de partida definidos pelo direito e se abrir à perspectiva do outro, para que possam considerar o(s) mais adequado(s) argumento(s) jurídico(s).

2.5. Modelo teórico naturalista de atuação do Ministério Público: continuidade do direito natural

O STF, ao apreciar ação de *habeas corpus* na qual se debatia acerca da presença dos requisitos da prisão preventiva, concluiu, por maioria, que existiam fundamentos justificantes para privação da liberdade, sobretudo em decorrência da evasão do paciente do distrito da culpa. Entretanto constou em voto divergente que a fuga para escapar ao flagrante pode enquadrar-se como direito natural do homem, algo, portanto, insuficiente para justificar a custódia[216].

O TJ-AP apreciou situação similar ao considerar a liberdade como direito natural e, ainda assim, admitir prisão cautelar antes do trânsito em julgado da sentença condenatória[217].

---

(216) BRASIL. *STF*. HC n. 107047/PE. 1ª Turma. Relator: Ministro Dias Toffoli. Julgamento: 10.5.2011. Fonte: DJe-149 divulgado em 3.8.2011 e publicado em 4.8.2011.

(217) BRASIL. *TJ-AP*. HC n. 9477920128030000 AP. Seção Única. Relatora: Desembargadora Sueli Pereira Pini. Julgamento: 26.7.2012. Publicação: DJE n. 139 de 31.7.2012.

O STF, em outro caso, concedeu *habeas corpus* e determinou realização de novo julgamento do recurso especial, por reputar configurado vício de procedimento em virtude de violação ao direito natural do cidadão de saber o dia do julgamento de seu processo[218].

O TJ-SC considerou os dividendos como direito natural, cuja realização independeria até mesmo de requerimento expresso do interessado[219]. Com base nesse fundamento, deferiu o pagamento de valores referentes às ações vinculadas à telefonia, devidamente atualizados.

O TJ-SP reconheceu o direito à saúde como direito fundamental, mas também como direito natural. Com esse argumento, determinou internação compulsória de certa pessoa, para tratamento, em estabelecimento público municipal[220].

Essas decisões judiciais ensejam reflexões acerca do paradigma do direito natural. Os supostos agentes do Ministério Público adotantes desse modelo teórico de atuação poderão reconhecer outras normas decorrentes do *jusnaturalismo*? Essa conclusão será fruto da ordem jurídica ou de uma visão pessoal preexistente acerca do mundo?

A doutrina do direito natural é uma das principais correntes jurídico-filosóficas e é manifestada de diversas maneiras. Sinteticamente, sustenta a existência de uma ordem jurídica pressuposta, imutável e superior ao direito emanado pelo Estado. Tem, basicamente, três fontes: a vontade divina, a natureza e a razão (*jusnaturalismo*).

O direito natural, decerto, contribuiu para as revoluções liberais[221] e o enfrentamento da monarquia absoluta. Entretanto a positivação de seus ideais, concomitantemente, materializara seu apogeu e declínio. A generalização dos direitos tidos por naturais nos ordenamentos jurídicos tornou-os, de certa maneira, obsoletos, metafísicos e sem cientificidade[222].

Hugo Grotius, um dos maiores idealizadores do direito natural, avança ao desvincular, parcialmente, o direito natural do direito divino, ao introduzir o elemento racional (*jusnaturalismo*). Assim, rompe com o mote prevalecente da Idade Média de uni-lo à teologia e acredita em um direito natural imutável (inclusive, nem Deus poderá modificá-lo) ditado pela razão[223].

Thomas Hobbes, por sua vez, reconheceu direitos naturais como a liberdade conferida a cada homem de utilizar seu poder para preservar sua vida e para fazer tudo aquilo que, segundo sua razão, é adequado para atingir esse fim. A lei natural, por sua vez, é a norma geral estabelecida pela razão que veda ao homem destruir sua vida ou privar-se

---

(218) BRASIL. *STF*. HC n. 108739/SC. Relator originário: Ministra Rosa Weber. Redação para o acórdão: Ministro Luiz Fux. Julgamento: 14.8.2012. Informativo n. 675, 13 a 17 ago. 2012.

(219) BRASIL. *TJ-SC*. AC n. 2011.054878-6/SC. Câmara Especial Regional de Chapecó. Relator: Eduardo Mattos Gallo Júnior. Julgamento: 27.10.2011.

(220) BRASIL. *TJ-SP*. AGR n. 770875220118260000/SP. 11ª Câmara de Direito Público. Relator: Ricardo Dip. Julgamento: 20.6.2011. Publicação: 22.6.2011.

(221) A Declaração da Independência dos EUA em 1776 e a Declaração dos Direitos do Homem e do Cidadão em 1789 referem-se aos direitos naturais.

(222) BARROSO, Luís Roberto. *Curso de direito constitucional contemporâneo*: os conceitos fundamentais e a construção do novo modelo. 2. ed. São Paulo: Saraiva, 2010. p. 238 e 247.

(223) GROTIUS, Hugo. *O direito da guerra e da paz*. 2. ed. Tradução Crio Mioranza. Ijuí: Editora Unijuí, 2005. v. I, p. 79 e 81.

dos meios necessários à sua preservação. O direito é a liberdade de agir ou de abster-se, enquanto a lei compele o agir ou a omissão[224].

A obediência ao pacto, instituidor do leviatã, corresponde, pois, ao jusnaturalismo de Hobbes. É pela sua existência que o estado de natureza preserva-se. Segundo sua concepção, a introdução do Estado e das leis civis inicia o processo de justiça, e a lei civil contém uma parte da lei natural em todos os Estados por ser compatível com a razão[225].

John Locke, igualmente, defende a existência de um estado natural de liberdade governado pela lei da natureza que é a razão. As leis somente são verdadeiras se forem embasadas na lei da natureza, que as regula e as interpreta. O estado civil ou da sociedade surge para garantir a tutela desses direitos naturais e evitar o estado de guerra. A liberdade, a propriedade e a escravidão dos prisioneiros de guerra são direitos naturais[226].

Esse suposto modelo teórico de atuação do Ministério Público admite interpretações que, *a priori*, inobservem a ordem jurídica posta como ponto de partida, em obediência a um suposto direito natural extraído da razão. A hermenêutica jurídica estaria vinculada a conhecimento jurídico preexistente e ausente do direito emanado pelo Estado, como uma espécie de metalinguagem que na visão do intérprete seria compartilhada universalmente.

Essa maneira de atuação oportuniza a existência de instituição definidora de moral substantiva prevalecente, universal e imutável. Os putativos membros do Ministério Público, nesse modelo teórico, teriam as melhores e insofismáveis opiniões, capazes de desconsiderar a ordem jurídica posta, na hipótese de considerá-la injusta. O *parâmetro de constitucionalidade*, nessa hipótese, seria o direito natural extraído da razão e não a norma decorrente do texto constitucional.

O Ministério Público, nesse suposto modelo teórico de atuação naturalista, abstém-se de interagir com as pessoas, até porque a ele caberá definir a moral substantiva prevalecente; ou, às vezes, insere-se no processo dialógico em um plano meramente protocolar e formal, mas ciente, de antemão, que o resultado decorrerá de interpretação racional (do direito natural) realizado exclusivamente pelos agentes da instituição.

A interpretação da ciência jurídica no direito natural, portanto, conduz à extração de moral[227][228] substantiva supostamente ausente da ordem jurídica emanada pelo Estado. Reconhece direito preexistente, eminentemente justo e imodificável, ditado pela razão.

---

(224) HOBBES, Thomas. *Leviatã ou matéria, forma e poder de um estado eclesiástico e civil*. Tradução Rosina D' Angina. São Paulo: Martin Claret, 2009. p. 97-98.

(225) HOBBES, Thomas. *Op. cit.*, p. 107 e 190-191.

(226) LOCKE, John. *Segundo tratado sobre o governo*. Ensaio relativo à verdadeira origem, extensão e objetivo do governo civil. Tradução Alex Marins. São Paulo: Martin Claret, 2002. p. 16-17, 20, 24-29, 31 e 61.

(227) Com alerta de confusão semântica entre as palavras ética e moral, subsidiado na ontologia dos termos no grego clássico: KROHLING, Aloísio. Ética moral: protótipos epistemológicos. *In*:_____. (Org.). Ética e a descoberta do outro. Curitiba: CRV, 2010. p. 17-18. Segundo esse autor, moral vem de *ethos* e tem conotação de regras de conduta. Ética decorre de *éthos* e objetiva a busca do viver bem.

(228) A ética põe-se na perspectiva de membros na obtenção de clareza sobre a forma de vida compartilhada e os ideais orientadores de projetos comuns: HABERMAS, Jürgen. *Direito e democracia:* entre facticidade e validade. 2. ed. Tradução Flávio Beno Siebeneichler. Rio de Janeiro: Tempo Brasileiro, 2003. v. I. p. 201. As expressões *moral* e *ética* serão empregadas conforme a perspectiva de Habermas.

Os TACs e as ACPs de autoria do Ministério Público, nesse pretenso modelo teórico de atuação naturalista, poderão consignar obrigações sem fundamento na ordem jurídica. Consequentemente, os agentes do *Parquet* atuariam como legisladores, e não como aplicadores do direito. A ordem jurídica posta ou o direito positivo, nesse arquétipo, teria função secundária, apenas simbólica, às vezes até desprezível.

Essa suposta prática dos membros do Ministério Público parece aproximar-se do *jusnaturalismo* e amparar-se na crença em direitos naturalmente justos e ausentes da ordem jurídica posta. Essa chave de resposta, nesse modelo, estaria com os agentes do *Parquet*, que a extrairiam de processo racional prévio, mas decorrente de pontos de partida ocultos e, nesse particular, a fundamentação das manifestações seria frágil e inconsistente.

O hipotético modelo teórico de atuação naturalista, sinteticamente, reconhece a existência de direito superior e precedente à ordem jurídica emanada pelo Estado. Sustenta a dualidade entre direito natural e direito positivo. Entretanto, este somente prevalecerá ser for justo como, em essência, aquele é (e sempre será considerado).

O Ministério Público, embora organizado institucionalmente, acabaria por fragmentar-se em torno de diversas concepções individuais do que seja justo e correto. A ordem jurídica oriunda do Estado, como ponto de partida hermenêutico, teria papel secundário e, explícita ou implicitamente, seria desconsiderada.

O modelo teórico naturalista interpreta o texto normativo, ou seja, aceita esse papel hermenêutico. Porém, na hipótese de encontrar, após o processo interpretativo, *normas injustas*, desconsidera-as e aplica o direito natural (sempre justo), pautado em uma razão superior, ausente da ordem jurídica posta[229].

O processo argumentativo com os supostos membros do Ministério Público adotantes do indigitado paradigma do direito natural é prejudicado. As bases normativas, que deveriam ser reconhecidas e seguidas pelos participantes do debate, como pontos de partida comuns, poderão ser desconsideradas pela busca de direito eminentemente justo, ausente da ordem jurídica posta, e presente em uma pretensa razão. Inexistirá, portanto, uma justificativa interna entre fato e norma[230].

Como repelir uma argumentação fincada no paradigma *jusnaturalista*, especialmente se considerarmos que os pontos de partida serão diferentes e inexistirá reconhecimento recíproco de uma base normativa comum? Esse debate, possivelmente, declinaria para uma luta de razões em volta do que seja justo na perspectiva de um direito natural oculto. Em sociedades complexas e multiculturais, a pretensão de definir direitos universais ausentes da ordem jurídica estabelecida gera riscos e dificuldades quase intransponíveis.

---

(229) Essa corrente é distinta da corrente denominada *substancialista*. Esta busca extrair da ordem jurídica o critério de justiça que guiará todo o processo hermenêutico. Reconhece valores superiores e constantes da ordem jurídica que devem ser preservados em toda interpretação. O *jusnaturalismo*, diferentemente, labora com critérios de justiça *a priori* e ausentes da ordem jurídica posta.

(230) GÜNTHER, Klaus. Uma concepção normativa de coerência para uma teoria discursiva da argumentação jurídica. *Cadernos de Filosofia Alemã*. São Paulo: Humanitas, n. 6, 2000. p. 92-93.

Nesse modelo, é corroída a democracia, em sua definição deliberativa, pois o debate e o conhecimento acerca da perspectiva dos potenciais afetados pelas decisões são colocados em segundo plano. Isso porque a justiça seria imanente ao direito natural e o direito (ainda que democraticamente estabelecido) poderia ser superado caso, supostamente, injusto.

O paradigma do direito natural é, ainda, muito intenso na práxis jurídica. Precedentes judiciais (muitos vistos anteriormente) reconhecem sua existência como algo intrínseco à vida comunitária, em um sentido de ordem superior, imutável e eminentemente justo.

Ao julgar um recurso no qual se discutia a recusa de operadora de plano de saúde em realizar tratamento de radioterapia, corte estadual utilizou, como um dos fundamentos, a afirmação de que a necessidade de proteção à saúde e à vida das pessoas emergia de princípios fundamentais decorrentes do direito natural, superiores a quaisquer outros interesses tutelados por lei ou por cláusulas contratuais[231].

Essa decisão evidenciaria uma das características do direito natural: superioridade hierárquica. O agente do Ministério Público, eventualmente adotante desse paradigma, tende a desconsiderar a ordem posta, contratos e demais normas sob argumento de que contrariam um padrão *jusnaturalista*.

Em outro julgamento, patenteou-se o direito natural dos ascendentes e descendentes de terem atestados, em registros públicos, informações em conformidade com os eventos da vida, com objetivo de preservação da consanguinidade e dos seus efeitos jurídicos. O tribunal, na hipótese, apreciara ação negatória de paternidade na qual o exame de DNA desqualificou paternidade anteriormente reconhecida[232].

Assim, afirmou-se a existência do direito *supostamente natural* à veracidade dos registros públicos. Ora, é indiscutível que essas transcrições devam materializar acontecimentos reais; questiona-se, apenas, a listagem desse direito como integrante do *jusnaturalismo*. Esse tipo de fundamentação evidencia a equivocada crença na existência de duas ordens jurídicas distintas (uma positiva e outra natural) e evidencia o risco de formação de agentes do Ministério Público divulgadores desse paradigma.

A ideia de direito natural permitirá a eleição, muitas vezes arbitrária, de valores superiores prevalecentes a outros direitos admitidos pela ordem jurídica posta. Os parâmetros de inconstitucionalidade e ilegalidade são substituídos pela *verificação de justeza*. A busca da justiça inerente ao direito natural, pelo pretenso seguidor do modelo teórico naturalista, conduz à inobservância do direito positivo. Esse ideal de justiça, contudo, é extraído do direito natural decorrente da razão individual e não advém da interpretação da ordem jurídica.

Tal maneira de atuação, mesmo bem intencionada, tende a tornar instável a atuação dos membros do Ministério Público. Em última análise, a busca por justiça pautada pelo

---

(231) BRASIL. *TJ-PE*. APL n. 0043979-15.2010.8.17.0001/PE. 5ª Câmara Cível. Relator: Agenor Ferreira de Lima Filho. Julgamento: 4.4.2012. Publicação: 6.8.2012.

(232) BRASIL. *TJ-DF*. APL n. 0053787-51.2009.807.0003/DF. 1ª Turma Cível. Relator: Teófilo Caetano. Julgamento: 29.3.2012. Publicação: 23.4.2012, DJ-e, p. 107.

direito natural dará, em certos contextos, ares antidemocráticos aos agentes da instituição e insegurança às partes e aos interessados envolvidos.

2.6. Modelo teórico positivista de atuação do Ministério Público: unidisciplinaridade, discurso de autoridade, formalismo e discricionariedade como modos de agir

O positivismo manifesta-se de diversas formas e tem diversas características. Iniciou-se com Auguste Comte e destacou-se nos séculos XIX e XX. Nasceu na Filosofia e, posteriormente, refletiu-se no Direito. O suposto modelo positivista de atuação do Ministério Público apresenta diversos direcionamentos, ora associados ao positivismo clássico, ora ao positivismo jurídico. Em virtude do propósito desta obra, serão destacados apenas os principais delineamentos.

O positivismo clássico de Comte reconhece três estados históricos: (i) o teológico ou fictício, (ii) o metafísico ou abstrato e (iii) o científico ou positivo. O último renuncia aos demais ao admitir a impossibilidade de obter noções absolutas e a origem de tudo. A explicação factual é reduzida a termos reais. A filosofia positiva é o estado definitivo de inteligência humana ancorado na história e na observação dentro de roupagem teorizada[233].

Comte sustenta unidade metodológica e doutrina homogênea. Manifesta sua contrariedade a explicações universais de todos os fenômenos e, ao mesmo tempo, acredita que a desordem social procede do emprego simultâneo de três bases filosóficas distintas e incompatíveis (teleológica, metafísica e positivista)[234].

No início do século XX, a Teoria Pura do Direito de Hans Kelsen[235] surgiu com o propósito de eliminar a influência de ideologias políticas e moralizantes assentadas no paradigma jusfilosófico então vigente. A obra de Kelsen caracteriza-se como *teoria pura* por delimitar o objeto de conhecimento da ciência jurídica e incluir exclusivamente o direito positivo[236].

De certo modo, a proposta de Kelsen alinha-se à filosofia de Comte. A Teoria Pura do Direito é uma teoria do direito positivo. Um conhecimento dirigido ao Direito e que pretende libertá-lo de elementos considerados estranhos, como os pertencentes à Sociologia, à Ética e à Política.

Partindo desse pressuposto, o positivismo analítico de John Austin também buscou afastar da ciência do Direito considerações rotuladas de extrajurídicas, como aquelas

---

(233) COMTE, Auguste. *Curso de filosofia positiva*. Coleção Os Pensadores. Tradução José Arthur Giannotti e Miguel Lemos. 5. ed. São Paulo: Nova Cultural, 1991. p. 4-6.

(234) COMTE, Auguste. *Op. cit.*, p. 18-20.

(235) KELSEN, Hans. *Teoria pura do direito*. Tradução João Baptista Machado. 7. ed. São Paulo: Martins Fontes, 2006. p. 1.

(236) Sobre o tema, com maior detalhamento: COURA, Alexandre de Castro. Sobre discricionariedade e decisionismo na interpretação e aplicação das normas em Kelsen. In: *A diversidade do pensamento de Hans Kelsen*. FARO, Julio Pinheiro; BUSSINGUER, Elda Coelho de Azevedo (Org.). Rio de Janeiro: Lumen Juris, 2013. p. 131-140.

acerca da bondade ou maldade das leis positivas[237]. Posteriormente, Herbert Hart, mesmo criticando a teoria imperialista de Austin, salientou a ideia de inexistência de conexão entre Direito e Moral e asseverou que disposições moralmente iníquas poderiam ser válidas juridicamente[238].

É possível extrair desse contexto uma característica inicial do suposto modelo teórico positivista de atuação do Ministério Público, encontrada tanto no positivismo clássico quanto no normativismo e positivismo jurídicos: o agir unidisciplinar, que fragmenta visões de mundo e fecha-se ao diálogo com outros saberes[239].

Esse suposto paradigma de atuação do Ministério Público acredita nas ideias de completude e neutralidade do Direito[240] e considera aplicável à ciência jurídica as clássicas premissas metodológicas positivistas extraídas das ciências naturais.

A adoção desse ponto de vista teórico unidisciplinar (envolto de completude e neutralidade) levaria à atuação *ilhada,* sem integração e comunicação com outras pessoas — físicas e jurídicas, públicas e privadas —, instituições e órgãos. Os agentes do Ministério Público exerceriam atividades solipsistas, fragmentadas, sem plenitude e não globalizante. Creditariam ao agir isolado suficiência em si mesmo.

A problemática concepção unidisciplinar prejudica, por consequência, a possibilidade de transdiciplinaridade e o produtivo diálogo com outras ciências. A atuação pautada em única ciência afastaria, por exemplo, reflexões abertas ao pluralismo jurídico, ao multiculturalismo e, mesmo, a novas tecnologias. Em situações complexas, como lesões ao meio ambiente, à saúde de trabalhadores e dilemas familiares, o olhar monocular acabaria inviabilizando o êxito da atuação do Ministério Público.

Aludida visão monocular é suscetível, ademais, de ocasionar reflexos internos na instituição: (i) concurso público de ingresso pautado apenas em disciplinas jurídicas; (ii) curso inicial de formação unidisciplinar e incongruente com a realidade a ser deparada pelos membros do Ministério Público; (iii) despreocupação com a capacitação permanente dos membros, para conhecimento, por exemplo, de novas práticas e saberes relevantes para atuação institucional, entre outros efeitos.

A atuação do Ministério Público, em uma sociedade complexa e globalizada, exige conhecimento do Direito, mas também abertura a outras ciências, como a Sociologia, a Economia, a Psicologia, a Física, dentre outras, as quais desempenham papel fundamental na prevenção e no equacionamento de conflitos.

Outra possível característica de atuação do indigitado modelo teórico positivista de Ministério Público seria o manejo do discurso de autoridade, que retrai-se à perspectiva

---

(237) AUSTIN, John. Aulas sobre direito. *In:* MORRIS, Clarice. *Os grandes filósofos do direito:* leituras escolhidas em direito. Tradução Reinaldo Guarany. São Paulo: Martins Fontes, 2002. p. 350.

(238) HART, H. L. A. *O conceito de direito.* Tradução Antônio de Oliveira Sette-Câmara. São Paulo: Martins Fontes, 2009. p. 346.

(239) PÔRTO, Inês da Fonseca. *Ensino jurídico, diálogos com a imaginação.* Construção do projeto didático no ensino jurídico. Porto Alegre: Sergio Antonio Fabris, 2000. p. 57.

(240) HART, H. L. A. *Op. cit.,* p. 309, por exemplo, ressalta que sua exposição sobre o Direito é moralmente neutra.

do outro e dispensa argumentação jurídica consistente. O melhor argumento é substituído pela posição escolhida pelos membros da instituição, que, presumidamente, é a correta.

Nesse suposto paradigma, o *Parquet* recusa-se (mesmo involuntariamente) a considerar os argumentos das pessoas, das partes, do advogado e do juiz. Despreocupa-se em convencer os outros com argumentos extraídos do plano normativo. Acredita que seu ponto de vista inicial deve prevalecer sempre, simplesmente por advir de um (re)presentante do Ministério Público, uma autoridade constituída.

As vestes formais, o linguajar excludente e a ritualística, nesse suposto modelo de atuação, ganham destaque[241]. Afinal, o discurso de autoridade é fortalecido com a distância simbólica, promovida pela exacerbação de tais práticas, entre a autoridade e o destinatário do ato ou da decisão.

Esse conjecturado agir autoritário de agentes do Ministério Público aproxima-se também do positivismo clássico de John Austin. O Direito, segundo esse autor, decorreria da manifestação da autoridade soberana, dotante de poder. Para Austin, a imperatividade das leis positivas decorre do mal (sanção) que provavelmente ocorrerá na hipótese de descumprimento[242].

Conforme advertem os críticos de Austin, tal concepção abre portas para teses imperialistas, centralizadoras e antidemocráticas. A posição de Austin, levada ao extremo, validaria até mesmo atos de violência[243], leis inconstitucionais e a restrição da participação democrática na criação do direito. A crença de que o direito seria legítimo simplesmente por advir de um soberano conduziria o *Parquet* ao discurso de autoridade ao substituir a exigência constitucional de fundamentação racional e consistente de todos os atos e decisões.

O positivismo jurídico caracteriza-se também pelo apego ao critério subsuntivo-lógico-dedutivo no equacionamento de casos e à utilização de modelo pautado exclusivamente por regras jurídicas, o que leva à afirmação da ampla discricionariedade do agente responsável pela decisão, especialmente quando não identifica regra expressa cabível. Nesse ponto, a influência da teoria de Kelsen é inegável.

Relativamente à interpretação do direito, a concepção de Kelsen surgiu como uma crítica à tradicional Escola da Exegese, segundo a qual os métodos de interpretação revelariam uma resposta correta. Ao romper com esse paradigma, Kelsen percebeu que os métodos científicos de intepretação seriam incapazes de revelar um único sentido normativo correto, mas apenas indicar um rol de possibilidades[244].

---

(241) Com análise embasada em pesquisa empírica sobre o uso de vestes formais por profissionais do direito: FONSECA, Bruno Gomes Borges da. Um olhar transdisciplinar sobre as (in)consequências das vestes formais dos profissionais do direito. In: FRANCISCHETTO, Gilsilene Passon P. (Org.). *Um diálogo entre ensino jurídico e pedagogia*. Curitiba: CRV, 2011. p. 83-107.

(242) AUSTIN, John. *Op. cit.*, p. 336-337 e 339.

(243) Parece ser essa a opinião de Hart. H. L. A. *Op. cit.*, p. 8, ao argumentar com base em um exemplo no qual o assaltante ordena ao assaltado que lhe entregue a bolsa por uma ameaça. A teoria imperialista de Austin, levada ao extremo, poderia reconhecer a legalidade dessa conduta criminosa.

(244) COURA, Alexandre de Castro. Sobre discricionariedade e decisionismo na interpretação e aplicação das normas em Kelsen. In: *A diversidade do pensamento de Hans Kelsen*. FARO, Julio Pinheiro; BUSSINGUER, Elda Coelho de Azevedo (Org.). Rio de Janeiro: Lumen Juris, 2013. p. 132-133.

Segundo Kelsen, a determinação da norma inferior pela norma superior é apenas parcial. À luz da Teoria Pura do Direito, "a necessidade de interpretação surge porque a norma a ser aplicada — ou o sistema de normas — abre várias possibilidades, o que significa dizer que nem a norma nem o sistema normativo fornece a decisão [...]. Esta decisão [...] é deixada para um futuro ato de criação normativa"[245]. Logo, para Kelsen, o ato de aplicação normativa é também criação, e vice-versa.

Nessa perspectiva, as tarefas de julgar (conforme uma lei) ou de legislar (conforme a Constituição) são, basicamente, a mesma coisa. Julgador e legislador interpretam o Direito, aplicam norma superior e criam norma inferior. A diferença entre as atividades legislativa e jurisdicional é apenas quantitativa, conforme o grau de indeterminação das normas superiores, fundamento de validade da respectiva decisão[246].

Além disso, a partir da Edição da Teoria Pura de 1960, Kelsen passou a afirmar que nem mesmo o quadro cognoscitivo dos possíveis sentidos normativos configuraria limite para o ato de vontade realizado pelos órgãos responsáveis pela aplicação do direito[247].

Assim, o autor atestou que a produção de uma norma fora da moldura dos possíveis sentidos normativos também poderia ser considerada uma interpretação legítima, desde que realizada pelo órgão autorizado pelo direito a decidir de forma vinculante. Como efeito, a interpretação normativa, reduzida a uma questão de vontade do julgador, abriu espaço para o puro decisionismo.

A conclusão do positivismo jurídico normativista acerca da possibilidade de interpretação autêntica para além da moldura decorre do caminho metodológico adotado pela Teoria Pura do Direito[248]. Afinal, se mesmo para Kelsen já não haveria método capaz de antecipar "a" interpretação correta, igualmente, não existiria critério capaz de delimitar uma moldura de interpretações a ser necessariamente observada pela autoridade responsável pela decisão.

A dificuldade do positivismo jurídico em lidar com a indeterminação do direito, ainda mais evidente nos *casos difíceis*, abriu caminho para que a autoridade completasse sua liberdade discricionária de ação com preferências extralegais e permitiu que as decisões estatais fossem conduzidas por padrões morais ou políticos, ao invés da autoridade do direito. No final das contas, o positivismo jurídico acabou por reduzir a questão da legitimidade do emprego da força estatal à autoridade conferida pelo direito ao órgão responsável pela decisão[249].

---

(245) KELSEN, Hans. *Introduction to the Problems of Legal Theory.* Trad. B.L. Paulson and S.L. Paulson. Oxford: Clarendon Press, 1934/2002. p. 82.

(246) *Ibidem*, p. 83.

(247) KELSEN, Hans. *Teoria pura do direito.* Trad. João Baptista Machado. 6. ed. São Paulo: Martins Fontes, 1999. p. 394-395.

(248) Influenciado pela filosofia da linguagem, Hart, também, admite, nos casos obscuros e incertos, a função judicial criadora no exercício de um poder discricionário. HART, H. L. A. *Op. cit.*, p. 171 e 174-176.

(249) HABERMAS, Jürgen. *Between facts and norms:* contributions to a discourse theory of law and democracy. Tradução de William Rehg. Massachusetts: The MIT Press, Cambrigde, 1996. p. 209

Portanto, no suposto paradigma positivista de atuação do Ministério Público, o agir pautado na técnica subsuntiva-lógica-dedutiva seria incapaz de resolver casos mais complexos A adoção da ideia de direito como modelo restrito de regras impediria a interpretação adequada dos textos normativos e geraria manifestações e ações frágeis no plano da legitimidade constitucional.

A atuação do Ministério Público é das mais complexas: detém legitimidade para defender direito alheio, geralmente age em questões metaindividuais e tem a missão de defender a ordem jurídica e o regime democrático. Logo, eventual insistência de seus membros em trabalhar apenas com o critério da subsunção de fatos a um sistema de regras (sem interpretações construtivas de princípios[250]) poderá prejudicar a efetividade da sua atividade e inviabilizar atuação adequada em casos de maior complexidade.

Ao recusar o reconhecimento da positividade dos princípios, o promotor-procurador poderia até manifestar-se, em certos casos, pela extinção processual sem resolução meritória por impossibilidade jurídica do pedido ou pela improcedência da pretensão, sob o argumento de que o ordenamento não prevê expressamente certo direito.

Ademais, como os agentes do Ministério Público poderiam apreciar adequadamente causas trabalhistas de intermediação de mão de obra e terceirização sem atentarem-se ao princípio da proibição de mercantilização do trabalho? Ou agirem processualmente sem observância do princípio do devido processo legal-constitucional? Ou manifestarem-se em causas ambientais sem levar em conta princípios como o da prevenção e do poluidor-pagador?

A sociedade pluralista, o multiculturalismo, a globalização, a relativização de dogmas e de orientações metafísicas e a complexidade da ordem jurídica exigem aperfeiçoamento do modo de atuação dos agentes do Ministério Público. O agir pautado apenas nos critérios subsuntivo e de regras jurídicas é insuficiente para responder a contento às atuais exigências sociais.

Sem esquecer do risco de que a noção individual de discricionariedade seja amplamente empregada pelos membros do Ministério Público, como válvula de escape para resolução desses *casos difíceis*, o que poderá pôr em xeque a pretensão de legitimidade social, democrática e constitucional da atuação institucional. Afinal, tal concepção encontra-se estampada em decisões judiciais contemporâneas, o que confirma a influência da cultura positivista na formação do jurista brasileiro.

O TST, por exemplo, manteve condenação por oposição de embargos de declaração protelatórios sob argumento de que a aplicação da multa integra o poder discricionário do juiz[251].

---

(250) DWORKIN, Ronald. *O império do direito*. 2. ed. Tradução Jefferson Luiz Camargo. São Paulo: Martins Fontes, 2007. p. XI, labora com uma interpretação construtiva do direito.

(251) BRASIL. *TST*. RR n. 130800-61.2004.5.01.0281. 8ª Turma. Relator: Márcio Eurico Vitral Amaro. Julgamento: 15.2.2012. Publicação: DEJT 24.2.2012.

O TJ-SP, por sua vez, ao interpretar o art. 130 do CPC, considerou que o juiz tem poder discricionário para determinar ou dispensar a produção de prova[252]. Por efeito, eventual pedido de nulidade da decisão por cerceamento de defesa estaria prejudicado.

O TJ-DF decidiu que a delimitação da faixa etária para jovens frequentarem casas de jogos eletrônicos e *lan games* subordina-se a uma inevitável discricionariedade judicial[253].

Assim, é possível perceber como a ideia de discricionariedade ecoa, ainda hoje, na prática decisória no Brasil, acarreta *déficit* de legitimidade da atuação dos órgãos constituídos e acentua o mencionado risco de decisionismo.

É necessário, no entanto, pensar o direito para além dos horizontes do paradigma positivista, no qual as funções de legislar e aplicar o direito são, por vezes, confundidas, o que pode enfraquecer a legitimidade das decisões estatais e colocar em risco a democracia constitucional.

Nesse contexto, acreditamos que a noção de interpretação construtiva dos princípios jurídicos (inconfundíveis com criação do direito) pode respaldar, de forma mais consistente, a legitimidade da atuação do Ministério Público, sobretudo em casos para os quais inexistam regras explicitamente definidas no ordenamento jurídico.

2.7. Modelo teórico utilitarista de atuação do Ministério Público: maior felicidade possível como meta subjacente ao agir institucional

O utilitarismo ou princípio da maior felicidade possível foi defendido por Epicuro, Jeremy Bentham e John Stuart Mill, cada qual à sua maneira. Segundo esse paradigma, as ações estão certas na medida em que tendem a promover a felicidade e estão equivocadas quando tendem a produzir o seu reverso[254].

A felicidade deverá ser considerada em concepção individual e coletivizada. Assim, a congruência do ato com a teoria do utilitarismo incluirá a nossa felicidade como a dos outros afetados pela nossa conduta[255].

O utilitarismo labora com uma teoria da obrigação consequencialista, pois os efeitos das ações constituem um padrão ético fundamental para justificar ou não a conduta. Tal teoria contrapõe-se à fincada em padrões morais absolutos, isto é, em ações em si mesmas boas ou más do ponto de vista moral, independentemente dos seus efeitos, como a doutrina *kantiana* de *imperativos categóricos* que se enquadra em uma ética deontológica. Esta defende um dever, enquanto a ética consequencialista advoga o bem[256].

---

(252) BRASIL. *TJ-SP*. Processo AI n. 3340802201182600000-SP. 28ª Câmara de Direito Privado. Relator: Cesar Lacerda. Julgamento: 26.4.2011. Publicação: 2.5.2011.

(253) BRASIL. *TJ-DF*. APL n. 20823020038070001. 2ª Turma Cível. Relator: Fernando Habibe. Julgamento: 14.11.2005. Fonte: Publicação: 21.3.2006, DJU, p. 88.

(254) MILL, J. S. *Utilitarismo*. Introdução, tradução e notas Pedro Galvão. Portugal: Porto Editor, 2005. p. 47-48.

(255) *Ibidem*, p. 52.

(256) CARVALHO, Maria Cecilia Maringoni de. Por uma ética ilustrada e progressista: uma defesa do utilitarismo. In: OLIVEIRA, Manfredo A. (Org.). *Correntes fundamentais da ética contemporânea*. 4. ed. Petrópolis: Vozes, 2009. p. 104-106.

Mas, ao adotar o utilitarismo como ponto de partida, o que seria uma conduta congruente com a felicidade? Existiram critérios para definição do que é ser feliz? Quem decidirá sobre a conduta a ser adotada para compatibilizá-la com a moral utilitarista? Essas indagações, em um encurtamento teórico proposital, parecem capazes de pôr em xeque a teoria de Mill[257].

A suposta existência de um modelo teórico utilitarista passa a direcionar a atuação do Ministério Público para o vetor *felicidade*. Entretanto a felicidade na modernidade pode ser chamada de bem comum, interesse público, interesse social, entre outros rótulos. Tudo dependerá da definição dessas categorias pelo agente ministerial atuante.

Daí a relevância da fundamentação no momento de admitir, ou não, a existência de interesse público, entre outros padrões similares, justificadores da atuação ou da ausência de intervenção do Ministério Público. Pela apresentação das razões e de seus pressupostos subjacentes é que será possível avaliar as bases teóricas da posição do membro do *Parquet*.

O padrão ético desse hipotético modelo teórico de atuação utilitarista do Ministério Público recairia sobre a consequência do ato desejoso. Isso não significa que os efeitos da atuação devem ser desprezados. O que pode ser questionado, nesse paradigma, é a utilização extremada desse critério, com sobreposição da observância do direito estabelecido.

Assim, o pretenso modelo teórico de atuação utilitarista, por si só e em casos extremos, poderia admitir a destruição de áreas de preservação permanente e reservas ambientais em prol da construção de indústrias, pois estas, aparentemente, contribuiriam para a felicidade da comunidade local ao proporcionarem mais empregos.

Justificaria, talvez, os trabalhos infantil e degradante, pois a consequência dessas formas laborais seria, sob um ponto de vista, menos prejudicial do que a ausência de lavor em mundo pautado pela criminalidade e a miséria.

Na perspectiva do paradigma utilitarista, fatores econômicos parecem capazes de legitimar praticamente qualquer conduta, inclusive desrespeito a direitos sociais constitucionalmente assegurados.

O suposto modelo teórico de atuação utilitarista do Ministério Público poderá afastar-se da defesa do hipossuficiente e das minorias. Aproxima-se, por sua vez, de análises consequencialistas, que podem levar à desconsideração de direitos humanos e fundamentais em prol de vetores conjecturais.

2.8. Modelo teórico realista de atuação do Ministério Público: subjugação das normas pela decisão judicial e pelos fatos

O realismo jurídico, genericamente, por subdividir-se em diversas correntes, pode ser sintetizado nas seguintes características: (i) o texto jurídico é ilógico, formal, vago

---

(257) O utilitarismo, entretanto, possibilita profícuas reflexões. Nesse sentido: CARVALHO, Maria Cecilia Maringoni de. *Op. cit.,* p. 99-117.

e ambíguo; (ii) a *lei* não é a única fonte do direito; (iii) os juízes, ao decidirem, criam direito; (iv) o valor da equidade deve ser exaltado[258]. Entre essas diversas diretrizes, é possível destacar duas: o realismo jurídico nos Estados Unidos e o escandinavo.

O realismo jurídico americano privilegia a atuação prática em detrimento do texto jurídico. O direito é o decidido pelos juízes e tribunais, o *comow law*. Há realce da função criativa do Poder Judiciário.

Os ideais de previsibilidade e completude do sistema jurídico são corroídos. A antecipação de sentidos, construída abstratamente, é ultrapassada pela realidade posterior. A decisão judicial é que, de fato, cria a regulação para o caso concreto. O Direito passa a ser entendido como algo extremamente mutável, com dimensão plástica e adaptável a novas situações[259].

A decisão judicial altera o processo lógico de construção (premissas à conclusão) para partir da conclusão à procura de fundamentos, talvez, convenientes[260]. O julgador, por efeito, julga, decide, convence-se e depois busca motivação jurídica para sustentar sua posição.

O Direito passa a ser o conjunto de regras seguidas pela sociedade e reconhecido pelo Poder Judiciário. Há uma fragilização na visão do Direito como sistema de normas jurídicas[261]. A hierarquização é iniciada pelos fatos e são os juízes e os tribunais os responsáveis por essa adequação. A eficácia social (efetividade) confere validade ao sistema jurídico, ao denominado *direito real*[262].

Roscoe Pound analisa por quem a justiça deve ser ministrada. Considera quatro possibilidades ao admitir que essa tarefa poderá ser delegada a justiças legislativa, executiva e judicial, e ainda, pela junção delas com a divisão de atribuições[263].

Pound critica a justiça legislativa pela politicagem, corrupção, suscetibilidade à paixão e combinação dos partidos políticos. Nem a vantagem da representatividade popular é capaz de ocultar aqueles vícios[264].

A justiça administrativa, segundo Pound, ressente-se de controles efetivos relativamente aos seus julgamentos. Ela tem *déficit* de publicidade e também o vício de decidir sem ouvir uma das partes, ou de escutá-la simplesmente por questão de aparência. Dessa forma, a presunção de veracidade dos fatos é construída unilateralmente, por apenas um dos lados[265].

---

(258) WARAT, Luiz Alberto. *Introdução geral ao direito*. Interpretação da lei. Temas para uma reformulação. Porto Alegre: Sergio Antonio Fabris, 1994. v. I. p. 61.
(259) HERKENHOFF, João Bapitista. *Op. cit.*, p. 67.
(260) HERKENHOFF, João Bapitista. *Op. cit.*, p. 65.
(261) *Ibidem*, p. 66.
(262) *Idem*, p. 66.
(263) *Justiça conforme a lei*. 2. ed. Tradução E. Jacy Monteiro. São Paulo: Ibrasa, 1976. p. 70.
(264) POUND, Roscoe. *Op. cit.*, p. 73-75.
(265) *Ibidem*, p. 88-89.

Como conclusão, em uma concepção pré-realista americana, Pound defende uma justiça de responsabilidade do Poder Judiciário, pois somente a decisão judicial é capaz de laborar uma justiça conforme a lei. Tem a vantagem de combinar certeza e flexibilidade, ao partir de certos pontos de referência e permitir a correção de preceitos à luz do caso concreto e da experiência[266].

Alf Ross, por sua vez, é um representante do realismo escandinavo e advoga uma proposta neoempirista vinculada ao Direito. Por efeito, rejeita concepções metafísicas e idealistas fundadas em uma razão *a priori*, por defender a existência de apenas um mundo, sujeito ao mesmo corpo de fatos e à comprovação pela experiência. A ciência do Direito, em última análise, deverá ser um estudo dos fenômenos sociais[267].

O realismo jurídico de Ross critica a validade internormativa (validade de uma norma deriva da validade de outra em virtude do esquecimento da relação entre o conteúdo ideal e a realidade social). Assim, a vigência do direito deveria ser interpretada em cotejo com sua eficácia social[268].

A teorização de Ross faz uma síntese das correntes psicológica e comportamentista do realismo jurídico. Em certa medida, caberá ao juiz verificar a consistência e a previsibilidade no comportamento social. Em complemento, o resultado dessa observação, psicologicamente, deverá constituir-se em um todo coerente de significado e motivação. Uma norma jurídica vige não apenas porque o tribunal assim decidiu, mas também porquanto é aceita pela consciência jurídica popular[269].

A venda de produtos *piratas* nas ruas do Brasil, por exemplo, é atividade comum e aceita por muitas pessoas, que adquirem tais produtos mesmo cientes da origem ilícita. Nesse contexto, o Ministério Público deveria denunciar o vendedor pela violação de direito autoral (CP, art. 184, § 2º)[270]?

Indagação similar pode ser feita em relação ao *jogo de bicho*. O Ministério Público deveria denunciar o seu autor pela prática tipificada no art. 58 do Decreto-Lei n. 6.259/1944 ou admitir a situação em virtude de suposta aceitação social[271]?

Na mesma esteira, a questão do trabalho infantil, como prática presente no país. O MPT deveria chancelar hipóteses de trabalho infantil mesmo contra a norma constitucional? O discurso arraigado no senso comum de que é melhor as crianças trabalharem do que permanecerem suscetíveis ao agenciamento pela criminalidade deveria prevalecer nesses casos?

---

(266) POUND, Roscoe. *Op. cit.*, p. 91 e 93-94.
(267) *Direito e justiça*. 2. ed. Tradução Edson Bini. Bauru: Edipro, 2007. p. 94.
(268) ROSS, Alf. *Op. cit.*, p. 97.
(269) ROSS, Alf. *Op. cit.*, p. 97-100.
(270) O STJ, nesse caso, repeliu a tese da adequação social: BRASIL. STJ. HC n. 197.370. Relator: Ministro Napoleão Nunes Maia Filho.
(271) O TJ-RS, nessa hipótese, aplicou o princípio da legalidade em detrimento da teoria da adequação social: BRASIL. *TJ-RS*. RC n. 71003613403. Turma Recursal Criminal. Relatora: Cristina Pereira Gonzales. Julgamento: 23.4.2012. Publicação: DJ de 24.4.2012.

Temos um aparente dilema entre os princípios da legalidade (fundado na noção de estado de direito) e da adequação social. Talvez o suposto membro adotante do paradigma do realismo jurídico opte pela adequação social em detrimento da legalidade e, por efeito, pugne por não denunciá-los pelas pretensas violações de direitos autorais e do *jogo de bicho* e pugnar pela licitude do trabalho infantil.

No putativo modelo realista de atuação do Ministério Público, o trabalho infantil poderá ser naturalizado e tolerado, em decorrência da notória deficiência financeira e educacional no Brasil. Em vez de exigir do Estado políticas públicas, o agente do *Parquet*, nesse arquétipo, prefere manifestar-se pela justeza do lavor de crianças, sob o argumento de que isso as afastaria da criminalidade.

A punibilidade de certas infrações penais poderia também ser desconsiderada em razão de sua aceitabilidade em certas localidades. A venda de produtos *piratas*, o jogo de bicho, entre outras situações, seriam legitimados pela realidade e seus autores seriam isentos da persecução criminal.

O paradigma realista abre precedentes perigosos. Outros casos similares passariam a postular observância dos mesmos critérios, o que acentuaria o risco de atenuação do caráter cogente e deontológico do direito e, em última analise, ao constitucionalismo.

O realismo jurídico, por outro lado, tem uma vantagem por romper com os ranços do positivismo analítico e conceitual. Porém acaba por direcionar-se aos mesmos equívocos dessa corrente, ao atribuir liberdade discricionária ao juiz para decidir com base no que considera realidade consolidada, ainda que contrária ao direito. Sua proposta, sob o pretexto de ser democrática, torna-se perigosa.

O suposto modelo teórico de atuação realista do Ministério Publico, sob o pretexto de que o texto normativo é vago, formalista e o valor *justiça* é o ponto a ser observado em consonância com a realidade, age criativamente com soluções casuísticas e discricionárias no caso a caso. O Direito que, no positivismo jurídico, tinha a norma como centralidade, no realismo jurídico passa a considerar apenas a realidade (os fatos), que norteará a posição daqueles agentes do *Parquet*.

As circunstâncias fáticas do caso concreto, obviamente, devem ser consideradas e são imprescindíveis para encontrar o sentido da norma decorrente de um texto normativo. Todavia, em vez de se desconsiderar o ordenamento jurídico em vigor, esse deve ser (re) interpretado à luz das particularidades de cada caso concreto. A crítica, portanto, refere-se ao esquecimento da justificação interna com a ordem jurídica.

Portanto, nesse processo circular e hermenêutico, de busca do sentido normativo adequado a cada situação, devem ser conciliadas: justificação interna, isto é, a fixação de um significado-identidade com referência aos textos normativos formalmente válidos; e justificação externa, que, em caso de dúvida, permitirá recorrer a precedentes judiciais, decisões de outras esferas e demais fontes do Direito. Ademais, todas as circunstâncias do caso deverão ser levadas em consideração e deverá haver motivação para, eventualmente, selecionar ou excluir alguma característica[272].

---

(272) GÜNTHER, Klaus. Uma concepção normativa de coerência para uma teoria discursiva da argumentação jurídica. *Cadernos de Filosofia Alemã*. São Paulo: Humanitas, n. 6, 2000. p. 92-93 e 98-99. A teoria proposta por Günther, entrementes, é passível de crítica ao vincular o resultado do processo hermenêutico a princípios morais.

Mas, no universo jurídico, seriam as divergências predominantemente empíricas? Ou os debates seriam fundamentalmente decorrentes de desencontros teóricos, inclusive acerca da definição de direito[273]?

Os realistas, talvez, afirmariam que as divergências no mundo jurídico não giram em torno da descoberta do que seja o direito (pré)estabelecido. Isso, para os realistas, pouco importa. Nessa perspectiva, o direito será definido e positivado a cada decisão, em busca do que seja socialmente benéfico, independentemente de justificação e coerência em face do que foi estabelecido no passado.

Todavia, diferente do que possivelmente acreditam os realistas, as discussões no universo jurídico demonstram a relevância das divergências acerca do que seja o próprio direito, e não apenas em relação ao que ele deveria ser.

A realidade deve ser considerada na interpretação do Direito, mas cumpre lembrar que o Ministério Público atua em juízo de aplicação de uma linguagem normativa estabelecida. Assim, alguns fatos, presentes em nossa realidade, deverão ingressar em um âmbito de discussão mais amplo; em esferas públicas que possam gerar um fluxo da sociedade civil à política em busca de alteração da ordem jurídica estabelecida, o que vai muito além de uma simples escolha realizada pela autoridade no momento de cada decisão.

Warat, com propriedade, defende posição intermediária entre as tendências formalistas e realistas. Todo processo comunicacional é integrado por duas instâncias: uma abstrata e outra contextual. A primeira funciona como um código elaborado comunitariamente com desiderato de produzir mensagens específicas, enquanto a segunda, de comunicação efetiva, tem o sentido completado com os propósitos dos emissores e receptores e seus condicionamentos sociais. Há, portanto, forçosa correlação entre formalistas e realistas[274].

2.9. Modelo teórico pós-positivista de atuação do Ministério Público: equívocos metodológicos na aplicação dos princípios jurídicos e dignidade humana como metalinguagem[275]

O pós-positivismo[276] é designação provisória e genérica de ideário difuso, no qual incluem-se categorias de justiça e lei advindas das teorias crítica e dos direitos fundamentais, bem como a redefinição das relações entre valores, princípios e regras. De certa óptica, situa-se na confluência de dois paradigmas: o jusnaturalismo e o positivismo.

---

(273) DWORKIN, Ronald. *O império do direito*. 2. ed. Tradução Jefferson Luiz Camargo. São Paulo: Martins Fontes, 2007. p. 56.

(274) WARAT, Luiz Alberto. *Introdução geral ao direito*. Interpretação da lei. Temas para uma reformulação. Porto Alegre: Sergio Antonio Fabris, 1994. v. I. p. 63-64.

(275) Alguns trechos, teorizações e citações constantes deste subcapítulo foram extraídos de: FONSECA, Bruno Gomes Borges da. Diferenças entre regras e princípio na perspectiva da teoria de Ronald Dworkin. *In*: KROHLING, Aloísio; FERREIRA, Dirce Nazaré de Andrade (Coord.). *Filosofia do direito:* novos rumos. Curitiba: Juruá, 2012. p. 143-158.

(276) Acerca da crise do positivismo jurídico: STRECK, Lenio Luiz. *Hermenêutica jurídica e(m) crise*. Uma exploração hermenêutica da construção do direito. 8. ed. Porto Alegre: Livraria do Advogado, 2009.

As transformações decorrentes gerariam um novo direito constitucional designado de *neoconstitucionalismo*[277].

Uma das características do pós-positivismo é a inserção dos princípios como padrões extraídos do texto normativo. O positivismo, diferentemente, laborava apenas com a presença de regras. Esse ponto gera influências no resultado interpretativo do direito, especialmente nos casos de maior complexidade.

O modelo teórico de atuação do Ministério Público pós-positivista acredita que os princípios jurídicos podem ser agregados às regras para justificação das decisões em face dos casos concretos. Essa maneira de agir aumenta as possibilidades interpretativas do *Parquet* e, teoricamente, traz benefícios para a atuação institucional.

Os princípios, portanto, desempenham relevante função nos *casos difíceis*. Permitem argumentação sustentadora da decisão. Após julgamento, tornam-se regras individuais[278]. O sistema puro de regras, por sua vez, afigura-se insuficiente para apreciá-los.

O positivismo jurídico, ao revés, adota outras premissas. Enxerga o Direito como conjunto de regras pautadas pelo critério da subsunção (teoria mecânica do direito). Por consequência, ao inexistir regra aplicável ao caso, confere liberdade discricionária à autoridade responsável pela decisão[279].

A moldura do positivismo jurídico criticada por Dworkin é bem distinta da proposta que ele apresenta. Para decisão do caso, ter-se-iam regras e princípios. A referência a princípios em Dworkin substitui o recurso ao poder discricionário, defendido pelo modelo positivista, nos casos nos quais inexistem enunciados normativos explicitamente cabíveis.

O ataque de Dworkin ao positivismo jurídico, na verdade, é uma crítica ao arquétipo exclusivo de regras, que ignora modelo estribado em princípios, políticas, enfim, em outros tipos de padrões[280]. Portanto, a teoria principiológica *dworkiana* teve como desiderato imediato combater o positivismo jurídico.

Malgrado o fim precípuo da posição de Dworkin fosse enfrentar o positivismo jurídico, sobretudo a sofisticada vertente proposta por Hart, isso propiciou apresentar revolucionária teoria sobre princípios, com realce de que o sistema jurídico era composto de padrões diversos das regras.

Ao contrário do que possivelmente sustentariam os positivistas, regras e princípios são de cumprimento obrigatório; têm caráter normativo e deontológico. Logo, o juiz estaria compelido a observá-los[281]. Para as correntes do positivismo jurídico, princípios eram padrões extrajurídicos, aplicados discricionariamente pelo julgador.

---

(277) BARROSO, Luís Roberto. *Op. cit.*, p. 242 e 247. Este capítulo abordará apenas uma das facetas no movimento pós-positivista: a normatividade dos princípios.
(278) DWORKIN, Ronald. *Levando os direitos a sério*. Tradução Nelson Boeira. São Paulo: Martins Fontes, 2007. p. 46.
(279) *Ibidem*, p. 26-28.
(280) *Ibidem*, p. 35-36.
(281) *Ibidem*, p. 46-47 e 59.

Do texto legal, portanto, extrair-se-iam regras e princípios. Ambos de aplicação obrigatória, o que serve para aliviar a ideia de que em certos casos (*hard cases*) o juiz teria poder discricionário para decidir. A imposição de uma obrigação jurídica, assim, decorre de princípios (obrigatórios) e de regras (também obrigatórias)[282].

Os positivistas, corretamente, concluem que princípios são diferentes de regras. Entrementes, manejam esse argumento para considerá-los como padrões extrajurídicos, selecionados discricionariamente por cada julgador, o que parece falso[283]. O ponto de contato entre regras e princípios está no caráter obrigatório.

O princípio é um padrão que deverá ser observado por ser exigência de justiça, equidade ou outra dimensão da moralidade. Política, por seu tuno, é um tipo de protótipo estabelecedor de objetivos gerais a serem alcançados, como, por exemplo, melhoria em algum aspecto econômico, político ou social da comunidade[284]. Teremos assim, nessa concepção, minimamente, três argumentos: de regras, de princípios e de política.

Dworkin ressalva que uma justificativa de um programa legislativo de certa complexidade normalmente exigirá o uso dos dois argumentos (de princípio e de política). Entretanto, relativamente às decisões decorrentes da aplicação do direito, deverão prevalecer os argumentos de princípios[285].

O princípio representa exigência de justiça, equidade ou alguma outra dimensão da moralidade. Não almeja promover ou garantir, em prol da coletividade, situação econômica, política ou social desejável, pois é esse o papel da política.

Dworkin utiliza dois exemplos para aclarar sua concepção: a decisão de fixação de padrões gerais para redução de acidentes de veículos automotores é sustentada por argumentos políticos, enquanto a decisão que impede alguém de beneficiar-se da própria torpeza é amparada por argumento de princípio[286]. As decisões jurídicas baseadas em políticas têm como argumento central o bem geral da comunidade, ao passo que decisões jurídicas baseadas em princípio têm como argumento a efetivação de direitos.

Paulo Bonavides ressalta que o defeito capital das definições de princípio dizia respeito à ausência de seu traço normativo[287]. Assim sendo, a posição de Dworkin de considerá-lo, ao lado das regras, normas cogentes, é contribuição relevante da proposta teórica desse autor.

Para alcançar esse *status*, a juridicidade dos princípios passou por três fases. A primeira — fase jusnaturalista — na qual a alegação de abstração comprometia sua normativida-

---

(282) DWORKIN, Ronald. *Levando os direitos a sério*. Tradução Nelson Boeira. São Paulo: Martins Fontes, 2007. p. 71.
(283) *Ibidem*, p. 63.
(284) *Ibidem*, p. 36-37.
(285) Em sentido próximo: *Levando os direitos a sério*. Tradução Nelson Boeira. São Paulo: Martins Fontes, 2007. p. 130-132.
(286) DWORKIN, Ronald. *Levando os direitos a sério*. Tradução Nelson Boeira. São Paulo: Martins Fontes, 2007. p. 36.
(287) *Curso de direito constitucional*. 16. ed. atual. São Paulo: Malheiros, 2005. p. 257.

de. A segunda — juspositivista — na qual são contemplados nos códigos como fontes normativas secundárias. E, derradeiramente, o terceiro e atual estágio – pós-positivismo – com destaque hermenêutico aos princípios e ao seu reconhecimento normativo[288].

No ordenamento jurídico em vigor, os princípios gerais do direito, em grande parte, encontram-se explicitamente positivados. A CF/1988, no Título I, como primeiro dispositivo constitucional, estabeleceu os princípios fundamentais. No art. 1º, III, encontra-se o princípio da dignidade humana.

A topografia dos princípios fundamentais da CF/1988 e a consignação do princípio da dignidade humana, simbolicamente, evidenciam a relevância depositada pela nova ordem constitucional na principiologia do sistema jurídico. No mesmo sentido, a prática decisória de juízes e tribunais brasileiros, sobretudo a partir da CF/1988, reconhece o caráter principiológico e concretista da interpretação e aplicação do direito[289].

Na era do pós-positivismo, o reconhecimento da dimensão normativa principiológica do sistema jurídico, induvidosamente, acarretou uma série de benefícios no processo hermenêutico do direito. Todavia, por outro ângulo, alguns operadores do direito, de forma metodologicamente equivocada, têm banalizado a concepção principiológica pós-positivista, bem como manejam a dignidade humana como *superprincípio* e de metalinguagem.

Em virtude desse entendimento superficial sobre o movimento pós-positivista, nos planos teórico e pragmático, iniciou-se costume de tudo ser nomeado como princípio. A partir do senso comum[290] dos operadores do direito, certos princípios são criados nos discursos jurisdicionais de aplicação normativa, sem conexão com o ordenamento jurídico em vigor e sem a legitimação decorrente do processo legislativo. Hoje temos princípios sobre e para tudo. Inclusive, não raras vezes, discute-se acerca do nome empregado do suposto princípio.

A dignidade da pessoa humana passou a funcionar como *coringa* a ser empregado em qualquer contexto. Dois vizinhos discutem judicialmente a distância entre o fim da propriedade de um e o início da do outro. Para resolver esse caso, o princípio da dignidade humana... Quem ultrapassou o cruzamento com o semáforo fechado? Segundo o princípio da dignidade humana, o responsável pelo acidente automobilístico foi...

O princípio da dignidade humana passou a ser invocado em todas as situações. Tudo desembocará nele, ora para aprovar, ora para repelir certa conclusão. Na condição

---

(288) BONAVIDES, Paulo. *Op. cit.,* p. 259-266.
(289) No paradigmático julgamento do *habeas corpus* n. 82.424-2/RS (BRASIL. *STF*. HC n. 82424/RS. Tribunal Pleno. Relator: Ministro Moreira Alves. Relator para acórdão: Ministro Maurício Corrêa. Julgamento: 17.9.2003. Publicação: DJ 19.3.2004), o STF explicitou a metodologia utilizada pelo tribunal para lidar com a dimensão principiológica dos direitos fundamentais. No caso, o tribunal manteve a condenação de editor de livros de conteúdo antissemita pela prática de racismo realizando balanceamento entre os princípios da liberdade de expressão e da dignidade da pessoa humana, com aplicação da proporcionalidade.
(290) WARAT, Luiz Alberto. *Introdução geral ao direito*. Interpretação da lei. Temas para uma reformulação. Porto Alegre: Sergio Antonio Fabris Editor, 1994. v. I. p. 13-15.

de *superprincípio*, é utilizada como uma metalinguagem do direito para prevenir e/ou equacionar qualquer conflito.

Somos aderentes do movimento pós-positivista e acreditamos nos benefícios da normatividade dos princípios jurídicos e na imprescindibilidade do reconhecimento do princípio da dignidade humana. O risco, contudo, é que a banalização dessa proposta recaia justamente na grande falha apresentada pelo positivismo jurídico: o recurso à discricionariedade judicial para conformação da decisão em casos difíceis.

O suposto modelo teórico de atuação do Ministério Público pós-positivista, nessa vertente superficial e banalizada, diferentemente do positivista que aposta apenas em regras, credita todas as suas diretrizes aos princípios sob a sensação de que, ao assim proceder, orientaria sua vocação na realização de justiça. Todavia os princípios são reduzidos a meros *topoi* de senso comum, sem a preocupação com o sistema jurídico no qual estão inseridos.

Esse pretenso modelo evidencia seu repúdio a regras sob o argumento de que seriam inflexíveis, *amarrariam* a atuação da instituição e, em última análise, seriam fonte de injustiça. Aposta, portanto, em principiologia livre de parâmetros, o que permitiria a discricionariedade do membro atuante. Em síntese, confunde *crise do positivismo jurídico* com *crise do direito positivo*.

O interesse público, nesse hipotético modelo de atuação do Ministério Público, seria sinônimo de princípio da dignidade humana. Essa metalinguagem, aberta e maleável, orientaria toda a maneira de atuação institucional. Todos os atos normativos deveriam respeito ao parâmetro da dignidade humana.

Esse argumento, levado ao extremo, parece similar ao advogado por Otto Bachoff e sua teorização de defesa da existência de *normas constitucionais inconstitucionais*. Na hipótese, haveria então supremacia do princípio da dignidade humana em relação a todos os demais dispositivos legais e constitucionais. Estes seriam *menos constitucionais* do que aquele[291].

Eventuais arquétipos construídos apenas por regras ou exclusivamente por princípios ocasionariam efeitos igualmente problemáticos. Na primeira hipótese, o arquétipo levaria à afirmação de ampla discricionariedade para solução dos casos difíceis ou atividade legislativa exacerbada. Na segunda hipótese, a segurança jurídica restaria fragilizada, em razão do grau de indeterminação do sistema, que contaria apenas com princípios, e nenhuma regra, em todos os casos[292]. Urge, portanto, conjugá-los adequadamente.

2.10. Modelo teórico liberal de atuação do Ministério Público: posição de abstenção e pretensão de neutralidade[293]

Adam Smith reconhece os benefícios dos mercados livres e competitivos para a riqueza das nações. O trabalho de uma nação é a base que lhe fornece o necessário e

---

(291) BACHOF, Otto. *Normas constitucionais inconstitucionais?* Tradução José Manuel M. Cardoso da Costa. Coimbra: Almedina, 2008.
(292) CANOTILHO, J.J. Gomes. *Op. cit.*, p. 1162.
(293) Alguns trechos, teorizações e citações constantes deste subcapítulo foram extraídos de: FONSECA, Bruno Gomes Borges da. *Compromisso de ajustamento de conduta*. São Paulo: LTr, 2013.

útil à sua sobrevivência. Acredita em ordem natural, em certa tendência humana, para relações comerciais. O crescimento econômico, portanto, decorre da ação de indivíduos em busca de seus interesses[294].

Smith reconhece a propriedade privada, a acumulação de capital e a divisão do trabalho nesse processo de enriquecimento das nações. Por efeito, o preço das mercadorias decorre da junção de três partes: valor do trabalho, renda e lucro[295].

O preço dos salários e os valores referentes a lucros e rendas, isto é, das mercadorias, são regulados por índices naturais do mercado, ou seja, pela proporção entre a quantidade dessa mercadoria e a procura por aqueles que pretendam pagar o preço natural. A variação dessa proporcionalidade é que gera alternância do preço, ora para mais, ora para menos, o que, consequentemente, modificará o valor do lavor (e do número de empregos), do lucro e da renda[296].

O preço natural é considerado o preço da livre competição e é o mais baixo possível. A atribuição de monopólios e a introdução de regulamentos restritivos do mercado altera a naturalidade do preço com seu aumento[297]. A iniciativa privada, portanto, em leitura mais atual, na concepção de Smith, deverá ser livre, pois a competitividade ocasionará redução (ou manutenção) do preço natural. A *mão invisível* do mercado será responsável pelo desenvolvimento. Defende, em síntese, o liberalismo econômico.

John Locke, por seu turno, trabalha com ideias condizentes com o liberalismo político. O homem, no estado da natureza, tem liberdade, igualdade e propriedade sobre as coisas. Porém esse estado é incerto e arriscado. Assim, é constituído o governo civil, formado pelo consenso das pessoas, com a incumbência de preservar os direitos naturais de qualquer invasão externa e assegurar a execução de leis[298].

Essas concepções liberais evidenciam a estrutura do paradigma do Estado liberal. Há prevalência da defesa dos direitos individuais, sobretudo a liberdade e a propriedade. Há também supremacia do indivíduo em relação à atuação do Estado.

Para explicar esses paradigmas de Estado, didaticamente, os direitos fundamentais são repartidos em dimensões[299] [300].

Os direitos fundamentais no paradigma do Estado liberal decorreram do pensamento burguês do século XVIII, de viés exageradamente individualista, com primazia do indivíduo. As revoluções liberais (americana e francesa) trouxeram a ideia de liberdade,

---

(294) SMITH, Adam Ricardo. *Investigação sobre a natureza e as causas da riqueza das nações.* Tradução Conceição Jardim Maria do Carmo Cary e Eduardo Lúcio Nogueira. 2. ed. São Paulo: Abril Cultural, 1979. p. 3 e 13.

(295) *Op. cit.*, p. 7, 41 e 43.

(296) *Op. cit.*, p. 47-51.

(297) SMITH, Adam. *Op. cit.*, p. 52-53.

(298) *Op. cit.*, p. 14-15, 20-21 e 84.

(299) Com crítica a expressão "geração de direitos": SARLET, Ingo Wolfgang. *A eficácia dos direitos fundamentais.* 7. ed. rev. atual. ampl. Porto Alegre: Livraria do Advogado, 2007. p. 54.

(300) BONAVIDES, Paulo. *Op. cit.*, p. 563.

propriedade e igualdade formal. Os direitos exigiam abstenção estatal em decorrência de seu *status* negativo.

O hipotético modelo teórico de atuação do Ministério Público liberal, inicialmente, enxerga pequeno campo de atividade da instituição em um estado constituído. Ao contrário do que parece transparecer pelo texto constitucional, o *Parquet*, para esse arquétipo, teria apenas atuações pontuais. Por efeito, essa corrente tende a promover, em demasia, arquivamento de procedimentos administrativos, além de justificativas frágeis para abster-se da atuação judicial.

A atuação desse pretenso modelo dá-se nos planos individual e patrimonialista. As pretensões difusas e coletivas são enxergadas com cautela, pois, de certa forma, interviriam, demasiadamente, na liberdade de ação de inúmeras pessoas. Esse arquétipo, a todo instante, recusa o rótulo de corpo intermediário entre sociedade e Estado.

Esse suposto modelo teórico de atuação do Ministério Público atua defensivamente. A princípio, sua maior estratégia é a abstenção. Propositadamente, evita intervir e a atuação *ex officio* é vista com sérias restrições.

A implementação de políticas públicas, segundo essa suposta vertente, é tarefa do Poder Executivo. Descabe ao Ministério Público intrometer-se nessa temática. Ao *Parquet* cabe velar pela preservação da liberdade das pessoas, pois, assim, cada indivíduo terá plena condição de atuar por si, de emancipar-se.

O indigitado modelo teórico de atuação do Ministério Público liberal aposta na autonomia privada das pessoas mediante a concessão de direitos à liberdade. Ação individual, liberdade e mercado são as palavras chaves[301]. Por corolário, a atividade do *Parquet* justificar-se-á diante desses parâmetros. Sempre que ocorrer ameaça ou violação dessas diretrizes, haverá interesse público para agir.

Em virtude dessas diretrizes, esse suposto modelo teórico de atuação privilegiará atuação criminal (notadamente os crimes contra a vida, o patrimônio e a liberdade em geral), a defesa patrimonial do Estado e ações individuais nas quais emitirá parecer. Por outro lado, dará menor relevância à atuação extrajudicial, às ações coletivas e à tutela de direitos sociais.

Esse paradigma tende a enaltecer a ordem jurídica posta. Sob o pretexto de defendê-la, apega-se ao formalismo, ao tecnicismo e a prévios métodos interpretativos. Interpretações construtivas, por sua vez, são vistas como maneiras indiretas de justificar intervenções indevidas na vida das pessoas e, por conseguinte, são rechaçadas.

Esse suposto modelo de atuação do Ministério Público reproduzirá um discurso eminentemente tecnicista, como uma metalinguagem própria e exclusiva do direito. A interpretação literal e descontextualizada será o principal método interpretativo. A instituição deixa de avançar sobre novas demandas sociais e, muitas vezes, criva a ordem jurídica sem qualquer juízo crítico-reflexivo.

---

(301) HABERMAS, Jürgen. *Direito e democracia:* entre facticidade e validade. 2. ed. Tradução Flávio Beno Siebeneichler. Rio de Janeiro: Tempo Brasileiro, 2003. v. II. p. 136-138 e 142-143.

2.11. Ministério Público no papel de macrossujeito: *déficit* de participação dos afetados no paradigma do estado social[302]

A intervenção do Estado na ordem econômica e social tem marco expressivo nos Estados Unidos com o *New Deal* do presidente Franklin Delano Roosevelt. Essa proposta, ocorrida entre os anos de 1933 a 1937, teve o escopo de reverter a crise de 1929 e assistir as pessoas prejudicadas pela *Grande Depressão*.

John Maynard Keynes, posteriormente, teoriza em perspectiva contrária à visão liberal. Apresenta proposta volvida ao pleno emprego e critica e redefine as teorias econômicas clássicas, tais quais as defendidas por Adam Smith, David Ricardo e James Mill, que, a seu ver, foram incapazes de promover um quadro empregatício adequado[303].

Uma política de pleno emprego, segundo Keynes, não será exitosa apenas pela *mão invisível do mercado* ou, em outra forma de dizer, porque a oferta será suficiente para criar a sua própria demanda. Caso isso fosse verdade, a concorrência entre empresários levaria sempre a aumento do emprego[304].

Para justificar dado volume de emprego urge investimentos correntes e suficientes para absorver o excesso de produção e propensão ao consumo. A introdução de sistema de tributação e a redução da taxa de juros a nível adequado são vetores fundamentais para incentivar o investimento[305].

A atuação do Estado, nessa linha, parece imprescindível ao controle da economia e de certas atividades confiadas à iniciativa privada, bem como à condução do pleno emprego[306]. O mercado, portanto, não seria autorregulado e dependeria da intervenção estatal, porque a economia, em seu curso automático, operaria lentamente. Esse é o germe do paradigma do Estado social, pois no Estado liberal o governo não dispõe de nenhum meio para aliviar a miséria, salvo o aumento do mercado[307].

A proposta de Keynes, entretanto, diferentemente de muitos teóricos, não prega um controle estatal sobre toda a economia. Acredita que a manutenção da liberdade e da livre-iniciativa sob a forma de um novo capitalismo traria benefícios. Por efeito, o Estado deveria intervir apenas quanto ao necessário para o direcionamento adequado da economia. Outrossim não é a propriedade dos instrumentos de produção que importa ao Estado assumir; deve, sim, agir com investimentos e uma função orientadora[308].

---

(302) Alguns trechos, teorizações e citações constantes deste subcapítulo foram extraídos de: FONSECA, Bruno Gomes Borges da. *Compromisso de ajustamento de conduta*. São Paulo: LTr, 2013; FONSECA, Bruno Gomes Borges da. Direitos humanos e fundamentais: pontos e contrapontos. *In:* SANTOS, Élisson Miessa; CORREIA, Henrique (Coord.). *Estudos aprofundados*: ministério público do trabalho. Salvador: Editora jusPodivm. 2013. p. 225-227.

(303) KEYNES, John Maynard. *Teoria geral do emprego, do juro e da moeda*. Tradução Manuel Resende. São Paulo: Saraiva, 2012. p. 2 e 339

(304) *Ibidem*, p. 22-23.

(305) *Ibidem*, p. 23-27, 122, 294-295 e 344.

(306) *Ibidem*, p. 344.

(307) *Ibidem*, p. 347.

(308) *Ibidem*, p. 344 e 346-347.

Para assegurar o pleno emprego são necessários controles centralizados no Estado, e isso exigirá considerável aumento de suas funções tradicionais. Por outro lado, concomitantemente aos investimentos públicos, haverá grande margem ao exercício da iniciativa e responsabilidade privadas[309].

Associados ao processo de industrialização, os abusos decorrentes das noções formais e abstratas dos direitos de igualdade e liberdade, bem como a ideia absolutizada de propriedade privada, oportunizaram exploração do homem pelo homem e acumulação de capital. Como reação a esse contexto, as ideias socialistas, comunistas e anarquistas questionaram a ordem jurídica liberal e iniciaram movimentos para reconhecimento dos direitos sociais[310], cujo um dos marcos iniciais ocorreu no século XX, com as Constituições do México (1917) e de Weimar (1919).

Com o paradigma do *welfare state*, diversamente, exigiu-se Estado atuante e responsável pela efetivação de direitos de caráter prestacional, de *status* positivo. A igualdade material agiu como pano de fundo e corresponde aos direitos sociais, econômicos e culturais. O cariz, entretanto, ainda é individualista[311], apesar da atuação mais sistematizada.

O paradigma do Estado social, assim como o liberal, continuou a apostar, em demasia, na autonomia privada das pessoas, mediante à concessão de direitos sociais para assegurar pretensa igualdade material. As palavras de ordem desse arquétipo são ação sistemática, limitação da liberdade em busca da igualdade real e intervenção[312]. Consequentemente, a atividade do *Parquet* justificar-se-ia diante desses parâmetros. Sempre que ocorrer ameaça ou violação dessas diretrizes, haverá, nessa concepção, interesse público para agir.

O Estado, nesse paradigma, é enxergado como provedor (*Estado-providência*). O exercício de direitos depende da sua intervenção, diferentemente do paradigma do Estado liberal. Logo, a tarefa de interpretar e aplicar direitos, no paradigma do Estado social, ganha complexidade. A técnica do silogismo é insuficiente para responder as novas demandas. O juiz, desvinculado da vontade do legislador, recebe a incumbência de assegurar as finalidades sociais desse novo contexto. A tessitura aberta dos textos normativos é, ademais, reconhecida[313].

Em virtude dessas diretrizes, o suposto modelo teórico de atuação do Ministério Público age como espécie de macrossujeito[314]. Cumpre, agora, intervir na vida das pessoas, inclusive com supressão de seus pontos de vista. Nesse modelo, essa é a única forma de salvaguardar e efetivar direitos.

---

(309) KEYNES, John Maynard. *Op. cit.*, p. 345.
(310) CARVALHO NETTO, Menelick. *Op. cit.*, p. 479.
(311) SARLET, Ingo Wolfgang. *Op. cit.*, p. 56-57.
(312) HABERMAS, Jürgen. *Direito e democracia*: entre facticidade e validade. 2. ed. Tradução Flávio Beno Siebeneichler. Rio de Janeiro: Tempo Brasileiro, 2003. v. II. p. 136-138 e 142-143.
(313) COURA, Alexandre de Castro. *Hermenêutica jurídica e jurisdição (IN) constitucional:* para uma análise crítica da "jurisprudência de valores" à luz da teoria discursiva de Habermas. Mandamentos: Belo Horizonte, 2009. p. 51.
(314) A crítica à atuação do Ministério Público como macrossujeito foi abordada em: FONSECA, Bruno Gomes Borges da. *Compromisso de ajustamento de conduta*. LTr: São Paulo, 2013.

A atuação do Ministério Público, nesse hipotético modelo teórico, embora sistematizada, ainda é pautada pelo agir individualizado. Ações coletivas e atuações extrajudiciais são vias de pouco uso.

Em face da maior liberdade conferida ao juiz e do reconhecimento da tessitura aberta das normas, o pretenso modelo teórico de atuação do Ministério Público, na condição de macrossujeito, apropria-se e emprega amplamente a noção de discricionariedade. Elocuções como *bem comum, interesse público, interesses sociais* permitem interpretações desvinculadas da ordem jurídica e do contexto dos beneficiados e/ou afetados pelos direitos sociais.

Dessa forma, a exigência de interpretação construtiva de conceitos jurídicos indeterminados acaba, nesse suposto modelo, confundida com juízos discricionários de oportunidade e conveniência.

Aflora-se uma pretensão de justiça a qualquer preço. A ordem jurídica poderá ser desconsiderada para atender ao bem comum. Confia-se no intérprete e a interpretação teleológica passa a direcionar sua atividade. Aludido suposto modelo teórico de atuação do Ministério Público, vinculado ao paradigma do Estado social, assume, como bandeira, o propósito de materializar justiça social (naturalmente, a partir daquilo que os seus membros consideram justo).

À luz de uma perspectiva *democrática-deliberativa-procedimental,* entretanto, a implementação de políticas públicas não pode ser um processo unilateral, dissociado da participação social. A desconsideração do ponto de vista dos potenciais afetados no processo de criação, planejamento e execução de políticas públicas enseja efeitos contraditórios e ambivalentes.

Em muitos casos, os problemas decorrentes desse *déficit* de legitimidade poderiam ser relativizados pelo simples conhecimento dos pontos de vista dos potenciais afetados, acerca do problema e da hipótese de solução[315]. A suposta premissa de que a participação dos *excluídos-beneficiários* seria dispensável em face da excelência da escolha feita (unilateralmente) pelo membro do Ministério Público (ou por qualquer outra autoridade) é pretensiosa e autoritária.

Nossa proposta, nesse ponto, distingue-se e, inclusive, contrapõe-se ao movimento neoliberal. Mas também diverge das premissas clientelistas e alienantes do paradigma do Estado de bem-estar social. Se, de um lado, a proposta refuta o caminho de volta, de retorno à sociedade liberal, de outro, afirma a necessidade de redimensionar o projeto do Estado social por processo democratizante[316] capaz de promover a coesão entre

---

(315) HABERMAS, Jürgen. *A inclusão do* outro: estudos de teoria política. Tradução George Sperber e Paulo Astor Soethe. São Paulo: Loyola, 2002. p. 295; CRUZ, Álvaro Ricardo de Souza. Um olhar crítico-deliberativo sobre os direitos sociais no estado democrático de direito. *In*: SOUZA NETO, Cláudio Pereira; SARMENTO, Daniel (Coord.). *Direitos sociais*: fundamentação, judicialização e direitos sociais em espécie. 2. tir. Rio de Janeiro: Lumen Juris, 2010. p. 89.

(316) Esse ponto será retomado, com maior profundidade, no terceiro capítulo.

autonomias pública e privada[317] dos cidadãos, como caminho para materialização da igualdade.

Em países de modernidade tardia, tal qual o Brasil, esse argumento pode encontrar resistência, em face da dificuldade de inserir em processo participativo pessoas que estão abaixo da linha da pobreza, sem educação, sem trabalho, sem alimentação, enfim, sem condições mínimas de vida boa[318].

A inserção dos excluídos em processo discursivo é um grande desafio e o objetivo das propostas emancipatórias, tal qual a defendida por Habermas. Mesmo em contextos precários, o sistema representacional pode e deve ser (re)trabalhado à luz do paradigma do Estado democrático de direito. Nesse sentido, as políticas assistencialistas devem ser planejadas, ter início e fim, bem como sujeitar-se constantemente à (re)avaliação. Caso contrário, poderão eternizar a hipossuficiência que pretendem combater e servir a propósitos estratégicos de continuísmo no poder[319].

A proteção coletiva deve avançar no propósito de apenas aliviar o indivíduo pela representação ou contentar-se com um fatalismo em torno do sistema de democracia representativa. É imprescindível o engajamento progressivo do cidadão na discussão e articulação de seus próprios interesses[320]. Deve-se repelir a criação de macrossujeitos, ainda que seja o Ministério Público, instituição com sede constitucional e com tarefas afetas aos interesses sociais. Aliás, cumpre ao *Parquet* incentivar a inserção do outro no processo de tomada de decisão e, dentro do seu rol atributivo, transformar as promotorias e procuradorias em palcos públicos debatedores[321].

Esses argumentos, por outro lado, estão longe de significar a supressão dos direitos sociais. A Constituição consubstancia o resultado de uma deliberação de pessoas livremente associadas. O poder constituinte estabeleceu um rol desses direitos (Capítulo II do Título II da CF/1988) e os protegeu contra emendas constitucionais abolitivas (CF/1988, art. 60, § 4º, IV). Esse ponto de partida é um dado a ser observado, com a ressalva de que o enunciado normativo é inconfundível com a norma[322]. Aquele é o ponto de partida desta no processo circular de interpretação.

O suposto modelo teórico de atuação do Ministério Público como macrossujeito, sob o pretexto de emancipar as pessoas, retira delas a autonomia[323] para expor seus pontos

---

(317) HABERMAS, Jürgen. *Direito e democracia:* entre facticidade e validade. 2. ed. Tradução Flávio Beno Siebeneichler. Rio de Janeiro: Tempo Brasileiro, 2003. v. II. p. 147-148.

(318) Essa é uma das críticas encontradas em: STRECK, Lenio Luiz. *Verdade e consenso.* Constituição, hermenêutica e teorias discursivas. Da possibilidade à necessidade de respostas corretas em direito. 3. ed. Rio de Janeiro: Lumen Juris, 2009. p. 17-36.

(319) CRUZ, Álvaro Ricardo de Souza. *Habermas e o direito brasileiro.* 2. ed. Rio de Janeiro: Lumen Juris, 2008. p. 89.

(320) HABERMAS, Jürgen. *Direito e democracia*: entre facticidade e validade. 2. ed. Tradução Flávio Beno Siebeneichler. Rio de Janeiro: Tempo Brasileiro, 2003. v. II. p. 149 e 156.

(321) Para avaliar com mais detalhes essa proposta: FONSECA, Bruno Gomes Borges da. *Compromisso de ajustamento de conduta.* São Paulo: LTr, 2013.

(322) MÜLLER, Friedrich. *Métodos de trabalho do direito constitucional.* Tradução de Peter Naumann. 2. ed. São Paulo: Max Limonad, 2004. p. 53.

(323) Esse é um risco alertado por: SAUWEN FILHO, João Francisco. *Op. cit.,* p. 1.

de vista e decidir seus destinos. As decisões passam a ser adotadas pelo (re)presentante do *Parquet* unilateralmente e sem oitiva dos interessados.

O paradigma do Estado social reduziu o ideal de justiça à definição de justiça distributiva e esqueceu a promessa de emancipação do cidadão. Os direitos não são bens para serem *consumidos* coletivamente, pois, para gozá-los, temos que exercitá-los[324]. Assim, na visão democrática de Habermas, inexistiria espaço para uma teoria dos bens fundamentais, mas sim de direitos fundamentais.

2.12. Modelo teórico mentalista de atuação do Ministério Público: ajo conforme minha consciência

A metafísica clássica[325], como filosofia primeira e precedente a todos os demais saberes, busca sentido na essência das coisas, considerada ideia inata, imutável. Por isso é entendida como ontológica, cujo objetivo é desvelar a natureza das coisas em busca de conhecimento puramente objetivado[326]. Há, nesse ponto, uma relação *objeto-objeto* na qual o sujeito é *ontologizado* pela coisa.

Jean-Paul Sartre, ao combater a proposta ontológica-metafísica e reconhecer a ausência de neutralidade, asseverou que o subjetivismo é o ponto de partida em virtude de a existência preceder a essência[327]. Inicia-se, assim, um caminho de superação do conhecimento objetivado para a subjetividade decorrente da razão.

A filosofia da consciência ou mentalista ganhou terreno e parece, ainda, predominar na hermenêutica jurídica nacional, em razão da dicotomia *sujeito-objeto* e da negação da virada linguística. Por consequência, a linguagem continua a ser enxergada em seu caráter instrumental e secundário, com esquecimento da relação *sujeito-sujeito*[328].

Constitui-se, por efeito, uma filosofia da subjetividade pautada na crença, pelo sujeito cognoscente, da possibilidade de antecipação objetiva de sentidos previamente à linguagem, com base em um objeto cognoscível. Em outro dizer, acredita-se que a consciência produz sentido independentemente do processo comunicacional.

Dessa proposta advém a frase de René Descartes *"penso, logo existo"* na condição de primeiro princípio filosófico de sua teorização[329]. Ainda com a metafísica clássica, Santo Agostinho apontava que a lei eterna é uma lei interna da consciência[330].

---

(324) HABERMAS, Jürgen. *Direito e democracia:* entre facticidade e validade. 2. ed. Tradução Flávio Beno Siebeneichler. Rio de Janeiro: Tempo Brasileiro, 2003. v. II. p. 159.

(325) Esse tema foi abordado no subcapítulo 2.3.

(326) STRECK, Lenio Luiz. *O que é isto – decido conforme minha consciência?* 2. ed. rev. ampl. Porto Alegre: Livraria do Advogado, 2010. p. 13.

(327) *O existencialismo é um humanismo.* Tradução João Batista Kreuch. Petrópolis: Vozes, 2012. p. 18. A filosofia de Sartre rechaçava o puro subjetivismo. Sua afirmação pretendia repelir a filosofia antiga que apostava em uma essência de natureza humana do homem: *Op. cit.,* p. 18-20.

(328) STRECK, Lenio Luiz. *Hermenêutica jurídica e(m) crise.* Uma exploração hermenêutica da construção do direito. 8. ed. Porto Alegre: Livraria do Advogado, 2009. p. 18, 57 e 61.

(329) *Discurso do método.* Tradução Paulo Neves. Porto Alegre: L & PM, 2009, p. 70. Na verdade, a proposta de Descartes era outra, porque essa frase objetivava contemplar dúvida sobre o que era possível conhecer.

(330) *Confissões.* Tradução J. Oliveira e A. Ambrósio de Pina. Petrópolis: Vozes, 2011. p. 44.

Há, pois, esquecimento de que o Direito é uma forma de linguagem, manifesta-se pela linguagem e assim deverá ser considerado e interpretado. Consequentemente, ao creditar à consciência essa tarefa, surge terreno propício para subjetivismos, voluntarismos, *decisionismos*, solipsismos e, de certa maneira, autoritarismos[331].

A filosofia da consciência encontra eco na jurisprudência. Isso é verificado, por exemplo, quando os tribunais definem que o juiz estaria obrigado, apenas, a expor sua posição fundamentada, sem necessidade de rebater todos os pontos argumentados pelas partes no processo[332]. A decisão, por efeito, materializa ato de vontade do decidor decorrente de sua consciência.

O suposto modelo teórico de atuação do Ministério Público mentalista adotaria a tarefa de decidir conforme a consciência de cada membro. Nesse ponto, haveria supervalorização do princípio da independência funcional, pois cada agente da instituição poderia atuar impulsionado por um voluntarismo, um subjetivismo, um típico ato solipsista.

A reconstrução histórica dos fatos e a interlocução com as partes e aos afetados pela decisão, nesse pretenso arquétipo, seriam desnecessárias. Caberia ao suposto agente ministerial solipsista, com exclusividade, a tarefa de exaltar sua subjetividade e extrair da sua consciência o saber decorrente do caso cognoscível. Haveria, consequentemente, um sujeito interpretante e um objeto interpretado.

Crente no acerto de sua posição, eventuais membros do Ministério Público partidários desse modelo, a todo instante, exaltariam a relevância de agir exclusivamente pela sua consciência, pelos seus valores, pela sua forma de ver o mundo. Nada, além disso, seria capaz de gerar reflexão em sua forma de agir.

2.13. Modelo teórico *axiolizante* de atuação do Ministério Público e seu suposto efeito prático na atuação institucional[333]

A afirmação de que o Ministério Público é instituição destinada à preservação dos valores fundamentais do Estado[334] sintetiza o suposto modelo teórico *axiolizante* de atuação institucional.

Ao reconhecer que regras e princípios são normas jurídicas cogentes, Robert Alexy define princípios como mandados de otimização. Nessa linha, princípio é concebido como

---

(331) Em sentido próximo: STRECK, Lenio Luiz. *O que é isto – decido conforme minha consciência?* 2. ed. rev. ampl. Porto Alegre: Livraria do Advogado, 2010. p. 23-24.

(332) "[...] 2. É cediço que o juiz não fica obrigado a manifestar-se sobre todas as alegações das partes, nem a ater-se aos fundamentos indicados por elas, ou a responder, um a um, a todos os seus argumentos quando já encontrou motivo suficiente para fundamentar a decisão, o que de fato ocorreu. [...]": BRASIL. *STJ*. AgRg no AREsp n. 157094. 2ª Turma. Relator: Ministro Humberto Martins. Julgamento: 2.10.2012. Fonte: DJe 10.10.2012.

(333) Alguns trechos, teorizações e citações constantes deste subcapítulo foram extraídos de: COURA, Alexandre de Castro. *Hermenêutica jurídica e jurisdição (IN) constitucional*: para uma análise crítica da "jurisprudência de valores" à luz da teoria discursiva de Habermas. Mandamentos: Belo Horizonte, 2009; FONSECA, Bruno Gomes Borges da. Diferenças entre regras e princípio na perspectiva da teoria de Ronald Dworkin. *In*: KROHLING, Aloísio; FERREIRA, Dirce Nazaré de Andrade (Coord.). *Filosofia do direito*: novos rumos. Curitiba: Juruá, 2012. p. 143-158.

(334) CINTRA, Antonio Carlos de Araújo; GRINOVER, Ada Pelegrini; DINAMARCO, Cândido Rangel. *Op. cit.*, p. 210.

norma cuja concretização ocorrerá na maior medida possível, à luz das possibilidades fáticas e jurídicas existentes. São mandamentos de otimização por não conterem ordens definitivas e serem satisfeitos em variados graus, a depender do caso concreto. O órgão jurisdicional responsável pela aplicação considerará o conjunto de normas em colisão e as circunstâncias fáticas para, então, determinar o alcance normativo do princípio naquela situação[335].

Regras, por sua vez, são espécies normativas aplicadas na forma do *tudo ou nada*. São integralmente satisfeitas ou não são aplicadas, nas hipóteses de invalidade ou afirmação de cláusula de exceção. Caso válidas, regras aplicam-se em sua inteireza, por conterem determinações daquilo que é fático e juridicamente possível[336].

A distinção entre regras e princípios é clarificada ao compararmos as formas de solução de conflitos entre tais espécies normativas. No primeiro caso, a escolha da regra (que será aplicada integralmente) e a exclusão de outra dependem da declaração de invalidade de uma delas, salvo se presente cláusula de exceção. No segundo caso, os princípios podem ser restringidos, em distintos graus, para que todos eles sejam aplicados ao caso, ainda que parcialmente, sem declaração de invalidade.

Em relação aos princípios, ocorrerá balanceamento ou ponderação, cujo resultado pode variar caso a caso. Isso se chama dimensão do peso, típica dos princípios, não das regras. Diante de outro contexto, a questão da precedência ou do grau de realização do princípio em colisão poderá ser equacionada de sorte oposta[337].

Enquanto a técnica da subsunção do fato à norma predomina para aplicação das regras (técnica típica do positivismo jurídico), a aplicação de princípios abre-se ao balanceamento, no qual a ponderação de bens, interesses e valores considerados constitucionalmente relevantes é realizada pelo órgão responsável pela decisão.

A proposta de Alexy de diferenciação entre regras e princípios tem pontos de contato com a perspectiva pós-positivista defendida por Ronald Dworkin. Há, contudo, um ponto decisivo para a distinção: Alexy caracteriza os princípios como mandados de otimização, aplicáveis dentro das possibilidades jurídicas e fáticas do caso concreto[338], enquanto Dworkin elabora distinção entre regras e princípios quanto à estrutura lógica, baseada em critérios classificatórios. Alexy, portanto, diferencia as duas espécies normativas relativamente ao grau, estribado em parâmetros comparativos[339].

Para Alexy, a separação entre regras e princípios reporta-se a outros dois signos: (i) diferença quanto à colisão; (ii) distinção quanto à obrigação instituída. Quanto à primeira hipótese, princípios colidentes são limitados normativamente, enquanto regras

---

(335) ALEXY, Robert. *Op. cit.*, p. 90 e 103-104.
(336) *Ibidem*, p. 91.
(337) *Ibidem*, p. 91-93.
(338) Ibidem, p. 91.
(339) ÁVILA, Humberto. *Teoria dos princípios*. Da definição à aplicação dos princípios jurídicos. 7. ed. rev. atual. São Paulo: Malheiros, 2007. p. 37.

são declaradas inválidas. No segundo caso, regras instituem obrigações absolutas, e os princípios, obrigações *prima facie*[340].

Enquanto Dworkin labora princípios em perspectiva deontológica, consideramos que Alexy sustenta teorização de caráter fortemente axiológico (embora ele mesmo tente refutar essa conclusão). A aplicação dos princípios, tal qual concebida por esse autor, assemelha-se à aplicação de valores. Tanto é assim que Alexy considera o discurso jurídico um caso especial do discurso prático moral, realizado na esfera extrajurídica, para aplicação de valores pessoais[341]. À semelhança do que ocorre nesses casos, a aplicação de princípios jurídicos, segundo Alexy, sujeita-se a inevitável colisão, deve ser gradualizada (realizada na medida do possível) e requer ponderação[342].

Jürgen Habermas aproxima-se da teoria *dworkiana* e posiciona-se contra a concepção de Alexy, ao salientar a necessidade de diferenciar os discursos de aplicação do direito do de aplicação de valores. Normas jurídicas têm caráter deontológico, enquanto valores apresentam caráter teleológico. Normas válidas obrigam seus destinatários, sem exceção e em igual medida, a um comportamento que preencha expectativas generalizadas, enquanto os valores expressam preferências compartilhadas subjetivamente, têm caráter relativo e expressam atração, maior ou menor, por certo bem[343].

O manejo da ponderação e a definição de princípio como mandado de otimização, decerto, representam corrente majoritária nos planos teóricos e da jurisprudência, inclusive do STF[344] [345]. Contudo há posições em sentido contrário, que sustentam a necessidade de que os discursos jurisdicionais de aplicação normativa, ao definirem o sentido e o alcance das normas em cada caso concreto, afirmem a coerência e integridade do sistema, e não uma necessária relação de contradição entre as normas que o integram[346]. Assim, a colisão principiológica seria abordada como um conflito *a priori*, a ser resolvido pela interpretação concretista, que levaria à escolha da(s) norma(s) adequada(s) à situação de aplicação[347].

---

(340) ÁVILA, Humberto. *Op. cit.*, p. 38-39.

(341) ALEXY, Robert. *Teoria da argumentação jurídica*. A teoria do discurso racional como teoria da justificação jurídica. Trad. Zilda Hutchinson Schild Silva. São Paulo: Landy, 2001. p. 319.

(342) COURA, Alexandre de Castro. *Hermenêutica jurídica e jurisdição (IN) constitucional*: para uma análise crítica da "jurisprudência de valores" à luz da teoria discursiva de Habermas. Mandamentos: Belo Horizonte, 2009. p. 235 e seguintes.

(343) HABERMAS, Jürgen. *Direito e democracia*: entre facticidade e validade. 2. ed. Tradução Flávio Beno Siebeneichler. Rio de Janeiro: Tempo Brasileiro, 2003. v. I. p. 316.

(344) O STF, para decidir certo caso, consignou "[...] Aplicação dos princípios da segurança jurídica e da proteção à confiança legítima, como resultado da ponderação de valores constitucionais [...]": BRASIL. *STF*. ACO n. 79/MT. Tribunal Pleno.Relator: Ministro Cezar Peluso.Julgamento: 15.3.2012. Fonte: DJe-103 divulgado em 25.5.2012 e publicado em 28.5.2012.

(345) O STF, para decidir certo caso, partiu da premissa de que o princípio é um mandado de otimização: BRASIL. *STF*. Inq n. 2913 AgR/MT. Tribunal Pleno. Relator: Ministro Dias Toffoli. Relator para acórdão: Ministro Luiz Fux. Julgamento: 1.3.2012. Fonte: DJe-121 divulgado em 20.6.2012 e publicado em 21.6.2012.

(346) Nesse sentido: COURA, Alexandre de Castro. *Hermenêutica Jurídica e Jurisdição (IN) constitucional*: para uma análise crítica da jurisprudência de valores à luz da teoria discursiva de Habermas. Belo Horizonte: Mandamentos, 2009.

(347) Nesse sentido: SARMENTO, Daniel. Colisões entre direitos fundamentais e interesses públicos. *In*: SARMENTO, Daniel; GALDINO, Flavio (Org.). *Direitos fundamentais*: estudo em homenagem ao professor Ricardo Lobo Torres. Rio de Janeiro: Renovar, 2006. p. 293-294

A teorização de Alexy, ao considerar os princípios como mandados de otimização e equipará-los a valores, considerou o contexto da jurisprudência na Alemanha. Nesse país, a jurisprudência de valores serviu para consolidar a Lei Fundamental, que não tinha sido construída com ampla participação popular. Assim, o Tribunal Constitucional adotou critérios fora da estrita legalidade para romper com o ranço nazista[348]. E, mesmo no contexto alemão, os pressupostos e consequências dessa teoria recebem forte crítica[349].

No entanto, tal perspectiva teórica vem sendo amplamente citada como referência no Brasil e, em diversos casos, empregada de forma a extrapolar até mesmo o que Alexy pretendeu. É possível perceber, nesse contexto, que a teoria da ponderação chega a ser manejada de maneira simplista e banalizada, à luz do *senso comum teórico*[350] de operadores do direito que sequer a conhecem realmente.

No Brasil, a ponderação de valores, em sua versão simplista, tornou-se maneira de fuga à fundamentação adequada das decisões e de pseudoequacionamento de *casos difíceis*. Em muitas situações, o intérprete tem o lavor apenas de identificar os supostos valores subjacentes ao conflito (de forma solipsista, na maioria das vezes). Após, indica, em sua visão, o valor que considera mais relevante, utiliza-o como fundamento da decisão e deixa em segundo plano a integridade do ordenamento jurídico.

O suposto modelo teórico de atuação do Ministério Público *axiolizante* labora em idêntica perspectiva. Em toda hipótese abstrata de intervenção, antes de qualquer ato, os agentes identificam os valores subjacentes ao conflito e atribuem-lhes a relevância que consideram adequada. Dessa forma, a (des)necessidade de atuação institucional é justificada sem a devida conexão com o conjunto de regras e princípios decorrentes do devido processo legislativo (o que compromete a noção de Direito como integridade).

Essa operação, supostamente, poderá continuar no momento de propor ou não uma ação judicial, celebrar ou não um TAC, arquivar ou não um procedimento administrativo. A atividade do Ministério Público, nesse pretenso arquétipo, passa a ser conduzida por valores considerados relevantes, subjetivamente, sob o pretexto de que seriam expressão dos princípios constitucionais.

No momento de fazer a escolha por um ou outro valor, como alertado anteriormente, surge o princípio da dignidade da pessoa humana, empregado como uma espécie de metalinguagem jurídica, a (supostamente) conduzir a decisão. Todavia, mesmo esse princípio sujeita-se a múltiplas interpretações, ao contrário daqueles que pretendem atribuir-lhe a pretensa função de *vetor substancial capaz de definir qual dos valores conflitantes terá maior peso*.

---

(348) STRECK, Lenio Luiz. *O que é isto – decido conforme minha consciência?* 2. ed. rev. ampl. Porto Alegre: Livraria do Advogado, 2010. p. 20-21.

(349) HABERMAS, Jürgen. *Direito e democracia*: entre facticidade e validade. 2. ed. Tradução Flávio Beno Siebeneichler. Rio de Janeiro: Tempo Brasileiro, 2003. v. I. p. 314-316.

(350) WARAT, Luiz Alberto. *Introdução geral ao direito*. Interpretação da lei. Temas para uma reformulação. Porto Alegre: Sergio Antonio Fabris Editor, 1994. v. I. p. 13-15.

2.14. Ministério Público na condição de decisor da moralidade prevalecente em uma comunidade *órfã*

Este subcapítulo tem indissociável liame com os supostos modelos teóricos de atuação dos Ministérios Públicos como macrossujeito e axiolizante. Por efeito, far-se-ão alguns poucos acréscimos.

O Ministério Público brasileiro recebeu rol extensivo de funções. Para realizá-las adequadamente, foi contemplado com garantias e prerrogativas. Por consequência, houve aumento e sofisticação na sua maneira de atuar. Praticamente em todas as áreas do direito o *Parquet* passou a agir. Essa atuação incrementada chamou a atenção das pessoas, que passaram a enxergar a instituição com admiração e como *tábua de salvação* para solução de todos os conflitos sociais e, até mesmo, dos males em geral da sociedade.

As pessoas, formantes de uma associação e constituintes do Estado brasileiro, por sua vez, em muitos momentos, adotaram conduta de inércia frente aos problemas e às demandas sociais. Omitiam-se em decidir, com total esquecimento de que elas são (ou, ao menos, deveriam ser), a um só tempo, destinatárias e autoras do Direito.

O Ministério Público, com a democratização do Brasil, encontrou uma sociedade órfã, em face da desconstituição de regime autoritário que, por muitos anos, assumiu a função de superego social, instituidor de limites percebidos no dia a dia dos (sub)cidadãos brasileiros. O *déficit* na publicidade de direitos e deveres, a falha educacional das pessoas, o descrédito na mudança, os desmandos no país, o medo de represálias, entre outros fatores, geraram certo conformismo e afastamento da sociedade civil do processo de tomada de decisões de impacto social.

O Ministério Público, nesse paradigma, atua na condição de pai de sociedade orfã[351] e tem o propósito de definir a moral prevalecente na comunidade. O *Parquet,* nessa suposta proposta de atuação, parece acreditar que suas respostas são sempre as melhores, as mais promissoras, e, por isso, merecem o *status* de indiscutibilidade.

Aludido paradigma *contribui para* e *se fortalece da* postura dos indivíduos que se omitem no papel de cidadãos e demonstram desinteresse de participação. Dessa forma, eles acabam delegando, sem reservas, a tarefa de decidir para os representantes constituídos, dentre os quais os presentantes do Ministério Público.

Ausenta-se dessa sociedade órfã a capacidade das pessoas de se submeterem à crítica autônoma[352]. Muitas delas tornam-se dependentes do aval do outro e passam a acreditar que a decisão unilateral de outrem será mais acertada do que a própria. O

---

(351) MAUS, Ingeborg. Judiciário como superego da sociedade. O papel da atividade jurisprudencial na "sociedade orfã". Tradução Martonio Lima e Paulo Albuquerque. *Revista Novos Estudos.* São Paulo: Editora Brasileira de Ciências, n. 58, nov. 2000. p. 183-202, sustenta que a expansão do controle normativo protagonizado pelo Poder Judiciário o projetou na função de defensor da moralidade pública e do superego de uma sociedade órfão. Analogicamente, essa ideia parece poder ser carreada para supostas atuações do Ministério Público.

(352) MAUS, Ingeborg. *Op. cit.,* p. 184-185.

Ministério Público, nessa proposta hipotética, mas muito presente em países de modernidade tardia, assumiria a figura ou imago paterno[353]. Por consequência, o controle normativo confundir-se-ia com o da moralidade e visaria, em última análise, suprir a opinião das pessoas.

Esse suposto modelo de atuação é passível de nascimento, seja pelo voluntarismo de uma instituição, seja pela deficiência de articulação dos atores sociais em geral. Na maioria das vezes, parece que essas duas variáveis existem ao mesmo tempo. Nesse contexto, há terreno propício para atuação do Ministério Público como decididor da moralidade prevalecente, novamente como típico macrossujeito.

Forma-se, portanto, expectativa de que o Ministério Público possa funcionar como instância moral[354], e essa visão passa, às vezes, a ser encarada com naturalidade e até como algo vantajoso por alguns membros do *Parquet* que, talvez, acreditem na superioridade de sua visão de mundo como parâmetro de idealidade. Por efeito, a interlocução com as pessoas, que sofrerão os efeitos do seu agir, tende a ser desprezada.

A interpretação do direito é ato complexo, e o Ministério Público ao aplicá-lo, imperiosamente, terá que interpretá-lo. O direito, como fator complicador, estrutura-se, em muitas ocasiões, em conceitos jurídicos indeterminados[355], como interesse público, bem comum, boa-fé etc. A deficiência de interlocução no processo hermenêutico desses pontos também é passível de acarretar decisões como macrossujeito.

Esse pretenso modelo de atuação do Ministério Público poderá transmudar atuações aparentemente bem intencionadas em atos antidemocráticos, que afetam, sem justificativa normativa, a autonomia das pessoas, como a propositura de ações para proibir a veiculação de músicas, livros e programas de televisão, considerados contrários aos padrões de moralidade definidos pelo promotor-procurador. Obviamente, a análise das circunstâncias do caso concreto até poderá indicar e justificar essa medida, todavia, por razões jurídicas, mas não por razões estritamente morais.

O Ministério Público, sem perder de vista o sistema normativo, não deverá ocupar o lugar dos pais, da família e da autonomia das pessoas. Deverá laborar em juízo de aplicação da norma jurídica, mas, para tanto, deverá despir-se da condição de superego da sociedade. Descabe, pois, funcionar como vetor da moralidade social, conclusão que em nada ofusca ou prejudica a relevante função institucional de defender a Constituição, os direitos individuais indisponíveis e os interesses de relevância social.

2.15. Ministério Público demandista: arena judicial como foco de atuação[356]

O Ministério Público, constitucionalmente, reparte-se em ramos. No plano fático, agrega-se à instituição diversos segmentos informais e, por vezes, desarticulados, condizentes

---

(353) Por analogia à exposição de MAUS, Ingeborg. *Op. cit.*, p. 185, sobre o Poder Judiciário.
(354) MAUS, Ingeborg. *Op. cit.*, p. 190, refere-se ao Poder Judiciário como instância moral.
(355) Com esse apontamento sobre os conceitos jurídicos indeterminados: MAUS, Ingeborg. *Op. cit.*, p. 190.
(356) Esse subcapítulo, com pequenas alterações, foi extraído de: FONSECA, Bruno Gomes Borges da. *Compromisso de ajustamento de conduta.* São Paulo: LTr, 2013. p. 42-47.

com o perfil pessoal de cada (ou grupo de) membro(s). Dentro desse quadro fático, é possível identificar duas vertentes: *Parquet* demandista em contraponto ao resolutivo. Diferenciam-se, essencialmente, pela utilização de estratégias distintas de atuação[357] Analisar-se-á neste subcapítulo o demandista.[358]

A CF/1891 dispunha apenas sobre a escolha do PGR, dentre os ministros do STF (art. 58, § 2º). Havia, desde então, vinculação do Ministério Público ao Poder Judiciário, pois o chefe da instituição era escolhido entre membros da Suprema Corte, e não entre integrantes da carreira do *Parquet*.

A primeira definição dogmática do *Parquet* deu-se com a Lei Complementar n. 40/1981. A CF/1988 apropriou-se de seus termos, porém, com diferencial, explicitador de possível mudança de arquétipo, pois a pretérita lei afirmava que as funções da instituição seriam realizadas no Poder Judiciário (art. 1º).

A CF/1988, ao retirar a expressão *perante o Judiciário*, apresentou significativa modificação e apontou necessidade de o Ministério Público desincumbir-se de suas funções também por mecanismos extrajudiciais. O desenho traçado pelo art. 1º da Lei Complementar n. 40/1981, embora relevante à época, limitava a atuação da instituição por vinculá-la à atividade judicial. Era responsável por defender a ordem jurídica e os interesses indisponíveis apenas na arena judicial.

O Ministério Público demandista orienta-se pela atuação no Poder Judiciário. O membro da instituição atua como agente processual. Na aresta penal, olvida-se da investigação, das causas e consequências da prática criminosa. Atua como autor de ações penais (cuja relevância é indiscutível, mas equivocada ao excluir outros focos de atuação). No cível (sentido não criminal), propõe demandas judiciais e emite pareceres. Seja na condição de instituição agente e interveniente, esse modelo de *Parquet* condiciona-se ao processo judicial. O IC e os demais procedimentos administrativos restringem-se ao objetivo de colher provas para embasar a *judicialização* do conflito[359]. Há, nesse arquétipo, desprezo por métodos extrajudiciais de prevenção e resolução de conflitos. Privilegia-se a atividade repressiva, sancionadora.

O IC, aliás, não deve ser catalogado como fase prévia à ação judicial ou como instrumento pré-processual. É, na realidade, instrumento administrativo de imensa potencialidade que permite a prevenção e a resolução de conflitos metaindividuais e individuais indisponíveis sem acionamento do Poder Judiciário. Inclusive, consideramos que o objetivo precípuo do inquérito é evitar a *judicialização* do conflito e alcançar a resolução extrajudicial do conflito.

---

(357) GOULART, Marcelo Pedroso. *Ministério público e democracia:* teoria e práxis. São Paulo: Editora de Direito, 1998. p. 119-120.

(358) Para aprofundamento acerca da crítica ao paradigma demandista e análise do potencial resolutivo da atuação extrajudicial do Ministério Público: ZENKNER, Marcelo Barbosa de Castro. Ministério Público e Solução Extrajudicial de Conflitos. *In:* ALVES, Carlos Vinícius (Org.). *Ministério Público:* reflexões sobre princípios e funções institucionais. 2. ed. São Paulo: Atlas, 2009. v. 1. p. 317-338.

(359) GOULART, Marcelo Pedroso. *Ministério público e democracia:* teoria e práxis. São Paulo: Editora de Direito, 1998. p. 119-120.

É comum, aos supostos adeptos do paradigma de Ministério Público demandista, a afirmação de que as funções essenciais desenvolvidas pela instituição ocorrem, primordialmente, no processo e perante os juízes e tribunais[360]. Mesmo em estudos acerca do *Parquet* de outros países, a asseveração nesse sentido é recorrente, como acontece em relação ao Ministério Público italiano[361].

A formação de modelo teórico de atuação demandista é um ranço da história do Ministério Público brasileiro e também uma dificuldade dos membros da instituição em atuarem para além do Poder Judiciário. Embora reconheçamos, por outro lado, a dificuldade de buscar composições extrajudiciais, em razão da visão de certos advogados e partes, ainda não familiarizados com tal prática.

O paradigma do Estado liberal conformou o direito de acesso à justiça como possibilidade formal de propor demanda no Poder Judiciário[362]. O único caminho, inclusive ao Ministério Púbico, era a utilização de ações judiciais. Opções extrajudiciais eram desconsideradas. Por superestimar a liberdade, desfavoreceu a presença de corpos intermediários, atuantes como atores na solução de conflitos. A função do juiz, ademais, foi reduzida à de mera *boca da lei*, em razão da vinculação do aparelho judicial à interpretação formalista da legislação.

No paradigma do Estado social houve flexibilização de obstáculos de acesso à justiça e preocupação com o resultado do processo. O princípio dispositivo foi relativizado. Ascendeu a ideia de processo instrumental. Todavia, o Poder Judiciário, ainda, foi considerado a arena de atuação do Ministério Público por excelência.

Nos dois períodos, prevaleceu a tutela de direitos individuais; as ações contemplavam pretensões singulares. A tradição de privilegiar o direito individual, encontrada no Direito Romano, foi realçada pela Revolução Francesa. Somente após a Segunda Guerra Mundial ocorreu mudança de arquétipo e a coletivização de conflitos[363]. A necessidade de atrelar-se o direito subjetivo a titular determinado impediu que interesses coletivos pudessem ser juridicamente tutelados[364].

Em virtude desse contexto, o Ministério Público adotou (e ainda adota), por muito tempo, modelo de atuação demandista, focado na propositura de ações, em vez da resolução dos problemas, preferencialmente, na seara extrajudicial.

2.16. Ministério Público de gabinete: dificuldade de interação[365]

O Ministério Público, como visto, reparte-se em ramos. No plano fático, agregam-se à instituição diversos segmentos informais e, por vezes, desarticulados, condizentes com

---

(360) CINTRA, Antonio Carlos de Araújo; GRINOVER, Ada Pelegrini; DINAMARCO, Cândido Rangel. *Op. cit.*, p. 211.
(361) CHIOVENDA, Giuseppe. *Op. cit.*, p. 106.
(362) CAPPELLETTI, Mauro; BRYANT, Garth. *Acesso à justiça*. Tradução Elllen Gracie Northfleet. Porto Alegre: Sergio Antonio Fabris, 1998. p. 9.
(363) FIORILLO, Celso Antonio Pacheco. *Curso de direito ambiental brasileiro*. 8. ed. São Paulo: Saraiva, 2007. p. 3.
(364) WATANABE, Kazuo. Capítulo I. Disposições gerais. *In*: GRINOVER, Ada Pellegrini *et al*. *Código brasileiro de defesa do consumidor*: comentado pelos autores do anteprojeto. 8. ed. São Paulo: Forense Universitária, 2004. p. 800.
(365) Alguns trechos, teorizações e citações constantes deste subcapítulo foram extraídos de: FONSECA, Bruno Gomes Borges da. *Compromisso de ajustamento de conduta*. São Paulo: LTr, 2013.

o perfil pessoal de cada (ou grupo de) membro(s). Têm-se, por exemplo, os promotores-procuradores de gabinete em contraposição aos de fato[366]. Estes enfatizam a realização de inspeções e atuam como articuladores sociais em perspectiva externa, enquanto aqueles laboram enclausurados no gabinete à luz de visão eminentemente introspectiva.

A permanência do membro do Ministério Público no gabinete das promotorias-procuradorias, induvidosamente, é necessária. A crítica a esse modelo de atuação dirige-se à instrospecção institucional, ilustrada pela prática de tornar o gabinete o único local de labor do promotor-procurador.

O membro do Ministério Púbico deve sair de seu gabinete e interagir com os demais colegas e com outros setores da promotoria-procuradoria, como a Secretaria, a Recepção, o Setor de atermação de notícias de fato, e utilizar, dentro da repartição pública, locais como as salas de audiência e reunião.

O membro do Ministério Público deve sair de seu gabinete e da promotoria-procuradoria. A instituição deve atuar estrategicamente e articular-se com demais entidades públicas, sociedade civil e pessoas[367].

A atuação do Ministério Público extrapola os limites dos gabinetes. Como ator, social e político, cabe debater e promover a discussão, aproximar-se das pessoas e de outros organismos estatais e privados. Escutar argumentos, apresentar propostas e prestar contas de atividades desenvolvidas. Essa afinidade abstém-se de arranhar a autonomia e independência funcionais e, na realidade, visa renovar, em cada contexto, a legitimidade institucional decorrente da Constituição.

O membro do Ministério Público, dentro do possível, deverá participar de eventos afetos à sua área de atuação, seja na condição de ouvinte, seja na condição de palestrante. Integrar, como convidado ou ouvinte, comitês, grupos interinstitucionais, grupos de trabalho, comissões, enfim, articular-se em prol do desenvolvimento de suas atividades.

Na colheita de provas decorrente da instauração de IC, dentro do possível, o membro do Ministério Público deverá ir além da mera requisição de documentos e informações. Deverá designar audiência para interrogar os indiciados e ouvir testemunhas. Deverá também fazer inspeções no local do dano com objetivo de obter informações, conhecer o quadro fático e contextualizar sua atuação, entre outras medidas.

2.17. Considerações parciais

Este capítulo revisitou determinados paradigmas e concepções teóricas com objetivo de recuperar suas características principais e vinculá-las, ainda que superficialmente, a suposta(s) maneira(s) de atuar do Ministério Público, tanto no plano individual, quanto institucional.

---

(366) SILVA, Cátia Aida. *Justiça em jogo*: novas facetas da atuação dos promotores de Justiça. São Paulo: Editora da Universidade de São Paulo, 2001. p. 71.
(367) GOULART, Marcelo Pedroso. *Ministério público e democracia*: teoria e práxis. São Paulo: Editora de Direito, 1998. p. 119-120, 90 e 104-105.

Temos, agora, uma interessante pista no sentido de que os diversos paradigmas e marcos teóricos subjacentes aos membros do Ministério Público são constitutivos da maneira de agir da instituição, que nem sempre caminha uniformemente. Esse ponto, em tese, potencializaria o princípio da independência funcional.

Essa ideia era esperada. No próximo capítulo, exporemos nossos paradigmas e marcos teóricos e proporemos a construção de um Ministério Público democrático e resolutivo a partir de desejável equilíbrio entre unidade e independência, sem perder de vista o estado de tensão desses dois princípios.

Esses hipotéticos modelos teóricos de atuação do Ministério Público parecem divergir quanto ao papel do Direito na sociedade. Abordar-se-á também esse ponto no próximo capítulo. Veremos que os paradigmas analisados, em menor ou maior grau, situaram-se fora das noções teóricas de um pensamento pós-metafísico, da filosofia da linguagem pragmática e como condição de possibilidade da intersubjetividade, da democracia e do movimento pós-positivista. Tentaremos reconstruir, celeremente, esses marcos em um eixo comum com desiderato de justificar nossa posição.

Capítulo 3

Ministério Público Brasileiro Democrático e Resolutivo: (Re)Construção Institucional à Luz do Atual Paradigma Constitucional

A CF/1988 foi um dos mais bem-sucedidos empreendimentos institucionais da história brasileira[368]. Inaugurou novo paradigma (Estado democrático de direito) e esse novo marco aponta para uma (re)leitura da maneira de atuar do Ministério Público brasileiro.

Este capítulo, inicialmente, formulará, em linhas gerais, apontamentos nos quais haverá aproximação de bases teóricas compatibilizadas com o paradigma do Estado democrático de direito, capazes de municiar e renovar o Ministério Público brasileiro.

Abordará outrossim a crise de paradigmas e o papel do ensino jurídico, concomitantemente conservador e transformador, a depender da perspectiva na qual é realizado. Além disso, utilizará, de forma produtiva, esse aparente paradoxo entre unidade e independência, em prol da construção de um Ministério Público democrático e resolutivo.

3.1. Pensamento pós-metafísico, filosofia da linguagem, intersubjetividade, teorização democrática do direito e pós-positivismo: eixos temáticos oxigenadores da construção de um novo modo de atuação do Ministério Público[369]

Este subcapítulo aproximará, em perspectiva macro, eixos temáticos unificadores de bases teóricas distintas, sem perder de vista a leitura teórica adotada para a resolução do problema deste livro.

A invocação da teorização de Jürgen Habermas implica lembranças imediatas e muito particulares, como: razão e agir comunicativos, democracia, teoria discursiva do

---

(368) BARROSO, Luís Roberto. *Op. cit.*, p. 68.

(369) Alguns trechos, teorizações e citações constantes deste subcapítulo foram extraídos de: FONSECA, Bruno Gomes Borges da. *Compromisso de ajustamento de conduta*. São Paulo: LTr, 2013; FONSECA, Bruno Gomes Borges da. Direitos humanos e fundamentais: pontos e contrapontos. *In:* SANTOS, Élisson Miessa; CORREIA, Henrique (Coord.). *Estudos aprofundados*: ministério público do trabalho. Salvador: Editora jusPodivm. 2013. p. 216-220; FONSECA, Bruno Gomes Borges da. Diferenças entre regras e princípio na perspectiva da teoria de Ronald Dworkin. *In:* KROHLING, Aloísio; FERREIRA, Dirce Nazaré de Andrade (Coord.). *Filosofia do direito:* novos rumos. Curitiba: Juruá, 2012. p. 143-158; COURA, Alexandre de Castro; FONSECA, Bruno Gomes Borges da. Reflexões acerca dos direitos fundamentais a partir da tensão entre Estado de Direito e Democracia em Jürgen Habermas. Revista do Instituto de Hermenêutica Jurídica (RIHJ). Ano 11, n. 13. Belo Horizonte: Fórum, 2013. p. 29-50.

direito, *procedimentalismo*. Todavia, é possível laborar suas concepções em esquemas mais abrangentes, com o alerta de que toda classificação (ou rotulação) gera risco de desvirtuar institutos, encolher suas características e promover indevidas generalizações. A abordagem, contudo, conscientemente, assumirá essa responsabilidade e buscará tipos ideais, por similitudes, associações e aproximações[370].

Para refutar as ideias metafísicas, as concepções da filosofia do sujeito, os mitos do positivismo jurídico e teorizações aliadas a mecanismos autoritários e de desrespeito aos direitos de uma comunidade, parece possível aproximar propostas sobre as funções do paradigma, da tradição, da hermenêutica, da razão e, juridicamente, do movimento pós-positivista, sem, contudo, olvidar serem correntes que partem de premissas próprias, que apresentam diferenças.

No entanto, essa forma de abordagem parece possível tendo em vista linhas de interseção entre o reconhecimento de paradigmas, da historicidade (tradições), da filosofia hermenêutica e da linguagem pragmática, da continuidade da centralidade da razão em seu grau mais avançado e do movimento pós-positivista. Nesse sentido, há de se considerar, ainda, o desiderato comum de combate ao autoritarismo, de crítica à metafísica e ao positivismo jurídico, de superação da filosofia da consciência, bem como do propósito de emancipação, libertação ou autonomia das pessoas.

Afinados com essa proposta, faremos célere abordagem dessas concepções filosóficas, sobredudo nos pontos de aproximação, com propósito de propiciar pano de fundo preparador à resolução do problema desta pesquisa[371].

A palavra *paradigma* indica valores, crenças e técnicas partilhados por membros de uma comunidade e soluções empregadas como modelos para substituir regras e equacionar outros problemas apresentados pela ciência[372]. Age como pano de fundo[373] interpretativo e permite explicar o desenvolvimento científico como um processo de rupturas no qual um paradigma antigo é substituído pelo mais novo[374]. O seu sentido, ademais, com a ideia de Constituição, reporta-se ao consenso fundamental de uma comunidade política relativamente a princípios, valores e ideias diretivas que servem de padrões jurídicos[375].

A ideia de paradigma, inegavelmente, padece de óbvias simplificações[376]. É válida, porém, por permitir a seleção e o delineamento de visões de mundo em determinados

---

(370) WEBER, Marx. *Op. cit.*, p. 79 e 200.
(371) Por didatismo, em parte, repetiremos algumas teorizações sobre o paradigma expostas anteriormente.
(372) KUHN, Thomas S. *Op. cit.*, p. 220.
(373) HABERMAS, Jürgen. *Direito e democracia*: entre facticidade e validade. 2. ed. Tradução Flávio Beno Siebeneichler. Rio de Janeiro: Tempo Brasileiro, 2003. v. II. p. 131.
(374) KUHN, Thomas S. *Op. cit.*, p. 125-127.
(375) CANOTILHO, J.J. Gomes. *Op. cit.*, p. 1438.
(376) O paradigma materializa uma síntese de convicções comuns: HABERMAS, Jürgen. *Direito e democracia:* entre facticidade e validade. 2. ed. Tradução Flávio Beno Siebeneichler. Rio de Janeiro: Tempo Brasileiro, 2003. v. II. p. 130.

contextos[377], bem como as teorizações subjacentes a uma decisão tomada, inclusive pelo Ministério Público.

Em decorrência dessa teorização, é possível distinguir paradigmas de Estado, tais como o pré-moderno, o liberal, o social e o democrático de direito. Em cada tipo, vigorou modelo distinto, com pressupostos próprios no que se referem à tomada de decisões[378].

A vida em sociedade, por sua vez, impõe obrigações associativas ou comunitárias e o direito acaba por sufragar esses valores ao insistir que as proposições jurídicas são opiniões interpretativas, que combinam elementos volvidos tanto ao passado quanto ao futuro, como uma política em processo de desenvolvimento, porque o modo de viver gregário exige fidelidade[379]. A tradição, decerto, patenteia uma natureza ritual ou simbólica que almeja inculcar certos valores e normas de comportamento pela repetição e implica continuidade do passado[380].

Esse vínculo formador das tradições, naturalmente, gerará corolários no sentido e no papel do Direito e das práticas sociais dele decorrentes em cada sociedade. Nesse contexto, cada decisão, às vezes involuntariamente, materializará seu propósito integrador e como etapa presente em determinado tempo histórico.

A interpretação construtiva do direito, por sua vez, parece capaz de transcender patamar estritamente estático e convencional, por requerer interpretação contínua, contextualizada e argumentativa das práticas sociais, em constante caminhar[381].

Dessa proposta do direito como integridade surge a noção de *romance em cadeia*, ideia retórica empregada por Dworkin acerca de projeto no qual um grupo de romancistas escreverá um romance em série. Cada um receberá o capítulo do antecessor e terá que redigir o seguinte, da melhor maneira possível, de forma a constituir romance único, formado por todo o material recebido. Essa tarefa reproduz, ludicamente, a complexidade de decidir um caso difícil[382].

Essa maneira de enxergar a interpretação do direito é similar à interpretação artística, porque ambas interpretam algo criado pelas pessoas, em busca da melhor prática possível. Essa proposta não se preocupa com o que as pessoas dizem, como interpretar a conversação (ligada à intenção), ou dados que não foram criados pelas pessoas como na interpretação científica[383].

---

(377) CARVALHO NETTO, Menelick. Requisitos pragmáticos da interpretação jurídica sob o paradigma do estado democrático de direito. *Revista de Direito Comparado*. Pós-graduação da faculdade de direito da Universidade Federal de Minas Gerais. Mandamentos: Belo Horizonte, v. 3, maio 1993. p. 476.

(378) É o que, ilustrativamente, fez CARVALHO NETTO, Menelick. *Op. cit.,* p. 475-486.

(379) DWORKIN, Ronald. *O império do direito*. 2. ed. Tradução Jefferson Luiz Camargo. São Paulo: Martins Fontes, 2007. p. 231, 237 e 271.

(380) HOBSBAWN, Eric. Introdução: a invenção das tradições. *In:* HOBSBAWM, Eric; RANGER, Terence (Org.). *A invenção das tradições*. Tradução Celina Cardim Cavalcante. Rio de Janeiro: Nova Fronteira, 2012. p. 12.

(381) DWORKIN, Ronald. *O império do direito*. 2. ed. Tradução Jefferson Luiz Camargo. São Paulo: Martins Fontes, 2007. p. 60.

(382) *Ibidem*, p. 275-276.

(383) *Ibidem*, p. 61-65.

O processo interpretativo, portanto, pauta-se pela mobilidade fundamental da *pré-sença*, que se perfaz pela sua finitude e historicidade. Sempre há um projetar, uma leitura iniciada a partir de certas expectativas e na perspectiva de sentido determinado, isto é, um pré-conceito. Essa opinião prévia de conteúdo é constituinte da nossa *pré--compreensão*[384].

Quando argumentamos, não partimos de um ponto zero, mas o fazemos em uma situação histórica determinada no mundo da vida. Assim, junto ao *a priori* argumentativo, encontraremos o *a priori* situacional. Haverá, então, uma facticidade existencial do ser no mundo e seu envolvimento com a historicidade da razão[385].

A ausência de neutralidade, sob outro ângulo, parece valorizar o subjetivismo, como apresentado, à primeira vista, por Jean-Paul Sartre ao asseverar que o subjetivismo é o ponto de partida, pois a existência precede a essência[386]. Hans-Georg Gadamer, entretanto, diferente do que a princípio possa transparecer, com base nas ideias de Martin Heidegger sobre a temporalidade do ser e de sua visão prévia[387], destaca que a consciência histórica, concretizada em *pré-conceitos* e opiniões prévias, não consiste simplesmente em deduzir o que a ela se atribuiu de antemão[388], mas sim materializa a finitude e a historicidade da nossa *pré-compreensão*, até porque a intersubjetividade é condição de possibilidade da subjetividade[389].

E para escapar do circuito fechado de nossas opiniões prévias é imprescindível a abertura à opinião do outro. O reconhecimento do caráter essencialmente preconceituoso de toda compreensão é que permitirá a agudeza do problema hermenêutico[390]. Além disso, o projetar de novo é constante e, por efeito, capaz de (novamente) compreender e interpretar[391].

A linguagem passa, assim, a ser constitutiva do ser ao abarcar a consciência *pré--hermenêutica* e todas as formas de consciência hermenêutica como condição de possibilidade.

---

(384) GADAMER, Hans-Georg. *Verdade e método I:* traços fundamentais de uma hermenêutica filosófica. 11. ed. Tradução Flávio Paulo Meurer. Petrópolis: Vozes/Editora Universitária São Francisco, 2011. p. 16, 21-22, 356-357 e 360.

(385) HERRERO, F. Javier. Ética do discurso. *In:* OLIVEIRA, Manfredo A. de (Org.). *Correntes fundamentais da ética contemporânea.* 4. ed. Petrópolis: Vozes, 2009. p. 175.

(386) *Op. cit.,* p. 18. A filosofia de Sartre repele a filosofia antiga que apostava em uma essência de natureza humana no homem: *Op. cit.,* p. 18-20.

(387) HEIDEGGER, Martin. *Ser e tempo.* 6. ed. Tradução revisada Marcia Sá Cavalcante Schuback. Petrópolis: Vozes/Editora Universitária São Francisco, 2012. p. 304 e 307.

(388) GADAMER, Hans-Georg. *Verdade e método II:* complementos e índice. 2. ed. Tradução Enio Paulo Giachini. Petrópolis: Vozes/Editora Universitária São Francisco, 2004. p. 77.

(389) GARAPON, Antoine; GROS, Frédéric; PECH, Thierry. *Punir em democracia e a justiça será.* Lisboa: Instituto Piaget, 2001, 130; HABERMAS, Jürgen. *A ética da discussão e a questão da verdade.* 2. ed. Tradução Marcelo Brandão Cipolla. São Paulo: Martins Fontes, 2007. p. 11-13.

(390) GADAMER, Hans-Georg. *Verdade e método I:* traços fundamentais de uma hermenêutica filosófica. 11. ed. Tradução Flávio Paulo Meurer. Petrópolis: Vozes/Editora Universitária São Francisco, 2011. p. 357-358 e 360.

(391) GADAMER, Hans-Georg. *Verdade e método II:* complementos e índice. 2. ed. Tradução Enio Paulo Giachini. Petrópolis: Vozes/Editora Universitária São Francisco, 2004. p. 75.

É pela linguagem pragmática, portanto, que algo é apresentado[392], isto é, aquela que avança sobre as fases anteriores da linguagem (sintática e semântica) para incluir a relação dos sinais com os sujeitos e com o uso[393]. Luiz Alberto Warat explicita: "Acontece que o processo de significação das palavras depende não só das relações internas dos signos de uma língua, mas de uma série de relações evocativas provenientes dos contextos de uso. [...]"[394].

Os textos normativos, por manifestarem-se na forma de um tipo de linguagem (textual)[395], por mais pontuais e bem redigidos que possam ser, sempre darão margem a uma vagueza, a ambiguidade e uma textura aberta (algo típico da linguagem, aliás). Há limite, portanto, à natureza da linguagem. Uma placa, por exemplo, proibitiva da entrada de veículos encontra campos aplicadores bem facilitados, como a proibição de ingresso de automóveis de passeio, ônibus e motocicletas; contudo, outras situações fáticas serão polêmicas, como a admissão de bicicletas, skates e pessoas de patins[396].

O reconhecimento da *pré-compreensão* afasta o mito da neutralidade da interpretação do Direito. Haverá, inclusive, uma visão prévia sobre o sentido e o papel do Direito. O relevante é reconhecer esse *pré-conceito* e pô-lo em xeque em plano de inter-relação dentro da linguagem pragmática. Aos defensores da manutenção da centralidade da razão, consequentemente, cabe avançar para interação das idiossincrasias.

Immanuel Kant, nesse caminho, talvez involuntário, constrói sistema filosófico no qual analisou as possibilidades da razão. Assim, a inicial indagação refere-se à possibilidade de conhecimento independentemente da experiência e das impressões de sentido. Em outro dizer, é possível o conhecimento *a priori* (razão pura) ou somente *a posteriori* (razão prática)[397].

Kant reconhece a existência de conhecimentos adquiridos por conceitos que não podem ser fornecidos pela experiência em virtude da sua transcendência ao mundo sensível. A forma pura das intuições sensíveis em geral encontra-se *a priori* no espírito, enquanto o conhecimento *a posteriori* é responsável pelo conhecimento decorrente da experiência, sendo um dependente do outro[398]. Assim, revigorou a metafísica e, de certo modo, conciliou as correntes racionalistas e empiristas, ao reconhecer uma espécie de *razão pura-prática*.

---

(392) GADAMER, Hans-Georg. *Verdade e método I:* traços fundamentais de uma hermenêutica filosófica. 11. ed. Tradução Flávio Paulo Meurer. Petrópolis: Vozes/Editora Universitária São Francisco, 2011. p. 16 e 497.

(393) HERRERO, F. Javier. Ética do discurso. *Op. cit.*, 166. A guinada pragmática da linguagem ocorre em: WITTGENSTEIN, Ludvig. *Investigações filosóficas.* 6. ed. Tradução Marcos G. Montagnoli. Petrópolis: Vozes, 2009.

(394) WARAT, Luiz Alberto. *Introdução geral ao direito.* Interpretação da lei. Temas para uma reformulação. Porto Alegre: Sergio Antonio Fabris, 1994. v. I. p. 126.

(395) Além do texto, existem outras formas de linguagem (significantes): oral, gestual, pictória e quaisquer outras formas comunicacionais utilizadas pelos seres humanos: ADEODATO, João Maurício. Uma teoria retórica da norma jurídica e do direito subjetivo. São Paulo: Noeses, 2011. p. 10. O silêncio também parece compor esse rol.

(396) HART, H. L. A. *Op. cit.*, p. 164.

(397) KANT, Emmanuel [sic]. *Crítica da razão pura.* Tradução J. Rodrigues de Mereje. 9. ed. Rio de Janeiro: Ediouro, [19- -?]. p. 21.

(398) *Ibidem,* p. 25 e 42-43.

Com a introdução da razão prática, diferentemente da razão pura que se ocupa da faculdade de conhecer, há preocupação com os fundamentos determinantes da vontade e, conseguintemente, com a liberdade. A razão *prática-pura* é regida por uma lei fundamental segundo a qual a pessoa deverá agir de tal modo que a máxima da sua vontade possa valer como princípio universal constituidor de um imperativo categórico, isto é, um dever ser no qual a razão é capaz de determinar a vontade. Essa lei universal é a lei moral *kantiana* calcada na autonomia da vontade[399].

Essa regra *kantiana*, da faculdade de julgar sob leis da razão *prática-pura,* é sintetizada em indagação volvida ao perguntante, que deverá concluir se considera determinada ação moralmente boa, inclusive caso aplicada a ele como parte[400]. Desse modo, máximas seriam aceitáveis como leis universais *sob meu ponto de vista*[401].

Jürgen Habermas recupera, parcialmente, a filosofia de Kant por considerá-la, de certa maneira, ambígua, pois, embora labore em uma epistemologia da consciência, somente desenvolver-se-á plenamente em uma estrutura intersubjetiva[402]. A razão comunicativa proposta por Habermas, contudo, avança sobre as concepções da razão pura e prática. Ela centra sua racionalidade no *medium* linguístico, formador de interações e maneiras de vida. Esquiva-se, porém, como fonte de normas de agir, por não ser imediatamente informativa. Sua normatividade cinge-se aos pressupostos participativos e, como fio condutor, permite a recuperação de discursos preparatórios da decisão[403].

O agir comunicativo apropria-se da linguagem como meio transmissor de informações com objetivo de integração social. As forças *ilocucionárias* das ações de fala assumem papel coordenador na ação. Atores, na condição de falantes e ouvintes, tentam negociar interpretações por processos de entendimento[404] nos quais visões de mundo distintas são entrecruzadas.

Habermas, portanto, almeja institucionalizar, pelo direito, procedimentos comunicativos de criação e aplicação de normas jurídicas. Discursos morais, éticos, políticos, pragmáticos e jurídicos, formulados por argumentos, seriam tematizados e abertos ao debate[405].

O neoconstitucionalismo ou pós-positivismo[406], por sua vez, é fruto de movimento percebido, no Brasil, após a promulgação da CF/1988, sob o paradigma do Estado

---

(399) KANT, Immanuel. *Crítica da razão prática.* Tradução Valério Rohden. São Paulo: Martins Fontes, 1993. p. 55-56, 69, 103, 107 e 111.

(400) *Ibidem,* p. 239-240.

(401) HABERMAS, Jürgen. *A ética da discussão e a questão da verdade.* 2. ed. Tradução Marcelo Brandão Cipolla. São Paulo: Martins Fontes, 2007. p. 10.

(402) *Ibidem,* p. 13.

(403) HABERMAS, Jürgen. *Direito e democracia:* entre facticidade e validade. 2. ed. Tradução Flávio Beno Siebeneichler. Rio de Janeiro: Tempo Brasileiro, 2003. v. I. p. 20-21 e 25.

(404) *Ibidem,* p. 36.

(405) *Ibidem,* p. 41.

(406) Ao longo deste livro, o tema do pós-positivismo foi trabalhado em outros subcapítulos, inclusive com a definição de princípios e regras e as concepções de Dworkin e Alexy. Por efeito, agora, faremos apenas comentários adicionais e, novamente, volveremos ao tema à frente, sempre em perspectivas distintas.

democrático de direito e na perspectiva de uma Constituição recheada de direitos fundamentais e princípios jurídicos.

Esse movimento é circunscrito por vários outros fenômenos: (i) constitucionalização do direito com repercussão dos direitos fundamentais em todos os demais ramos da ciência jurídica; (ii) reconhecimento da força normativa de princípios e sua valorização no momento de aplicação do direito; (iii) rejeição ao formalismo e recurso a técnicas interpretativas mais flexíveis (ponderação, tópica, retórica, teoria da argumentação, teoria discursiva etc.); (iv) reaproximação do Direito com a Moral; (v) reaproximação do Direito com a Filosofia; (vi) valorização do papel do Tribunal Constitucional, que passa a apreciar e decidir questões vitais aos coassociados de um Estado, entre outras características[407].

O pós-positivismo engloba, ainda, certas teorias estruturadas em torno da crítica ao positivismo e normativismo jurídicos[408]. Estes compatibilizam-se com ideias de neutralidade, objetividade e sistema pautado apenas no reconhecimento de regras, o que compromete a hermenêutica jurídica e oportuniza decisões metafísicas, solipsistas, meramente subjetivas, discricionárias e inadequadas à luz do direito posto.

O enunciado normativo (ou texto normativo), segundo o movimento do pós--positivismo, é inconfundível com a norma jurídica[409]. Esta decorre daquele e é o seu significado, após processo interpretativo[410]. O texto jurídico pode adotar, minimamente, dois padrões distintos: regras e princípios. Ao contrário do que possivelmente sustentariam os positivistas, regras e princípios são obrigatórios e, desse modo, o juiz estaria compelido a observá-los[411].

Ronald Dworkin foi um dos precursores na distinção entre regras e princípios. Divide causas pela (suposta) facilidade de decisão. Nos *easy cases*, parece possível asseverar que o juiz aplica regra pré-existente. Nos *hard cases*, contudo, o emprego de princípios é indispensável[412].

Para aclarar a distinção entre regras e princípios, Dworkin analisa julgamentos realizados pelo Poder Judiciário nos Estados Unidos da América. Cita o caso *Riggs versus Palmer*, ocorrido em 1889, no qual o Tribunal de Nova Iorque teve que decidir se herdeiro nomeado por testamento de seu avô poderia herdar, malgrado tivesse assassinado esse avô para antecipar o recebimento da herança. Na época do caso, inexistia regra que

---

(407) Em sentido próximo: SARMENTO, Daniel. O neoconstitucionalismo no Brasil: riscos e possibilidades. *In:* QUARESMA, Regina; OLIVEIRA, Maria Lúcia de Paula; OLIVEIRA, Farlei Martins Riccio de (Coords.). *Neoconstitucionalismo.* Rio de Janeiro: Forense, 2009. p. 267-268.

(408) O livro *Levando os direitos a sério* enquadra-se nesse movimento pós-positivista ao objetivar combater a teoria dominante do direito, o positivismo jurídico: DWORKIN, Ronald. *Levando os direitos a sério.* Tradução Nelson Boeira. São Paulo: Martins Fontes, 2007, introdução.

(409) MÜLLER, Friedrich. *Métodos de trabalho do direito constitucional.* Tradução Peter Naumann. 2. ed. São Paulo: Max Limonad, 2004. p. 53.

(410) ALEXY, Robert. *Op. cit.,* p. 53-54.

(411) DWORKIN, Ronald. *Levando os direitos a sério.* Tradução Nelson Boeira. São Paulo: Martins Fontes, 2007. p. 46-47 e 59.

(412) *Ibidem*, p. 8.

previa a exclusão do herdeiro nessa hipótese. Mesmo assim, o Poder Judiciário decidiu que o assassino não receberia a herança, com base em princípios jurídicos[413].

O outro caso referido é *Henningsen* contra *Bloomfield Motors*, de 1969, no qual o Tribunal de Nova Jérsei condenou fabricante que cingiu contratualmente sua responsabilidade em caso de veículo defeituoso, o que excluiria a hipótese indenizatória pleiteada. No caso, inexistia qualquer lei que proibisse a limitação da garantia. Mesmo assim, a corte concordou com a argumentação do postulante ao acolher rogo indenizatório. Utilizou como um dos argumentos o fato de que a liberdade de contratar é limitada, as cláusulas contratuais devem ser equitativas e que os tribunais não devem ser manejados como instrumentos de injustiça[414].

Em ambos os casos, a situação foi equacionada por aplicação de princípios. No primeiro (*Riggs* versus *Palmer*), malgrado análise restrita às regras pudesse justificar conclusão de que a ordem testamental seria absoluta, o tribunal entendeu cabível aplicação de princípio geral do direito justificante de decisão em sentido contrário, diante das peculiaridades daquele caso concreto. Como fundamento jurídico para exclusão do herdeiro que assassinou o autor da herança, foi aplicado o princípio segundo o qual ninguém deve se beneficiar de sua própria torpeza. No segundo (*Henningsen* versus *Bloomfield Motors*), a corte, ao se valer, também de princípios jurídicos, relativizou cláusulas contratuais que eximiam o fabricante da garantia, ao reconhecer obrigação de o fornecedor assegurar idoneidade do produto pelos riscos potenciais à sociedade.

A concepção restritiva do modelo fechado de regras levaria, provavelmente, a decisões distintas em tais casos. Em *Riggs* versus *Palmer*, a corte reconheceria o direito de herança do assassino do testador. Em *Henningsen* versus *Bloomfield Motors*, diante da liberdade contratual e da cláusula limitadora de responsabilidade do fabricante do veículo, o adquirente do produto teria seu pleito negado. Seriam essas, talvez, as respostas do positivismo jurídico.

O redimensionamento da concepção de ordenamento jurídico, com a introdução dos princípios na argumentação, permite que dois importantes pilares sejam conciliados na tarefa de decidir: a segurança jurídica, como observância ao direito preestabelecido, e a justiça-legitimidade da decisão, pela adequação hermenêutica do sentido do texto, geral e abstrato, às peculiaridades do caso concreto. Esse parece ser o papel fundamental dos princípios na construção de argumentação jurídica consistente e racionalmente fundada nos fatos em questão.

A argumentação decorrente do reconhecimento normativo dos princípios diante dos *casos difíceis* conspira para amenização do poder discricionário conferido pelo positivismo jurídico ao órgão decisório. Daí a relevância da fundamentação sempre vinculada ao direito vigente e à análise das circunstâncias do caso concreto.

---

(413) DWORKIN, Ronald. *Levando os direitos a sério*. Tradução Nelson Boeira. São Paulo: Martins Fontes, 2007. p. 37.
(414) *Ibidem*, p. 38-39.

A generalização do texto normativo não permite prévio posicionamento sobre todas as futuras possibilidades de aplicação. Será imprescindível trabalho interpretativo--construtivo de buscar o mais convincente argumento pautado pelo Direito e pelas circunstâncias do caso analisado, com a consideração de que, como evento histórico, a causa apreciada é única e irrepetível.

A resposta com pretensão de adequabilidade, portanto, não será apenas o ponto de chegada da interpretação, muito menos poderá ser reduzida a um conteúdo previamente fixado, supostamente imanente ao direito. Dependerá muito mais do alinhamento constitucional dos pressupostos e dos procedimentos de participação subjacentes à construção da decisão, fruto da interpretação do ordenamento em vigor à luz da situação concreta de aplicação.

As partes, os demais interessados, o advogado, o defensor público, o juiz e o Ministério Público apresentarão suas pretensões de correção. Todos, convergentes ou em franca divergência, almejarão resposta adequada às circunstâncias do caso concreto. A conclusão deverá ser construída argumentativamente e justificada à luz do direito como a melhor prática em torno do devido processo constitucional.

As ideias de paradigma, temporalidade, tradição, hermenêutica, razão comunicativa, todas em torno de um pensamento pós-metafísico, da filosofia da linguagem, da imprescindibilidade da intersubjetividade, do movimento pós-positivista e da almejada legitimidade do Direito, embora oxigenadas por matrizes teóricas diversas, permitem, nessa proposta, relativa associação e parecem contribuir para desvelar *mitos* presentes no Direito e na atuação do Ministério Público.

Todos esses apontamentos serão recuperados no decorrer dos próximos capítulos e subcapítulos, como fios condutores, em busca de encontrar um ponto de equilíbrio entre unidade e independência funcional e alicerces sólidos para a construção do Ministério Público democrático e resolutivo. Nossa proposta partirá do marco teórico *habermasiano*, sem, porém, abster-se, como antes alertado, de associativismos e aproximações.

3.2. Ministério Público e(m) crise? Ou crise de paradigmas? O papel do ensino jurídico nesse contexto[415]

O Ministério Público, como um dos canais de acesso à justiça no sistema jurídico brasileiro, estaria em crise? Ou conviveria com uma crise paradigmática?

A nossa resposta é negativa. A instituição encontra respaldo constitucional e popular no exercício de suas atividades, mas, concomitantemente, enfrenta cerrada resistência de setores poderosos, incomodados com o exercício do controle de juridicidade empreendido pela instituição, sobretudo no combate à dilapidação do patrimônio publico. Esse processo dialético parece normal e inevitável.

---

(415) Alguns trechos, citações e informações constantes deste subcapítulo foram extraídos de: FONSECA, Bruno Gomes Borges da. Um olhar transdisciplinar sobre as(in)consequências das vestes formais dos profissionais do direito. In: FRANCISCHETTO, Gilsilene Passon P. (Org.). *Um diálogo entre ensino jurídico e* pedagogia. Curitiba: CRV, 2011. p. 85-88.

Existe, na realidade, uma crise paradigmática instalada no seio social que, naturalmente, espraia-se pelos presentantes do *Parquet* e, por conseguinte, gera efeito institucional. Por isso, parece mais adequada a elocução *Ministério Público e crise, e não em* crise.

A interpretação e aplicação do Direito refletem uma disputa de paradigmas[416]. Estes acabam por delimitar um modelo de sociedade e como o Direito será criado e aplicado para cumprir as funções normativamente atribuídas ou, em outro dizer, conferem orientação ao projeto geral de concretização de uma associação de parceiros do direito, livres e iguais[417].

Essa crise de paradigmas, porém, em muitas ocasiões, é enfrentada de sorte superficial, enquanto mera disputa de interpretações profissionais sobre o direito vigente. Outras vezes, é formada por confronte de sistemas representacionais do que a sociedade entende por justo[418]. A busca pelo paradigma deverá verticalizar-se em busca de sinalizações subjacentes a certas práticas.

Há uma teoria social, como pano de fundo não temático, que deverá ser considerada na teorização e prática do Direito. Logo, surge a necessidade de investigar o paradigma adequado a uma autoconstituição de uma comunidade de parceiros do direito. Essa construção, em um regime democrático, deverá ser pluralizada, por atingir todos os associados de uma comunidade, e não se limitar aos pontos de vista de especialistas e autoridades[419].

O encontro desse paradigma contribuirá para reduzir a complexidade de tomada de decisões, seja pelo Ministério Público, seja por qualquer outro Poder, órgão, pessoa jurídica ou física integrante do sistema de acesso à justiça. Ademais, preencherá, em certa forma, uma base legitimante nas relações entre o decididor e o receptor da decisão[420].

Esse paradigma não é temático. Embora possa trabalhar, formalmente, com uma nomenclatura, como a defendida neste livro (*paradigma do estado democrático de direito*), permite, a todo instante, construção e reconstrução, com introdução e retirada de temas em torno de sua conformação. É, pois, continuamente construído e, no caso do Direito, deve prestar contas à base normativa dessa ciência.

---

(416) COURA, Alexandre de Castro. Uma questão de interpretação. *In:* LIMA NETO, Francisco Vieira; SILVESTRE, Gilberto Fachetti; LIMA, Marcellus Polastri; ZAGANELLI, Margareth Vetis. (Orgs.). *Temas atuais de direitos:* estudos em homenagem aos 80 anos do Curso de Direito da Universidade Federal do Espírito Santo. 1. ed. Rio de Janeiro: Lumen Juris, 2011. v. 1. p. 1-22.

(417) HABERMAS, Jürgen. *Direito e democracia:* entre facticidade e validade. 2. ed. Tradução Flávio Beno Siebeneichler. Rio de Janeiro: Tempo Brasileiro, 2003, v. II. p. 127; COURA, Alexandre. *Hermenêutica jurídica e jurisdição (IN) constitucional:* para uma análise crítica da "jurisprudência de valores" à luz da teoria discursiva de Habermas. Mandamentos: Belo Horizonte, 2009. p. 31-32.

(418) HABERMAS, Jürgen. *Direito e democracia:* entre facticidade e validade. 2. ed. Tradução Flávio Beno Siebeneichler. Rio de Janeiro: Tempo Brasileiro, 2003. v. II. p. 128.

(419) Em sentido próximo: HABERMAS, Jürgen. *Direito e democracia:* entre facticidade e validade. 2. ed. Tradução Flávio Beno Siebeneichler. Rio de Janeiro: Tempo Brasileiro, 2003. v. II. p. 129 e 131.

(420) Em sentido próximo: HABERMAS, Jürgen. *Direito e democracia:* entre facticidade e validade. 2. ed. Tradução Flávio Beno Siebeneichler. Rio de Janeiro: Tempo Brasileiro, 2003. v. II. p. 129-130.

A introdução de um paradigma, em razão de não ser temático, afasta-se de uma proposta dogmatizante, embora reconheçamos que sua proposta seja sistematizante e redutora de complexidade.

Temos, assim, uma crise paradigmática. E isso dar-se-á em diversos pontos. A CF/1988, por exemplo, por longos anos, permaneceu estagnada em interpretação retrospectiva, isto é, sua pretensa hermenêutica era realizada com supedâneo em paradigmas típicos de constituições e regimes anteriores à sua vigência.

O Estado democrático de direito, em outra ilustração, continua a ser abastecido por base puramente liberal ou neoliberal. Os defensores de um suposto paradigma do *welfare state* permanecem defendendo construção de políticas públicas e outras decisões sem consideração do ponto de vista dos afetados. Há, portanto, evidente abismo entre Estado e sociedade civil, com *déficit* representacional, o que implica falta de legitimidade quanto às questões decididas.

O positivismo jurídico, sob diversas roupagens teóricas, em novo exemplo, abastece o senso comum teórico dos juristas como uma paralinguagem e técnicas rigorosas que, supostamente, permitem alcançar o conhecimento científico do direito[421]. Há resistência à hermenêutica constitucional, à exigência de argumentação jurídica constitucionalmente adequada e à analise das circunstâncias e particularidades do caso concreto. A visão crítica das práticas jurídicas é esquecida em decisões que, a título de fundamentação, referem-se apenas a decisões de órgãos superiores, sem nem ao menos verificar sua adequabilidade em face das particularidades dos casos concretos.

Essa crise paradigmática é evidenciada pela manutenção de uma epistemologia da filosofia da consciência adesiva ao paradigma do Estado liberal. Há recusa da hermenêutica jurídica tradicional em reconhecer a virada linguística e o direito como linguagem. Assim, a linguagem continua reduzida, ainda, a papel instrumental, secundário[422].

O Direito labora em uma perspectiva eminentemente metafísica. O jusnaturalimo encontra-se arraigado na forma de interpretar. Vícios encontrados na prática jurídica são consolidados por propostas de continuísmo, nas quais o *pseudojurista* mais experiente, como pretenso detentor de segredo sagrado, repassa seu pragmatismo ao *jurista aprendiz*, tudo de forma acrítica, não reflexiva. O ensino jurídico no país tem contribuído para esse contexto paradigmático. E esse é o principal ponto deste subcapítulo.

O ensino jurídico no Brasil, em tese, passou por três fases: (i) paradigma liberal no Brasil imperial, (ii) paradigma do Estado social e de governos autoritários e (iii) paradigma do Estado democrático de direito decorrente da promulgação da CF/1988, embora obstruído pela tendência neoliberal dos anos 1990[423]. Essa divisão, todavia, é

---

(421) WARAT, Luiz Alberto. *Introdução geral ao direito*. Interpretação da lei. Temas para uma reformulação. Porto Alegre: Sergio Antonio Fabris Editor, 1994, v. I. p. 15 e 65.

(422) STRECK, Lenio Luiz. *Hermenêutica jurídica e(m) crise*. Uma exploração hermenêutica da construção do direito. 8. ed. Porto Alegre: Livraria do Advogado, 2009. p. 61-75.

(423) MARTINEZ, Sergio Rodrigo. *Manual da educação jurídica*. Um contra-arquétipo na proposta de criação de um núcleo transdisciplinar. Curitiba: Juruá, 2003. p. 26.

didática e formal, pois o ideário liberal percorreu todo o período e, ainda, ronda o ensino do Direito no país.

O ensino jurídico era blindado com diretriz hermética, acrítica e formal. O modelo liberal, pelo novel discurso jusracional, impulsionou estudos jurídicos para o normativismo positivista. A confirmação desse estágio ocorreu com o surgimento de projetos de elaboração de Código Civil à semelhança do editado por Napoleão[424].

Em 1961, como tentativa de equacionar o descompasso social do ensino do Direito no país, alterou-se a grade curricular, com determinação de grade mínima. Objetivara garantir liberdade às instituições de ensino quanto à inserção de novas disciplinas, bem como exigir um mínimo na formação jurídica. O efeito, porém, foi inverso. O currículo mínimo tornou-se o máximo exigido pelas faculdades de ensino jurídico[425]. Na atualidade, algumas matérias, de grande relevância, são ofertadas como optativas e alocadas em horários impróprios, o que dificulta sejam cursadas.

Com o golpe militar em 1964, inexistiu espaço para *Escola Nova*[426]. Valorizava-se o tecnicismo. A construção de nova função para o ensino jurídico foi rechaçada, com continuísmo da pedagogia anterior no Estado social. Mesmo a reforma em 1972, que enxergava na mudança curricular a solução, não gerou efeitos significativos, por manter matriz liberal de educação[427].

O paradigma do Estado social, portanto, foi incapaz de transformar o ensino jurídico no Brasil. A mesma diretriz advinda com a gênese dos cursos jurídicos manteve-se nesse período. A continuidade do ensino de viés liberal perdurou e vige hodiernamente, embora reconheçam-se avanços.

Até 1993, conservava-se a mesma matriz curricular de 1972. Houve diminuição do crescimento econômico, saturação do mercado e profissionais inabilitados para exercício da função de profissionais do direito na democracia inaugurada pela CF/1988. A abertura democrática ensejou debates sobre essas questões[428], ainda, atuais, o que evidencia a crise paradigmática existente.

A OAB, pela Comissão de Ensino Jurídico, em 1992, iniciou estudos sobre o ensino jurídico, o que, em 1994, impulsionou elaboração da Portaria n. 1.886 pelo MEC que repercutiu positivamente diante do intervencionismo estatal no ensino jurídico[429], malgrado continuação da reprodução de modelo pedagógico em sala de aula, que representa o cerne da crise[430].

---

(424) MARTINEZ, Sergio Rodrigo. *Op. cit.*, p. 28-29.
(425) *Ibidem*, p. 37.
(426) Movimento crítico a educação tradicional desenvolvido no Brasil a partir da década de 1930. Uma de suas materializações foi o Manifesto dos Pioneiros da Educação Nova de 1932. Com abordagem histórica e conteudística: SAVIANI, Demerval. *História das ideias pedagógicas no Brasil*. 2. ed. rev. ampl. Campinas: Autores Associados, 2008. p. 229-254.
(427) MARTINEZ, Sergio Rodrigo. *Op. cit.*, p. 36-39.
(428) *Ibidem*, p. 41-43.
(429) Para análise detalhada da aludida portaria: MARTINEZ, Sergio Rodrigo. *Op. cit.*, p. 41-47.
(430) *Ibidem*, p. 41-43.

Persiste o ideário de que mudanças formais na grade curricular dos cursos de Direito seriam capazes de, isoladamente, alterar o panorama. Efetiva transformação somente ocorrerá com alteração de mentalidade ideologicamente reproduzida por instituições e docentes arraigados em modelo de ensino liberal e discentes acomodados e resistentes à mudança.

Inês da Fonseca Pôrto, ao analisar o ensino jurídico no país, verificou existir modelo denominado de central, abastecido pelas seguintes características: (i) descontextualização, (ii) dogmatismo e (iii) unidisciplinaridade[431]. Essa posição, endossada nesta pesquisa, resume o panorama do ensino do Direito no Brasil.

A descontextualização do ensino do Direito desqualifica pluralidade de contextos e até mesmo o pragmatismo é descontextualizado. Para manutenção, cria-se espécie de pedagogia do ocultamento em ensino acrítico[432]. Há formação de estudantes de laboratório, desconhecedores da sociedade circundante na qual atuarão profissionalmente. A faculdade de direito cinge-se a seu mundo, limitado à sua estrutura física: salas de aula e escritórios de prática jurídica, cujos ambientes também não retratam a realidade.

Sob o manto do dogmatismo, definem-se limites para resolução segura dos conflitos atuais pela reprodução do passado. Cultiva-se ambiente profissional intervalado do *homem comum*. Tudo equaciona-se pela segurança jurídica. A dogmática representa autoconhecimento da ciência do Direito[433].

A discussão jurídica cinge-se ao dispositivo legal, enquanto os fatos integram o raciocínio apenas para efeito de subsunção e recebem adjetivação de *fatos jurídicos* divorciados dos *fatos sociais*. Tem-se, como conto de fadas, o mundo do direito parcialmente desvinculado da vida real.

Causa-se fragmentação do objeto pela unidisciplinaridade. Visões de mundo são repartidas pela impossibilidade dialógica com outros saberes[434]. Decisão jurídica, à luz dessa equivocada concepção, é incidência pura do texto legal. Demais aspectos são considerados extrajurídicos e relegados ao plano reservado a outras ciências.

No Brasil estudam-se currículos jurídicos como sistematizações abstratas e por linguagem codificada; uma espécie de metalinguagem. Essa maneira de transmissão do conhecimento decorre dos propósitos educativos do Estado, materializado pelos interesses dominantes. Inviabiliza-se a criatividade pela mera reprodução de ideias. O ensino jurídico nacional é acentuadamente dogmatizado e abstrato[435].

O Brasil apresenta padrão estereotipado do bacharelismo em Direito, abastecido pela cultura tradicional, conservadora, individualista, formadora de autoridades e descontextualizada

---

(431) PÔRTO, Inês da Fonseca. *Op. cit.*, p. 31.
(432) *Ibidem*, p. 37-42.
(433) *Ibidem*, p. 49-53.
(434) *Ibidem*, p. 57.
(435) BASTOS, Aurélio Wander. *Op. cit.*, p. 344-345 e 393.

da realidade social. O positivismo contribuiu para formação de ciência jurídica neutra e objetivada. A pesquisa jurídica recai sobre o dispositivo legal, afastado das circunstâncias fáticas dos casos concretos[436]. As práticas educacionais no ensino jurídico, portanto, refletem contexto de desapego democrático e acabam por materializar instância de manutenção, sedimentação e reprodução de viés cultural autoritário[437].

As características do ensino jurídico no Brasil, presentes na sua nascente, perduram e influenciam os bacharéis na atualidade. O ensino dogmatizado, neutro, descontextualizado, unidisciplinar, conservador e elitizado, forja, geralmente, profissionais despreocupados com a realidade, burocratas, autoritários e cujo objetivo é o reconhecimento de *distinção social*[438].

O discurso jurídico, em todos os seus espaços, consequentemente, materializa espaço de poder, com linguagem obscura, recheada de segredos e silêncio, enfim, enigmático, com afastamento de quem não tenha essa formação. É maneira de hierarquização da sociedade brasileira[439].

Esse contexto do ensino jurídico no país, naturalmente, influencia os membros do Ministério Público no papel de presentantes da instituição. Há, decerto, uma tensão entre a nova conformação da instituição, as perspectivas democráticas de atuação e o apreendido no curso de bacharelado em direito[440].

Esse efeito daninho é abrandado pelas exigências dos concursos públicos aos quais os membros do Ministério Público devem se submeter. Tais concursos são complexos e muito concorridos. Assim, o pretendente ao cargo, para obter aprovação, deverá superar (minimamente no plano dogmático) inúmeras deficiências de formação decorrentes da precarização do ensino jurídico no país.

O concurso público de provas e títulos para provimento de cargos de membros do Ministério Público, por outro lado, parece possível, minimamente, contribuir para relativização de deficiências na formação ao destacar disciplinas propedêuticas, mas imprescindíveis à atuação do futuro promotor-procurador, como Filosofia, Sociologia, Teoria Geral do Direito, História do Direito, Direitos Humanos e Fundamentais, bem como situações de ordem prática encontradas no dia a dia de um agente do *Parquet*, o que, naturalmente, *obrigará* o candidato a estudar esses temas.

Todavia, malgrado relevante, isso é insuficiente para suprir todas as deficiências decorrentes de uma má formação. A modificação do concurso público de ingresso no

---

(436) MARTINEZ, Sergio Rodrigo. *Op. cit.*, p. 69 e 167.
(437) SANTOS, André Luiz Lopes. Ensino jurídico. Uma abordagem político-educacional. Campinas: Edicamp, 2002. p. 284.
(438) O discurso abstém-se de ser generalizante. Existem, obviamente, inúmeras instituições de ensino no Brasil que modificaram o paradigma dominante e vêm propagando ensino jurídico de qualidade.
(439) WARAT, Luiz Alberto. *Introdução geral ao direito*. A epistemologia jurídica da modernidade. Porto Alegre: Sergio Antonio Fabris Editor, 1995. v. 2. p. 57-59.
(440) Em sentido próximo: MACHADO, Antônio Alberto. *Ministério Público*: democracia e ensino jurídico. Belo Horizonte: Del Rey, 2000. p. 137

cargo de membro do Ministério Público, com inserção de novas disciplinas, é uma alternativa, pois, indiretamente, como dito, obrigará o candidato a ampliar sua perspectiva de estudo, consoante exigências do certame. Entretanto, a medida será paliativa e não enfrentará o problema em toda a sua extensão.

A exigência de formação continuada para aqueles que já ingressaram na carreira, estabelecida expressamente pela EC n. 45/2004, também possibilita interessante caminho para o enfrentamento do problema, desde que os equívocos do ensino jurídico em geral não sejam reproduzidos nessa instância.

Urge, assim, enfrentar o *déficit* no ensino jurídico do país. Esse é o primeiro ponto. Nessa linha de partida, uma das soluções, segundo Inês da Fonseca Porto, é construir paradigma de ensino jurídico dialogado com formas de saber socialmente não hegemônicas. "[...] Antes de falar sobre a sociedade, o ensino jurídico deve aprender a ouvi-la"[441].

A democracia, como um modelo não temático, deverá abastecer o ensino jurídico no país. Desse modo, parece possível ultrapassar modelo pautado em única ideologia e, efetivamente, democratizar o diálogo teórico nas faculdades de ciências jurídicas. Por efeito, haverá entrecruzamento de diversas bases teóricas, com objetivo de que seus pressupostos possam ser confrontados, postos em xeque e aprimorados.

O método de ensino pode ser também um tanto mais concretista. Extrair dados da realidade e carreá-los para sala de aula, ou ainda melhor, direcionar os bacharelandos à realidade com o propósito de identificar narrativas desse mundo da vida e iniciar a partir delas processo hermenêutico abastecido por diversos saberes.

A transformação da realidade importará enfrentamento da cultura dominante, com mudança de percepção de mundo pelo oprimido e, consequentemente, pela eliminação de mitos desenvolvidos na estrutura opressora. Esses são os aspectos da revolução cultural (ou revolução pedagógica), que permitirá, pela reflexão e ação, trazer autonomia pelo processo da conscientização[442].

O estudo da dogmática jurídica continuará necessário. O Direito é uma ciência normativa e tem um fim tecnológico[443], ou seja, é instituído para ser aplicado e não apenas para ser discutido teoricamente, daí a necessidade do rompimento com o dualismo teórica e prática.

Por efeito, o Ministério Público, como instituição instituída pelo direito positivo, deve ser objeto de estudo pela dogmática jurídica. O observamos em nossa prática o total descaso do ensino jurídico de base com a dimensão constitucional do *Parquet*. Muitos alunos graduam-se em Direito, apenas, com a informação de que que a instituição existe e é responsável pela acusação penal e emissão de pareceres no processo civil. Quase sempre, o Ministério Público é apresentado ao aluno de direito a partir dos dispositivos dos códigos de processo, e não da Constituição.

---

(441) *Op. cit.,* p. 115.
(442) FREIRE, Paulo. *Pedagogia do oprimido.* Rio de Janeiro: Paz e Terra, 2009. p. 46, 50, 60-62.
(443) FERRAZ JÚNIOR, Tercio Sampaio. *A ciência do direito.* 2. ed. São Paulo: Atlas, 2009. p. 45-47.

Essa deficiência de conhecimento acerca da instituição na graduação em Direito gera consequências diversas. Uma delas diz respeito à impossibilidade da carreira do Ministério Público ocasionar interesse nesse gradua(n)do, porquanto, afinal, ele mal conhece a instituição.

Outro efeito decorre do despreparo, na formação de base, do pretenso candidato a ingressar nos quadros do *Parquet*. Naturalmente, terá que se preparar para o certame e, nesse árduo caminho, aliviará seu desconhecimento. Todavia, esse *déficit*, inegavelmente, o acompanhará caso eventualmente seja aprovado para ser membro da instituição.

O terceiro dos corolários é a dificuldade dos outros profissionais do direito entenderem o real papel do Ministério Público. Em geral, há cognição superficial acerca do que seja um TAC, dos interesses metaindividuais, da amplitude da ACP, das atribuições do *Parquet* e das divisões ocorridas nos ramos e sub-ramos. Todo esse *déficit* de formação funciona como empecilho ao exercício das atividades institucionais.

Esse desconhecimento sobre a instituição, além de gerar inúmeros inconvenientes, como o encaminhamento de notícia de fato à promotoria-procuradoria em hipótese na qual o Ministério Público não detém atribuição, também prejudica a promoção da atividade ministerial. Para o pleno exercício da cidadania, as partes, os profissionais jurídicos e a população em geral deveriam bem compreender institutos como o IC, o TAC, a ação coletiva, a tutela inibitória e, principalmente, o papel e o sentido do *Parquet* no paradigma do Estado democrático de direito.

As escolas institucionais do Ministério Público têm possibilidade de contribuir para amenização desse contexto preocupante ao oportunizarem qualificação permanente aos seus membros com docentes qualificados e propostas acadêmicas eficazes. Para tanto, deverão abster-se de reproduzir a prática deficiente do ensino jurídico no país e aproximar-se de outros saberes, inclusive da Pedagogia.

É necessário também haver incentivo institucional para os membros do Ministério Público realizarem estudos de pós-graduação (especialização, mestrado, doutorado e pós-doutorado). Existem consideráveis entraves burocráticos. Membros postulantes à qualificação são criticados, a partir da contraposição equivocada entre a pretensão de estudo-aprimoramento e o interesse no trabalho. Mais uma vez, a problemática ideia de que prática e teoria estariam separadas não permite enxergar a conexão interna entre tais conceitos.

Os servidores públicos do Ministério Público, de forma geral, recebem percentuais de aumento com a conclusão da pós-graduação (especialização, mestrado e doutorado). Paradoxalmente, o membro do *Parquet*, cuja forma de remuneração (subsídio) impede tais vantagens, encontra resistência e crítica por parte de colegas que não compreendem a relevância institucional do investimento na continuidade da formação.

Os membros do Ministério Público (e também os demais profissionais jurídicos), para lidar com os conflitos atuais, dependem de formação transdisciplinar. Além do Direito, deverão ter conhecimento em Filosofia, Sociologia, Psicanálise, Raciocínio Lógico, entre outros, sob pena de sentirem-se incapazes de compreender os conflitos metaindividuais e de massa e comprometerem o desenvolvimento da atividade institucional.

Durante os anos iniciais da carreira, em especial os dois anos de estágio, o membro do Ministério Público deveria ser acompanhado mais de perto[444] não apenas para fiscalizar suas atividades e atestar sua aptidão para exercício do cargo, mas também e, principalmente, para fornecer-lhe suporte técnico e emocional para encarar situações de alta complexidade, que exigirão, além do conhecimento técnico, experiência, maturidade e segurança.

Com o movimento de ida e volta, o Ministério Público outrossim poderá contribuir para amenização do *déficit* do ensino jurídico no país. Na condição de professores e palestrantes, seus agentes poderão trazer essas e outras reflexões à tona; interagir com as pessoas e demais entidades. Tudo em prol do fomento educacional[445].

3.3. Tensão entre Estado de direito e democracia na contínua (re)construção do Ministério Público Brasileiro[446]

Os paradigmas, como vimos, influenciam a maneira de enxergar o papel e o sentido do direito. Nos Estados de direito, liberal e social, a função desempenhada pelos direitos, sobretudo os humanos e fundamentais[447], parece ser distinta da requerida no paradigma do Estado democrático de direito, cujo desiderato carrega anseio inadiável de democratização radical[448]. Essa mudança outrossim gerará reflexos na maneira de agir e no papel desempenhado pelo Ministério Público.

A interpretação do direito tem como ponto de partida a ordem jurídica como um todo em contato com a *pré-compreensão* dominante na sociedade. Há, pois, uma teoria social, como pano de fundo, para tomada de decisões. O paradigma, portanto, deve ser o mais apropriado à complexidade inerente à alta modernidade[449].

---

(444) MACHADO, Antônio Alberto. *Op. cit.*, p. 141-142.

(445) BELLO, Enzo. BELLO, Enzo. *Perspectivas para o direito penal e para um Ministério Público republicano.* Rio de Janeiro: Lumen Juris, 2007. p. 316. Esse autor, entrementes, formula uma ligação entre os princípios republicanos e a atuação do Ministério e propõe, pela instituição, o desenvolvimento de atividade educacional cívica.

(446) Alguns trechos, teorizações e citações constantes deste subcapítulo foram extraídos de: FONSECA, Bruno Gomes Borges da. *Compromisso de ajustamento de conduta.* São Paulo: LTr, 2013; FONSECA, Bruno Gomes Borges da; LEITE, Carlos Henrique Bezerra. Acesso à justiça e ações pseudoindividuais: (i)legitimidade ativa do indivíduo nas ações coletivas. WAMBIER, Teresa Arruda Alvim (Coord.). *Revista de Processo.* São Paulo: Revista dos Tribunais. Ano 37, n. 203, jan. 2012. p. 347-365; FONSECA, Bruno Gomes Borges da. Direitos humanos e fundamentais: pontos e contrapontos. *In:* SANTOS, Élisson Miessa; CORREIA, Henrique (Coords.). *Estudos aprofundados*: ministério público do trabalho. Salvador: Editora jusPodivm, 2013. p. 229-231; COURA, Alexandre de Castro; FONSECA, Bruno Gomes Borges da. Reflexões acerca dos direitos fundamentais a partir da tensão entre Estado de Direito e Democracia em Jürgen Habermas. Revista do Instituto de Hermenêutica Jurídica (RIHJ). Ano 11, n. 13. Belo Horizonte: Fórum, 2013. p. 29-50.

(447) Essa elocução tem caráter expansionista por englobar os direitos humanos reconhecidos internacionalmente (direitos humanos) e os elencados pela Constituição de cada país (direitos fundamentais). O conectivo *e* materializa a junção das expressões em prol de viés agregador.

(448) HABERMAS, Jürgen. *Direito e democracia:* entre facticidade e validade. 2. ed. Tradução Flávio Beno Siebeneichler. Rio de Janeiro: Tempo Brasileiro, 2003. v. I. p. 13.

(449) *Ibidem*, p. 123 e 129.

Os paradigmas do Estado liberal e do *welfare state* apostaram, em demasia, na autonomia privada das pessoas, mediante direitos à liberdade ou à outorga de direitos sociais para assegurar uma pretensa igualdade material. Ambos, porém, olvidaram-se da coesão interna entre as autonomias privada e pública[450].

O Estado liberal apostou na ação individual, na liberdade e no mercado, enquanto o Estado social, na ação sistemática, na limitação da liberdade em busca da igualdade real e na atuação interventiva[451]. Ambos defenderam arquétipo excludente, incomunicável, e arranharam a relação de equiprimordialidade entre os tipos de autonomia, o que, sob outro viés, reflete a crise e a disputa de paradigmas concorrentes na criação e aplicação do direito[452].

O suposto modelo teórico de atuação do Ministério Público liberal, como visto, tende a valorizar o individualismo, conformar-se com o curso natural e, na maioria das vezes, opressor do *mercado* e omite-se quanto a atuações necessárias impostas pelo Estado de direito. A atividade desempenhada pela instituição dessa maneira, por efeito, é insuficiente para atender à Constituição atualmente.

O pretenso modelo teórico de atuação do Ministério Público iluminado pelo paradigma do Estado social, por sua vez, como visto, tende a sufocar a liberdade dos atingidos e atuar como macrossujeito, responsável, unilateralmente, pela tomada de todas as decisões. Em um estágio mais avançado, contribuirá para perda ou impedirá a autonomia das pessoas. Essa atuação também está aquém do delineamento expedido pela Constituição hodierna.

O paradigma do Estado democrático de direito parece apontar para caminho diferente, por sustentar mote inclusivo, ao sorver, em uma mesma proposta, as bandeiras liberais e sociais, que atuam como estratégias de ação. Em outro dizer, em um discurso mais tradicional, reconhece que a história dos direitos humanos e fundamentais traz em si os postulados da acumulação e variabilidade[453].

A autodeterminação das pessoas formantes da sociedade (na condição de autora e destinatária das normas e decisões) parece ser um elemento característico desse novo paradigma. A vida associativa de parceiros do direito, com pretensões de liberdade e igualdade, exige que as pessoas sejam enxergadas e ajam como coautoras e destinatárias das normas de comunidade jurídica organizadora de si[454].

---

(450) HABERMAS, Jürgen. *A inclusão do outro*: estudos de teoria política. Tradução George Sperber e Paulo Astor Soethe. São Paulo: Loyola, 2002. p. 295.

(451) HABERMAS, Jürgen. *Direito e democracia*: entre facticidade e validade. 2. ed. Tradução Flávio Beno Siebeneichler. Rio de Janeiro: Tempo Brasileiro, 2003. v. II. p. 136-138 e 142-143.

(452) HABERMAS, Jürgen. *Direito e democracia*: entre facticidade e validade. 2. ed. Tradução Flávio Beno Siebeneichler. Rio de Janeiro: Tempo Brasileiro, 2003. v. II. p. 127; COURA, Alexandre. *Hermenêutica jurídica e jurisdição (IN)constitucional*: para uma análise crítica da "jurisprudência de valores" à luz da teoria discursiva de Habermas. Mandamentos: Belo Horizonte, 2009. p. 31-32.

(453) ANDRADE, José Carlos Vieira de. *Os direitos fundamentais na constituição portuguesa de 1976*. 4. ed. Coimbra: Almedina, 2009. p. 67-68.

(454) HABERMAS, Jürgen. *Direito e democracia*: entre facticidade e validade. 2. ed. Tradução Flávio Beno Siebeneichler. Rio de Janeiro: Tempo Brasileiro, 2003. v. II. p. 129 e 187-188.

Ao Ministério Público, como instituição prevista pelo direito positivo, caberá adaptar-se a esse novo paradigma democrático e reavaliar suas práticas. As estratégias de atuação decorrentes dos Estados liberal e social continuarão ao dispor da instituição. Porém deverão ser empregadas de forma crítica e reflexiva, com funcionamento subsidiário e estratégico.

Ao direito, no paradigma democrático, cabe oportunizar e fomentar o surgimento de palcos públicos debatedores com propósito de permitir aos interessados a exposição de seus pontos de vista pela linguagem. É maneira de relativizar subjetivismos (e também pô-los à prova), autorreferências, discricionariedades, *decisionismos* e solipsismos típicos do positivismo jurídico e da filosofia da consciência[455].

Ao Ministério Público igualmente caberá funcionar como um dos canais de interação entre as pessoas e permitir que seus pontos de vista sejam expostos e defendidos. Deverá, ainda, imiscuir-se no debate na condição de mais um participante. As promotorias-procuradorias deverão se tornar locais potencialmente aptos à formação de palcos públicos debatedores, respeitados, obviamente, os limites constitucionais de atuação da instituição.

Ao *Parquet,* além disso, cumprirá desobstruir outras frentes privadas do regime democrático, seja com a atividade extrajudicial de implementação de políticas públicas, pautadas na realização de seminários e audiências públicas, expedição de notificações recomendatórias e celebração de TACs, ou mesmo com a propositura de ações judiciais com temas cerceados e reprimidos socialmente.

A teorização rompe com as concepções metafísicas clássicas e a proposta *jusnaturalista*. Os direitos humanos e fundamentais não decorrem de uma essência ou de uma razão imutável. São, na realidade, produtos culturais[456], mas no sentido de serem criados (e recriados) e interpretados (reinterpretados) pelos atingidos por suas normas.

A interpretação constitucional, todavia, cingiu-se à *sociedade fechada* e limitada a órgãos estatais. As decisões, em qualquer esfera, devem ser construídas pluralisticamente em respeito à *sociedade aberta*[457]. Essa proposta traz ínsito ideal democrático e participativo, e esse parece ser o caminho para criação e aplicação dos direitos humanos e fundamentais.

Essa noção democrática de autodeterminação social é passível de deslocamento para a prevenção e a resolução de conflitos nas esferas judicial e extrajudicial. Sua aplicação permite revisitar o direito e a garantia fundamental de acesso à justiça (CF/1988, art. 5º, XXXV), bem como reavaliar o papel e as possibilidades de participação das partes e demais pessoas na construção de atos de responsabilidade do Ministério Público.

---

(455) Em sentido próximo: STRECK, Lenio Luiz. *O que é isto — decido conforme minha consciência?* 2. ed. rev. ampl. Porto Alegre: Livraria do Advogado, 2010. p. 103.

(456) FLORES, Joaquím Herrera. *Teoria crítica dos direitos humanos:* os direitos humanos como produtos culturais. Rio de Janeiro: Lumen Juris, 2009. p. 48 e 68-69.

(457) Em sentido próximo: HÄBERLE, Peter. *Hermenêutica constitucional.* A sociedade aberta dos intérpretes da constituição: contribuição para a interpretação pluralista e procedimental da constituição. Tradução Gilmar Ferreira Mendes. Porto Alegre: Sergio Antonio Fabris, 1997. p. 12-13.

Nesse sentido, Mauro Cappelletti e Bryant Garth, ao teorizarem acerca do tema *acesso à justiça*, propuseram três soluções metaforicamente simbolizadas por ondas do mesmo movimento. Há interesse na terceira onda, que se reporta à adoção de ampla reforma, centrada no conjunto geral de instituições, mecanismos, pessoas e procedimentos para evitar e resolver conflitos sociais, inclusive com emprego de ferramentas privadas e informais na solução de litígios[458].

A democracia deliberativa proposta por Jürgen Habermas, por sua vez, é do tipo procedimental. Sua análise perpassa pela política, teoria social e filosofia da linguagem. Pressupõe contextos de liberdade e igualdade institucionalizados pelo Estado de direito para assegurar participação, inclusive das minorias. Esse papel é desempenhado pelos direitos humanos e fundamentais. O adjetivo *deliberativo* representa cenário argumentativo ao propiciar aos participantes possibilidades de aduzirem pontos favoráveis e repelirem alegações contrárias, bem como isonomia participativa com diminuição de desequilíbrios[459].

A força normativa da Constituição é respeitada pela democracia deliberativa. Porém sua implementação visa (re)construir a normatividade subjacente à noção de Estado de direito como núcleo da ordem constitucional. Portanto a Constituição é, concomitantemente, fonte primacial e limite ao intérprete[460].

O desacordo moral, aceitável e comum em sociedade pluralista, em vez de ceticismo, ao ser filtrado pela democracia deliberativa, desenvolve mecanismos de convivência e cooperação. Engaja-se na identificação de pontos compartilhados, possivelmente, objetos de consenso.

A democracia por deliberação propõe simbiose entre soberania popular e Estado de direito com ênfase no momento dialógico de justificação antecedente das decisões[461]. Surge, então, versão *procedimentalista* da democracia, consistente em institucionalizar discursos e negociações com auxílio de formas de comunicação. Desse ponto, emanaria a racionalidade dos resultados[462].

O *procedimentalismo* reconhece a supremacia da Constituição. Respeita, portanto, o código binário: constitucional e inconstitucional. Repudia, conseguintemente, violações a direitos humanos e fundamentais e respeita a noção de Estado de direito[463].

---

(458) *Op. cit.*, p. 67-71.

(459) SOUZA NETO, Cláudio Pereira de. *Teoria constitucional e democracia deliberativa:* um estudo sobre o papel do direito na garantia das condições para a cooperação na deliberação democrática. Rio de Janeiro: Renovar, 2006. p. 126-129.

(460) SOUZA NETO, Cláudio Pereira de. Teoria da constituição, democracia e igualdade. *In*: SOUZA NETO, Cláudio Pereira de et al. *Teoria da Constituição:* estudos sobre o lugar da política no direito constitucional. Rio de Janeiro: Lumen Juris, 2003. p. 50.

(461) SOUZA NETO, Cláudio Pereira de. *Teoria constitucional e democracia deliberativa:* um estudo sobre o papel do direito na garantia das condições para a cooperação na deliberação democrática. Rio de Janeiro: Renovar, 2006. p. 66-67.

(462) HABERMAS, Jürgen. *Direito e democracia:* entre facticidade e validade. 2. ed. Tradução Flávio Beno Siebeneichler. Rio de Janeiro: Tempo Brasileiro, 2003. v. II. p. 25 e 27.

(463) CRUZ, Álvaro Ricardo de Souza. *Habermas e o direito brasileiro.* 2. ed. Rio de Janeiro: Lumen Juris, 2008. p. 157, 172 e 179.

O Estado democrático de direito atuará, portanto, como pano de fundo interpretativo. No Brasil, essa conclusão é facilitada por uma visão dogmatizada extraída da Constituição, que, logo em seu primeiro dispositivo, reconheceu esse novo paradigma. Por corolário, a hermenêutica jurídica caberá avançar sobre interpretações retrospectivas e caminhar em busca desse modelo oxigenado pelo direito e pela soberania popular.

A CF/1988, ademais, destinou o Ministério Público como defensor do regime democrático. A regra teve inspiração em texto parecido constante do art. 219, I, da Constituição da República Portuguesa de 1976. A previsão destacou a instituição no sistema constitucional brasileiro, porque a Declaração Universal dos Direitos do Homem de 1948 (arts. XXI e XXIX) elegeu a democracia como único sistema compatível com o pleno respeito aos direitos humanos; é reconhecidamente forma legítima de organização estatal[464].

Indisfarçável, portanto, a imbricação entre democracia e direitos humanos e fundamentais. Estes sem aquela são retóricas, disfarce de governo autoritário. Aquela sem estes impede a completude do regime e acaba, igualmente, por apresentar faceta imperiosa e desigual. A Constituição, diferentemente, impôs ao Ministério Público a perseguição de regime democrático real, fático, verdadeiro.

É comum, contudo, estudar o Estado de direito e a democracia separadamente, como pertencentes a disciplinas diversas, até porque há ordens jurídicas nas quais o poder político não foi domesticado pelo direito, enquanto há Estados de direito em que o poder governamental não foi democratizado. Segundo Habermas, entretanto, isso não significa que possa haver, do ponto de vista normativo, um Estado de direito sem democracia. Há uma relação interna entre eles, resultante do sentido moderno da ciência jurídica[465].

Há, portanto, relação conceitual ou interna entre a teoria do direito e a democracia, pois se exige do direito uma pretensão de legitimidade decorrente de procedimento legislativo suficientemente democrático[466]. Em Locke, Kant e Rousseau, por exemplo, parece ser possível enxergar essa descrição.

O homem no estado da natureza, segundo John Locke, tem liberdade, igualdade e propriedade sobre as coisas. Porém, esse estado é incerto e arriscado. Assim, é constituído o governo civil, formado pelo consenso das pessoas, com a incumbência de preservar os direitos naturais de qualquer invasão externa e assegurar a execução das leis[467]. As pessoas, na concepção de Locke, alinham-se em torno do governo civil com objetivo de preservar direitos. Dessa conformação, adviria a pretensão de legitimidade.

O direito, na versão de Kant, tem a coerção como um de seus pilares, ao apresentar *normas obrigatórias*, que podem ser observadas voluntariamente, mas devem ser exigidas

---

(464) COMPARATO, Fábio Konder. *A afirmação histórica dos direitos humanos.* 6. ed. rev. atual. São Paulo: Saraiva, 2008. p. 234.

(465) *A inclusão do outro:* estudos de teoria política. Tradução George Sperber e Paulo Astor Soethe. São Paulo: Loyola, 2002. p. 285-286.

(466) HABERMAS, Jürgen. *A inclusão do* outro: estudos de teoria política. Tradução George Sperber e Paulo Astor Soethe. São Paulo: Loyola, 2002. p. 286-287.

(467) *Op. cit.,* p. 14-15, 20-21 e 84.

mediante emprego da força, caso necessário. Esse lado prescritivo visa assegurar liberdade, pautada na ideia de autorregulamentação. A ciência jurídica apresenta essa dupla face (assecuratória do livre-arbítrio e divulgadora da força[468]), em uma proposta quase paradoxal.

Jean-Jacques Rousseau, por sua vez, ressalta o papel da legitimidade no reconhecimento do direito. O pacto social obriga observância da vontade, contudo no fundo faz com que cada um obedeça a si. A passagem do estado da natureza ao estado civil gera no homem acentuada mudança, "[...] substituindo em sua conduta a justiça ao instinto e dando às suas ações a moralidade que antes lhes faltava. Foi somente então que a voz do dever substituindo ao impulso físico [...]". Para Rousseau, pois, a legitimidade decorre da formação do contrato social, que assegurará liberdade às pessoas, que, mesmo fora do estado da natureza, obedecerão apenas a si[469].

O positivismo jurídico, o direito natural, a moral e, em geral, as ideias metafísicas, por outro lado, são insuficientes para legitimar o direito. Habermas aposta em uma saída pela regulamentação normativa de interações entre pessoas em busca de entendimento[470].

Habermas reconhece a existência de tensão entre facticidade e validade do direito. A validade social ou fática é medida pela sua aceitação na comunidade na qual é aplicada a norma, diferentemente do quadro fático artificial decorrente de ameaças de sanções jurídicas. A legitimidade, por sua vez, é verificada pela resgatabilidade discursiva de sua pretensão de validade normativa decorrente de processo legislativo racional[471] e adviria da relação entre facticidade, da sua imposição normativa pelo Estado e do processo de normatização racional[472].

Ao direito cumpre defender a autonomia de todos os envolvidos e atingidos. De um lado, a liberdade de ação individual (autonomia privada) e de outro a relação do cidadão com o Estado (autonomia pública). Esses dois aspectos precisam ser mediados para que uma autonomia abstenha-se de prejudicar a outra. E desse ponto, comum e recíproco, o direito deverá extrair e corroborar sua legitimidade[473].

Haveria, em outro dizer, mediação entre o princípio da soberania popular e os direitos humanos e fundamentais. Aquele materializado nos direitos à participação e à comunicação, asseguradores de autonomia pública, enquanto estes pautados nos direitos

---

(468) KANT. *Doutrina do direito*. Tradução Edson Bini. 3. ed. São Paulo: Ícone, 2005. p. 47.

(469) ROUSSEAU, Jean-Jacques. *Do contrato social*. Princípios do direito político. Tradução Vicente Sabino Jr. São Paulo: Editora CD, 2001. p. 20, 29 e 37.

(470) HABERMAS, Jürgen. *Direito e democracia:* entre facticidade e validade. 2. ed. Tradução Flávio Beno Siebeneichler. Rio de Janeiro: Tempo Brasileiro, 2003. v. I. p. 46; *A inclusão do* outro: estudos de teoria política. Tradução George Sperber e Paulo Astor Soethe. São Paulo: Loyola, 2002. p. 289.

(471) HABERMAS, Jürgen. *Direito e democracia:* entre facticidade e validade. 2. ed. Tradução Flávio Beno Siebeneichler. Rio de Janeiro: Tempo Brasileiro, 2003. v. I. p. 47 e 50.

(472) CRUZ, Álvaro Ricardo de Souza. *Habermas e o direito brasileiro*. 2. ed. Rio de Janeiro: Lumen Juris, 2008. p. 140.

(473) HABERMAS, Jürgen. *A inclusão do* outro: estudos de teoria política. Tradução George Sperber e Paulo Astor Soethe. São Paulo: Loyola, 2002. p. 289-290.

clássicos garantidores de autonomia privada aos membros da sociedade civil[474]. Os direitos humanos e fundamentais e a soberania popular, portanto, determinam a autocompreensão normativa do paradigma do Estado democrático de direito[475].

A força do direito, portanto, adviria da aliança entre positividade e a pretensão de legitimidade. É a tensão ideal entre validade e facticidade. Uma relação entre coerção do direito e a ideia de autolegislação decorrente da autonomia dos cidadãos associados, que resgatam a pretensão de algo legítimo das normas, racionalmente aceitáveis[476].

O direito, como mecanismo de integração social, tem a coerção como algo imanente. As pessoas, como membros associados livres e iguais, são destinatárias de normas e, igualmente, posicionam-se como autoras. A pretensão de legitimidade, portanto, é recuperada do direito. Ela, em outro dizer, decorreria da legalidade e esta se apoiaria naquela em sistema de mão dupla, reciprocamente oxigenado[477].

O sistema jurídico, todavia, deixa de ser autorreferencial, circular, fechado, por depender de validade social, ou seja, aceitação fática do direito, bem como pelo fato de estar sujeito à resgatabilidade discursiva da pretensão de validade normativa, propiciante do seu revigoramento e permanente mudança. A liberdade comunicativa, assegurada por direitos garantidores das autonomias privada e pública, proporcionaria resultados legítimos[478].

A posição de Habermas difere, totalmente, da concepção do positivismo jurídico, que valoriza a validade formal e trabalha à luz da filosofia analítica ao esquecer-se da tensão entre ideal e real, validade e facticidade ou constitucionalismo e democracia. Hans Kelsen, por exemplo, reparte os planos do ser e do dever-ser e sustenta a existência de norma fundamental fictícia justificante de todo o ordenamento jurídico[479]. Hart, por seu turno, defende a existência de uma *norma* de reconhecimento como fundamento de validade do direito[480]. Ambos omitem-se quanto ao papel da soberania popular e da ideia de autolegislação decorrentes da autonomia pública.

A fonte de legitimidade do direito estaria, conseguintemente, no processo democrático de legiferação, manifestado pelo princípio da soberania popular. Na formação discursiva da opinião e da vontade pelo uso da linguagem para alcançar convicções nas quais as pessoas possam concordar entre si, sem coerção. A legitimidade do direito apoiar-se-ia em arranjo comunicativo sucedido de assentimento de todos os possíveis

---

(474) HABERMAS, Jürgen. *A inclusão do outro:* estudos de teoria política. Tradução George Sperber e Paulo Astor Soethe. São Paulo: Loyola, 2002. p. 290-291.
(475) HABERMAS, Jürgen. *Direito e democracia:* entre facticidade e validade. 2. ed. Tradução Flávio Beno Siebeneichler. Rio de Janeiro: Tempo Brasileiro, 2003. v. I. p. 128.
(476) *Ibidem*, p. 60-61 e 132.
(477) *Ibidem*, p. 146.
(478) *Ibidem*, p. 168.
(479) KELSEN, Hans. *Op. cit.*, p. 217-228.
(480) HART, H. L. A. *Op. cit.*, p.129-150.

atingidos[481]. Nesse ponto, é explicitado o papel de imprescindibilidade da teoria do discurso na formação desse processo democrático, pois oportunizará o pluralismo social e o compartilhamento de visões de mundo[482].

A ideia de Habermas, como visto, é institucionalizar, pelo direito, procedimentos comunicativos de criação e aplicação de normas jurídicas. Argumentos seriam tematizados e abertos ao debate. Haveria atendimento ao regime democrático e à soberania popular, em sua dimensão procedimental, por admitir sejam os cidadãos, concomitantemente, coautores e destinatários de normas jurídicas, com adoção de processo inclusivo em uma relação de complementaridade entre autonomias pública e privada[483].

A discursividade oxigena esse modelo procedimental. Segundo a teoria discursiva "[...] São válidas as normas de ação às quais todos os possíveis atingidos poderiam dar o seu assentimento, na qualidade de participantes de discursos racionais"[484]. A teorização do direito, estribada no discurso, enxerga o paradigma do Estado democrático de direito como a institucionalização de processos e pressupostos de comunicação imprescindíveis à formação da opinião e da vontade. Esse exercício dá-se pela autonomia e seu resultado é a possibilidade de ordem jurídica legítima[485]. O princípio do discurso assume, pela via da institucionalização jurídica, a figura de um princípio da democracia, portanto[486].

O discurso racional é toda tentativa sobre pretensões de validade problemáticas realizada em condições de comunicação, permissivas de movimento livre de temas, contribuições, informações e argumentos *ilocucionários* no interior de um espaço público. Atingidos são todos aqueles cujos interesses serão afetados pela regulamentação[487].

Pela teoria discursiva, a sociedade decorre de esfera propiciante de espaços públicos para discussão e levantamento de temas. O Estado, como centro da esfera pública política, encarrega-se de tomar decisões ao transformar o poder comunicativo em poder administrativo[488].

O princípio do discurso permite adoção de ideia universal segundo a qual toda norma válida tem de preencher a condição de que as consequências previsivelmente resultantes de sua observância possam ser aceitas sem coação por todos os concernidos[489].

---

(481) HABERMAS, Jürgen. *Direito e democracia:* entre facticidade e validade. 2. ed. Tradução Flávio Beno Siebeneichler. Rio de Janeiro: Tempo Brasileiro, 2003. v. I. p. 122 e 138.
(482) HABERMAS, Jürgen. *A inclusão do outro:* estudos de teoria política. Tradução George Sperber e Paulo Astor Soethe. São Paulo: Loyola, 2002. p. 291-292.
(483) HABERMAS, Jürgen. *Direito e democracia:* entre facticidade e validade. 2. ed. Tradução Flávio Beno Siebeneichler. Rio de Janeiro: Tempo Brasileiro, 2003. v. II. p. 41.
(484) HABERMAS, Jürgen. *Direito e democracia:* entre facticidade e validade. 2. ed. Tradução Flávio Beno Siebeneichler. Rio de Janeiro: Tempo Brasileiro, 2003. v. I. p. 142.
(485) HABERMAS, Jürgen. *Direito e democracia:* entre facticidade e validade. 2. ed. Tradução Flávio Beno Siebeneichler. Rio de Janeiro: Tempo Brasileiro, 2003. v. II. p. 181.
(486) HABERMAS, Jürgen. *Direito e democracia:* entre facticidade e validade. 2. ed. Tradução Flávio Beno Siebeneichler. Rio de Janeiro: Tempo Brasileiro, 2003. v. I. p. 158.
(487) *Ibidem*, p. 142.
(488) REPOLÊS, Maria Fernanda Salcedo. *Habermas e a desobediência civil.* Belo Horizonte: Mandamentos, 2003. p. 24-31.
(489) HABERMAS, Jürgen. *Consciência moral e agir comunicativo.* Tradução Márcio Seligmann-Silva. 2. ed. Tradução Guido A. de Almeida. Rio de Janeiro: Tempo Brasileiro, 2003. p. 147.

Os direitos que os cidadãos seriam compelidos a atribuir reciprocamente para regular legitimamente a convivência com os meios postos pela regra positivada são aprovados pelo princípio do discurso[490]. Haveria institucionalização de direitos, que, por sua vez, assegurariam processos comunicativos pelos juízos de criação (e recriação) e aplicação das normas jurídicas.

Os direitos humanos e fundamentais expostos por Habermas e filtrados pelo princípio do discurso apresentar-se-iam como regras do jogo democrático e assegurariam o agir comunicativo. Garantiriam liberdade e igualdade de participação na formação de normas jurídicas. Permitiriam também mudanças por nova deliberação e à luz de novéis argumentos. Tudo dentro de procedimento discursivo, institucionalizado, inclusivo e participativo: autonomias privada de um lado e pública do outro.

Segundo Habermas, os cidadãos, no processo legislativo, somente poderão agir como sujeitos do direito quando a ideia democrática de autolegislação tornar-se indisponível à livre escolha e tiver validade em *si mesma* no *medium* do direito[491].

Os direitos humanos e fundamentais, por efeito, atuariam como vetores de coesão interna entre Estado de direito e democracia, por, inicialmente, cumprirem com a exigência de institucionalização jurídica do uso público das liberdades comunicativas. Em razão deles, estaria assegurada a soberania popular (autonomia pública). Por outro lado, também atenderiam ao teste de unidade lógica ao garantirem autonomia privada às pessoas, portadoras de direitos e integrantes de uma associação voluntária de parceiros livres e iguais. Sem esse reconhecimento, o uso das liberdades públicas estaria comprometido[492].

A coesão é interna, pois o direito adviria da deliberação dos destinatários das normas em um procedimento democrático[493] e, assim, abster-se-ia de ser imposto como uma restrição externa, tais como, ilustrativamente, o reconhecimento de direitos naturais ou limitações místicas.

Essas autonomias (privada e pública), na visão de Habermas, deverão se pressupor mutuamente, pois uma é dependente da outra[494]. Assim, os direitos humanos e fundamentais não terão primado sobre a soberania popular, nem esta terá precedência sobre aqueles. São coprincípios originários, portanto. Os paradigmas dos Estados liberal e social buscaram, cada qual a sua maneira, efetivação de direitos, em prol da autonomia privada, todavia sem a devida participação dos cidadãos nos processos de tomada de decisão[495].

---

(490) HABERMAS, Jürgen. *Direito e democracia:* entre facticidade e validade. 2. ed. Tradução Flávio Beno Siebeneichler. Rio de Janeiro: Tempo Brasileiro, 2003. v. I. p. 158-159.

(491) HABERMAS, Jürgen. *A inclusão do outro:* estudos de teoria política. Tradução George Sperber e Paulo Astor Soethe. São Paulo: Loyola, 2002. p. 293.

(492) *Ibidem*, p. 292-294.

(493) HABERMAS, Jürgen. *A inclusão do outro:* estudos de teoria política. Tradução George Sperber e Paulo Astor Soethe. São Paulo: Loyola, 2002. p. 291; OLIVEIRA, Marcelo Andrade Cattoni de. *Teoria da constituição*. Belo Horizonte: Initia Via Editora, 2012. p. 67.

(494) HABERMAS, Jürgen. *Direito e democracia:* entre facticidade e validade. 2. ed. Tradução Flávio Beno Siebeneichler. Rio de Janeiro: Tempo Brasileiro, 2003, v. II. p. 146.

(495) HABERMAS, Jürgen. *A inclusão do outro:* estudos de teoria política. Tradução George Sperber e Paulo Astor Soethe. São Paulo: Loyola, 2002. p. 295.

Os paradigmas dos Estados liberal e social, em outro dizer, mas, ainda, com Habermas, olvidaram-se da coesão necessária entre as autonomias privada e pública e, com isso, desprezaram o sentido democrático de auto-organização de uma comunidade jurídica com pretensões de liberdade e igualdade[496].

Ademais, nos paradigmas dos Estados liberal e social, as pessoas, formadoras de uma comunidade jurídica, apenas são enxergadas como destinatárias das normas e políticas. A autonomia pública, baseada na possibilidade de autoentendimento e colaboração democrática dos sujeitos de direito, é relegada a segundo plano, o que, por corolário, também compromete a ideia de legitimidade do direito[497].

O paradigma do Estado democrático de direito, como dito, ao aprender com os Estados liberal e social, visa estabelecer esse nexo de mutualidade entre as autonomias privada e pública e, para tanto, utiliza-se do direito para institucionalizar mecanismos de equilíbrio entre os direitos da liberdade e igualdade e os processos participativos e comunicacionais. Nesse contexto, em última análise, as pessoas serão coautoras e destinatárias das normas jurídicas.

Essa proposta de agregação do paradigma do Estado democrático de direito é estrategicamente adequada e imprescindível ao seu funcionamento e subsistência. Segundo uma teoria liberal, absorvida e redimensionada por essa reviravolta paradigmática, os direitos individuais funcionariam como trunfos de cada indivíduo em face de argumentos políticos, mesmo que representativos de interesses coletivos circunstancialmente dominantes[498]. Essa ideia permite assegurar direitos de minorias em face de interesses compartilhados por maiorias tirânicas e eventuais.

De outro lado, o paradigma do Estado democrático de direito abre-se também à possibilidade de intervenções na economia, na livre-iniciativa e no mercado em geral, se necessárias à garantia de direitos sociais e alinhadas à integridade das normas e dos procedimentos democraticamente institucionalizados pelo sistema constitucional.

O Ministério Público democrático, por corolário, atuará, em certos contextos, com ferramentas originadas nos paradigmas do Estado liberal e do Estado social, todavia, aplicadas reflexivamente e redimensionadas à luz dos pressupostos do paradigma do estado democrático de direito. Os direitos liberais e sociais funcionarão como trunfos em seu modo de agir.

O direito, assim, atuaria como uma ponte entre Estado de direito e democracia. Concomitantemente, asseguraria autonomia privada às pessoas, pois, sem ela, inexistiriam condições ideias para deliberação e, por outro lado, institucionalizaria canais de participação e integração para admitir às pessoas no papel de autoras e destinatárias das normas jurídicas (autonomia pública).

---

(496) HABERMAS, Jürgen. *Direito e democracia:* entre facticidade e validade. 2. ed. Tradução Flávio Beno Siebeneichler. Rio de Janeiro: Tempo Brasileiro, 2003. v. II. p. 146.
(497) *Idem.*
(498) DWORKIN, Ronald. *Levando os direitos a sério.* Tradução Nelson Boeira. São Paulo: Martins Fontes, 2007. p. XV.

O Ministério Público também agirá entre o estado de direito e a democracia. Seu posicionamento equilibrar-se-á entre esses dois vetores. Sua atuação, concomitantemente, deverá conjugar o respeito às autonomias privada e pública. A fonte de legitimidade da instituição advirá do direito definido pela soberania popular.

Em países de modernidade tardia, tal qual o Brasil, a proposta *habermasiana* encontra resistência de conceituado setor teórico. Como inserir em processo participativo, por exemplo, pessoas que estão abaixo da linha da pobreza, sem educação, sem trabalho, sem alimentação, enfim, sem condições mínimas de vida boa[499]?

A inserção dos excluídos em processo discursivo é, realmente, um desafio e o grande objetivo de propostas emancipatórias, tal qual a defendida por Habermas. Nessa linha, tal autor demonstra que, mesmo em contextos precários, políticas assistencialistas devem ser analisadas criticamente e submetidas a constante (re)avaliação, sob pena de servirem apenas a propósitos eleitoreiros e consolidarem o estado de hipossuficiência que pretendem combater[500].

Nesse contexto, a proteção coletiva não deve se limitar a aliviar o indivíduo pela representação ou contentar-se com um fatalismo em torno do sistema da democracia representativa; imprescindível, progressivamente, engajar os titulares na articulação de seus interesses, em prol de sua autonomia[501]. Deve-se repelir a criação de macrossujeitos, detentores de uma moral prevalecente e, ao mesmo tempo, qualificar as pessoas pela educação para que exponham e defendam seus pontos de vista[502].

O Ministério Público é, nesse ponto, instituição instrumental, por defender, em seu nome, mas representando a sociedade, direito alheio. É típico caso de *representação*[503]. Sua atuação, muitas vezes, recairá na defesa de hipossuficientes oprimidos pelo poderio econômico ou pela ineficiência social e educacional, como trabalhadores, crianças, idosos, pessoas com deficiência. A representação, nesses casos, à luz da realidade social do país, é imprescindível e deverá ocorrer. Porém cumprirá à instituição adotar mecanismos capazes de integrar esses excluídos no debate para que possam expor sua perspectiva acerca do problema e contribuir para a tomada de decisões.

Mesmo na condição de *representante*, o Ministério Público, a todo instante, deverá resgatar dos afetados a base de legitimidade social de sua atuação. Naturalmente, encontrará limites instituídos pelo direito vigente. Todavia, a perspectiva dos interessados, mesmo hipossuficientes, deverá ser conhecida e detidamente analisada. Considerando os limites e as possibilidades da ordem jurídica, os pontos de vista dos interessados poderão ser acolhidos ou refutados, de forma devidamente fundamentada em todos os casos.

---

(499) Essa é uma das críticas encontradas em: STRECK, Lenio Luiz. *Verdade e consenso*. Constituição, hermenêutica e teorias discursivas. Da possibilidade à necessidade de respostas corretas em direito. 3. ed. Rio de Janeiro: Lumen Juris, 2009. p. 17-36.
(500) CRUZ, Álvaro Ricardo de Souza. *Habermas e o direito brasileiro*. 2. ed. Rio de Janeiro: Lumen Juris, 2008. p. 89.
(501) HABERMAS, Jürgen. *Direito e democracia*: entre facticidade e validade. 2. ed. Tradução Flávio Beno Siebeneichler. Rio de Janeiro: Tempo Brasileiro, 2003. v. II. p. 149 e 156.
(502) *Ibidem*, p. 185.
(503) Não no sentido técnico processual.

Esses argumentos, antecipando-se a precipitações teóricas, estão longe de significar a supressão de direitos sociais. A Constituição consubstancia o resultado de uma deliberação de pessoas livremente associadas. O poder constituinte estabeleceu um rol desses direitos (Capítulo II do Título II da CF/1988) e os protegeu, inclusive, contra emendas constitucionais abolitivas (CF/1988, art. 60, § 4º, IV). Esse ponto de partida é um dado a ser observado, com a ressalva de que o enunciado normativo é inconfundível com a norma[504]. Esta decorre daquele; é o seu significado, após processo interpretativo[505].

O Ministério Público democrático, desse modo, é um defensor dos direitos sociais normativamente previstos, bem como, diga-se de passagem, dos direitos individuais indisponíveis. Isso porque, como exposto antes, o paradigma do Estado democrático de direito age de forma a agregar conquistas do Estado liberal e do Estado social, redimensionando-as à luz do atual projeto constitucional.

A pretensão de universalidade dos direitos humanos e fundamentais defendida por Habermas também é alvo de críticas. Nesse caso, propostas com respostas aparentemente similares, mas adotantes de premissas teóricas distintas, apresentam-se.

Luigi Ferrajoli, por exemplo, sustenta definição formal de direitos humanos e fundamentais no sentido de que são todos os direitos subjetivos referentes a todos os seres humanos[506]. Habermas aposta no manejo desses direitos como mecanismo de coesão entre democracia e Estado de direito, pois, em sua versão universalista, garantiriam participação, livre e igual, no debate em torno da respectiva criação e aplicação do direito em um processo de retroalimentação.

Habermas, portanto, não trabalha com dados *a priori*, com conteúdo predefinido e imodificável, mas sim com um discurso reconhecido como legítimo em prol da defesa da dignidade da pessoa humana. Consequentemente, esses direitos humanos e fundamentais atuariam na coesão interna entre democracia e Estado de direito por permitir um plano ideal de fala e de audição no qual os interessados, como autores e destinatários, possam deliberar sobre seus destinos em respeito à equiprimordialidade entre autonomias pública (soberania popular) e privada (liberdade e igualdade)[507].

Essa concepção universalista de direitos humanos e fundamentais, por mais paradoxal que possa parecer, compatibiliza-se com o relativismo cultural e com a proteção de minorias eventualmente oprimidas pelas maiorias ocasionais. Cabe, porém, proporcionar à participação dos interessados, em plano de liberdade e igualdade, com objetivo de que

---

(504) MÜLLER, Friedrich. *Métodos de trabalho do direito constitucional.* Tradução Peter Naumann. 2. ed. São Paulo: Max Limonad, 2004. p. 53.

(505) ALEXY, Robert. *Op. cit.*, p. 53 e 54.

(506) FERRAJOLI, Luigi. *Por uma teoria dos direitos e dos bens fundamentais.* Tradução Alexandre Salim *et al.* Porto Alegre: Livraria do Advogado, 2011. p. 9.

(507) HABERMAS, Jürgen. *A inclusão do* outro: estudos de teoria política. Tradução George Sperber e Paulo Astor Soethe. São Paulo: Loyola, 2002. p. 290-292; HABERMAS, Jürgen. *Direito e democracia:* entre facticidade e validade. 2. ed. Tradução Flávio Beno Siebeneichler. Rio de Janeiro: Tempo Brasileiro, 2003. v. II. p. 138; CRUZ, Álvaro Ricardo de Souza. *Habermas e o direito brasileiro.* 2. ed. Rio de Janeiro: Lumen Juris, 2008. p. 91.

possam defender suas visões de mundo, suas autorreferências, em busca da aceitabilidade racional dos resultados. Procedimentos e razões, forma e conteúdo estão de tal modo imbricados[508]. E o Ministério Público deverá participar ativamente desse processo ao velar pela liberdade e igualdade dos participantes.

Ferrajoli sustenta, ademais, uma teoria dos bens fundamentais. Inicialmente, aduz que na tradição do constitucionalismo democrático os interesses vitais das pessoas têm sido estipulados na forma de direitos fundamentais. Propõe, assim, redefinição do conceito de bens no sentido de incluir os *bens fundamentais,* cuja acessibilidade é garantida a todos e por isso são subtraídos à logica do mercado[509].

Essa proposta atrita-se com a concepção *habermasiana*. O paradigma do Estado social reduziu o ideal de justiça à definição de justiça distributiva e esqueceu a promessa de emancipação e de dignidade da pessoa humana. Os direitos não são bens para serem consumidos coletivamente, pois, para gozá-los, temos que exercitá-los[510]. Assim, na visão democrática de Habermas, inexistiria espaço para uma teoria dos bens fundamentais.

Esse resumido apanhado teórico sobre o paradigma do Estado democrático de direito indica rota para o redimensionamento do papel do Ministério Público brasileiro nessa nova perspectiva. As funções desempenhadas pela instituição passam a ocupar o epicentro de uma transformação social formada pela conjugação do constitucionalismo e da democracia[511].

Afinal, o Ministério Público brasileiro recebeu a incumbência constitucional de velar pelo regime democrático, a ordem jurídica (o direito e o constitucionalismo) e os direitos de relevância social e individuais indisponíveis (direitos humanos e fundamentais). Não como um regente ou substituto de uma sociedade supostamente incapaz, mas como agente que fomente e desobstrua canais comunicacionais necessários para que as pessoas participem diretamente da construção da solução dos problemas que as afetem.

A tendência de imbricar Ministério Público e democracia no Brasil é verificada, minimamente, desde o Decreto n. 848/1890, relativo ao Poder Judiciário Federal, de autoria do então ministro da Justiça e patrono do *Parquet* brasileiro Campos Salles. No preâmbulo desse ato normativo é realçada a imprescindibilidade da institituição em toda organização democrática.

Ainda em 1890 e também de responsabilidade de Campos Salles, o Decreto n. 1.030, alusivo ao Poder Judiciário do DF, em seu art. 164, dispunha ser o Ministério Público o advogado da lei, o fiscal de sua execução e o promotor da ação pública contra todas as violações do direito. Esse ato normativo vinculou a instituição ao direito, à lei, à constituição, enfim, ao constitucionalismo.

---

(508) HABERMAS, Jürgen. *A inclusão do* outro: estudos de teoria política. Tradução George Sperber e Paulo Astor Soethe. São Paulo: Loyola, 2002. p. 332.
(509) FERRAJOLI, Luigi. *Op. cit.,* p. 49-50 e 54.
(510) HABERMAS, Jürgen. *Direito e democracia:* entre facticidade e validade. 2. ed. Tradução Flávio Beno Siebeneichler. Rio de Janeiro: Tempo Brasileiro, 2003. v. II. p. 159.
(511) Em sentido próximo: STRECK, Lenio Luiz; FELDENS, Luciano. *Op. cit.,* p. 41.

Temos, pois, democracia e constitucionalismo (ordenamento jurídico constitucional). Ao Ministério Público coube a árdua tarefa de defender o regime democrático e a ordem jurídica. O primeiro sem este pode tornar-se desordem. O segundo sem o primeiro abarca o cenário ideal para regimes totalitários.

O Ministério Público somente passa a ser reconhecido, como instituição similar à atualmente vislumbrada, com a pretensão de implementação de regimes democráticos[512]. Porém urge laborar em prol da plena conformação e adaptação do Ministério Público ao novo paradigma do Estado democrático de direito, em vez de simplesmente acreditar em suposta vocação ontológica e natural da instituição para práticas democráticas.

Afirmações no sentido de que sem o Ministério Público prejudicadas estariam a democracia e a ordem jurídica[513], que o Ministério Público tem vocação democrática[514] ou que o Ministério Público é por natureza instituição democrática[515], devidamente contextualizadas, permitem entendimento e relativa defesa argumentativa. Entrementes, levadas ao extremo, são frágeis, pois suas correções dependerão do paradigma de *Parquet* a que se refere. Do revés, continuaremos a laborar com uma instituição *ontologizada*, supostamente democrática e efetivamente atuante em si mesma.

O Ministério Público, por efeito, deverá compreender o novo paradigma subjacente ao exercício do seu papel no país. Suas práticas deverão ser filtradas e postas em xeque à luz dessa nova perspectiva. Outros caminhos, obviamente, deverão ser descortinados. Mas, a todo momento, a instituição deverá conformar-se, reflexivamente, ao Estado democrático de direito.

Ao *Parquet* caberá a defesa da democracia, mas pautada pelo constitucionalismo, em processo de tensão contínua, até porque advogar o regime democrático materializa também respeito ao Estado de direito, e sustentar a manutenção da democracia, por efeito, fortificará o direito, em um processo dialético.

Democracia e respeito ao direito devem estar alinhados. Assim, a vontade da maioria não pode servir de pretexto para desconsideração de direitos individuais de minorias eventuais e, nesse momento, os direitos humanos e fundamentais atuarão como trunfos na defesa dos hipossuficientes. Isso também fortalecerá a defesa dos direitos sociais e coletivos igualmente legitimados pelo sistema democrático constitucional.

O *Parquet* deverá pôr em prática o regime democrático[516], sobretudo desobstruindo canais de participação popular nas decisões de relevância social. De certa maneira, o Ministério Público passa a ser um agente integrador da sociedade civil, ao aproximar-se e interagir, cada vez mais, com os cidadãos[517]. Em síntese, atuará como facilitador da democracia e do Estado de direito e velará pela coesão entre ambos.

---

(512) RITT, Eduardo. *Op. cit.*, p. 116-117.
(513) *Ibidem*, p. 147.
(514) MACHADO, Antônio Alberto. *Op. cit.*, p. 140.
(515) BELLO, Enzo. *Op. cit.*, 294.
(516) RITT, Eduardo. *Op. cit.*, p. 162.
(517) MACHADO, Antônio Alberto. *Op. cit.*, p. 144.

Os altos índices de propositura de ação coletiva pelo Ministério Público, especialmente em termos comparativos com outros legitimados ativos, não são motivos, apenas, de vangloriamento[518]. Esses dados, em outra perspectiva, podem decorrer da desarticulação das pessoas e da ineficiência estrutural de outras entidades legitimadas. A instituição deverá continuar com o aforamento das demandas necessárias e, concomitantemente, permitir que outros também o façam, sobretudo no âmbito da sociedade civil organizada. Em face da inércia injustificada de outras *entidades* legitimadas, o *Parquet* deverá considerar, inclusive, a possibilidade de instauração de IC para promover o regular funcionamento dessa entidade, e não apenas substituí-la na propositura da ação.

Esse novo paradigma gera influência em toda a atuação do Ministério Público brasileiro. A prática, até então desempenhada, deverá ser filtrada pelo art. 127 da CF/1988. A definição funcional do *Parquet* contemplada nesse dispositivo constitucional exige abandono de certos caminhos e abertura de novas frentes.

Em todos os ramos do direito, a atuação do Ministério Público deverá ser direcionada pela defesa do regime democrático, da ordem jurídica e dos interesses sociais e individuais indisponíveis (CF/1988). Atividades contrárias a esses marcos serão inconstitucionais e deverão ser abandonadas.

O Ministério Público, no paradigma do Estado democrático de direito, está vinculado à Constituição. Seus princípios institucionais, funções, instrumentos de atuação, garantias, prerrogativas e deveres deverão beber na fonte constitucional e dela extrair seu direcionamento e fundamento hermenêutico.

O paradigma do Estado democrático de direito, porém, é um projeto em permanente construção. Ao Ministério Público caberá contribuir para manutenção das conquistas, sua expansão e avaliação contínua sobre avanços, retomadas e recuos. Por ser um paradigma não temático, terá portal sempre escancarado para ingresso e reflexão de novos temas e argumentos.

Inexiste vedação à profusão de sentidos pelo paradigma do Estado democrático de direito. Essa proposta, caso existente, seria fadada ao insucesso pela impossibilidade prática de controlar a existência do próprio ser no mundo, como pessoa pensante e hermeneuta. Por isso, apesar de formalmente nomeado, tal paradigma é também aberto materialmente aos influxos da democracia e do direito, em processo de retroalimentação.

Esse novo paradigma, todavia, com a junção daqueles eixos temáticos expostos anteriormente, propõe mecanismos para colocar em prática a possibilidade de pôr em prova os sentidos. Em outro dizer, nossa proposta é confrontar o subjetivismo com a intersubjetividade, a fundamentação e a hermenêutica.

No Ministério Público, possivelmente, sempre existirão correntes de pensamento diversas, e isso é profícuo ao aprimoramento da atividade desenvolvida pela instituição.

---

(518) Estudos realizados nos estados do Rio de Janeiro e São Paulo demonstraram ser o Ministério Público autor de noventa por cento dos processos coletivos: MENDES, Aluisio Gonçalves de Castro. *Ações coletivas no direito comparado e nacional*. 2. ed. rev. atual. ampl. São Paulo: Revista dos Tribunais, 2010. p. 225.

Inclusive, essa diversidade deve ser incentivada, com a qualificação crítico-teórica de seus membros, e produtivamente aproveitada, como força motriz de evolução e fortalecimento da instituição. O risco decorrerá da inexistência de interlocução, de questionamentos à posição do outro e de controle por mecanismos impugnativos, participativos e integrativos previstos legalmente. Defende-se, assim, o subjetivismo em perspectiva intersubjetiva e pautado pela necessidade de interpretar e motivar decisões.

O paradigma do Estado democrático de direito proporcionará, enfim, pressupostos para nova interpretação da unidade e da independência funcional e parece capaz de operar uma guinada teórica-pragmática no Ministério Público brasileiro, com conformação do modelo que chamamos de *Ministério Público democrático e resolutivo*. Esses serão os temas dos dois próximos subcapítulos.

3.4. Unidade *versus* independência e uso criativo de (aparentes) paradoxos: traço distintivo do Ministério Público brasileiro[519]

As ideias iniciadas na última parte do primeiro capítulo deste livro serão agora retomadas, entretanto, em uma proposta mais didática, sistematizante e conclusiva. Novamente, a relação entre os princípios da unidade institucional e da independência funcional será abordada como traço distinguidor do Ministério Público brasileiro.

A crença de que o fortalecimento da unidade necessariamente compete contra a independência funcional será refutada. O mesmo acontecerá em relação à ideia de que o fortalecimento da independência seria inversamente proporcional à efetividade do princípio da unidade.

Atacaremos a hipótese de que uma suposta contradição entre unidade e independência justificaria a sobreposição de um desses princípios, qualquer que fosse o lado vencedor.

Nossa proposta, a rigor, adotará a premissa da integridade do sistema jurídico e buscará demonstrar como a paradoxal relação de tensão entre os princípios da unidade e da independência pode funcionar como mola propulsora de evolução e aprimoramento do Ministério Público brasileiro, à luz de determinados contornos teóricos, que também serão discutidos.

A partir do desvelamento e do uso criativo dessa paradoxal relação principiológica, pretenderemos desestruturar crenças consolidadas, dessacralizar dogmas e abalar o senso comum[520], com promoção de discussões sobre ideias e percepções reproduzidas de forma automatizada dentro e fora do Ministério Público brasileiro. Logo, nossas conclusões não pretendem imunidade à crítica, mas, pelo contrário, fomentar debate e reflexão.

---

(519) Alguns trechos, teorizações e citações constantes deste subcapítulo foram extraídos de: FONSECA, Bruno Gomes Borges da. *Compromisso de ajustamento de conduta*. São Paulo: LTr, 2013.

(520) Acerca do uso criativo dos paradoxos do direito: GUIMARÃES, Guilherme F. A. Cintra. *O uso criativo dos paradoxos do direito na aplicação de princípios constitucionais*: abertura, autoritarismo e pragmatismo na jurisdição constitucional brasileira. Brasília: Dissertação de Mestrado do Programa de Pós-graduação *Stricto Sensu* da UnB. Área de concentração: Direito, Estado e Constituição. Orientador: Professor Dr. Cristiano Otávio Paixão Araújo Pinto, 2007.

A própria relação de equilíbrio e tensão entre constitucionalismo e democracia é uma fórmula paradoxal que tem sido empregada de forma criativa e com relativo sucesso, desde o advento da modernidade. Então, por que não aplicar a mesma lógica aos princípios da unidade institucional e da independência funcional?

Assim, em um exercício teórico inicial, exploraremos a premissa, que adiante será abandonada, da existência de contradição entre os princípios da unidade e independência funcional. A partir de então, laboraremos a possibilidade de tornar produtivo o uso dessa relação aparentemente paradoxal, em prol do adequado desenvolvimento do Ministério Público brasileiro e de seu mister constitucional.

Passaremos, então, a desenvolver nossa concepção de maneira mais didática e conclusiva.

Há, evidentemente, forte tensão entre os princípios da unidade e independência funcional. É imprescindível, à luz do direito brasileiro, a continuidade desse estado tensional, como espécie de válvula propulsante de dinamismo e (re)adequação constitucional do Ministério Público.

A CF/1988, ao prescrever, concomitantemente, como princípios institucionais do Ministério Público brasileiro, a unidade e a independência funcional, criou dificuldade adicional na compreensão do sentido e do papel dessa instituição, porém trabalhou em perspectiva similar ao paradigma do Estado democrático de direito que é circunscrito por diversas tensões: democracia *versus* estado de direito (ou constitucionalismo), segurança jurídica *versus* justiça, criação (justificação) *versus* aplicação do direito, facticidade *versus* validade, real *versus* ideal, entre outras.

Essas categorias aparentemente conflitivas são capazes de subsidiar concepção teórica adequada e interessante sobre o contorno dos princípios da unidade e independência funcional. Parecem também pilares incentivadores de um agir dinâmico da instituição no manejo desses princípios e da manutenção do estado de tensão permanente por serem reconhecidos como coprincípios institucionais (originários) do Ministério Público brasileiro.

Entretanto, antes da análise daquelas categorias em conflito, na perspectiva dos princípios da unidade e independência funcional, duas premissas, de plano, serão renovadas.

A primeira decorre da asseveração de que nenhum dos dois princípios tem caráter absoluto. Tanto a unidade quanto a independência funcional são filtradas pelo paradigma do Estado democrático de direito e encontrarão seu espaço conflituoso em contexto de permanente tensão, e não de sobreposição.

A segunda materializa-se na necessidade de fundamentação adequada ao paradigma do Estado democrático de direito. O Ministério Público, em todos os seus atos, inclusive a decisão de não agir, deverá apresentar justificativa adequada ao direito. Somente dessa forma será possível identificar os pressupostos de sua decisão e seus pontos de partida, pô-los à prova e laborar em viés crítico-reflexivo e problematizante.

Postas essas duas premissas, volvemos àquelas categorias em tensão (democracia *versus* Estado de direito, segurança jurídica *versus* justiça, real *versus* ideal, facticidade *versus* validade e criação (justificação) *versus* aplicação do direito) na perspectiva da atividade desenvolvida pelo Ministério Público, sobretudo na conjugação equilibrada dos princípios da unidade e independência.

O paradigma do Estado democrático de direito, como vimos, aposta na relação de equiprimordialidade entre autonomias privada e pública. Os direitos humanos e fundamentais atuam na coesão interna desses conceitos. Dessa forma, a comunidade jurídica exerce sua auto-organização, tendo a Constituição como fonte primacial do direito e vetor da interpretação do ordenamento em geral. As pessoas, assim, podem se considerar coautoras e destinatárias das normas jurídicas.

Nessa esteira, o princípio da unidade liga-se fortemente à ideia de Estado de direito. Isso porque o (re)presentante do Ministério Público deverá observar os atos normativos institucionais de caráter geral, decorrentes do devido processo constitucional de criação normativa. A unidade busca abrandar espaços de subjetivismos, voluntarismos, solipsismos e decisionismos por parte dos agentes da instituição.

Lembre-se de que tais atos normativos podem ser afastados pelo promotor-procurador, caso sejam considerados inválidos, após decisão fundamentada, como nas hipóteses de inconstitucionalidade. Para tanto, o membro do Ministério Público deverá motivar a *inobservância* desses atos normativos com fulcro no sistema jurídico constitucional, o que alinhará o princípio institucional da unidade ao constitucionalismo.

O princípio da independência funcional, por seu turno, parece mais próximo da ideia de democracia, alinhada ao pluralismo e à diversidade de visões. No entanto, assim como a democracia encontra limites (e condições de possibilidade) institucionalizados pelo Estado de direito, o membro do Ministério Público não poderá *fazer tudo* o que desejar sob o pretexto de exercitar sua independência funcional.

A independência funcional deverá ser concretizada em conformidade com o direito em vigor, o que exige dos promotores-procuradores decisões consistentes e devidamente fundamentadas. Essas decisões vinculam-se, necessariamente, à atividade de interpretação[521], que requer fundamentação e adoção de pressupostos alinhados ao Estado democrático de direito[522].

Nesse processo hermenêutico de busca da norma adequada à situação concreta, como alertado, imprescindível tanto uma justificação interna, isto é, a fixação de um

---

(521) As súmulas vinculantes também dependem de interpretação para serem aplicadas. Há nelas uma cláusula subentendida *se for o caso*, isto é, será imprescindível verificar se o verbete é adequado às circunstâncias do caso concreto: COURA, Alexandre de Castro; PAULA, Rodrigo Francisco de. *Interpretação e aplicação das súmulas vinculantes e a cláusula "se for o caso": para uma análise crítica da pretensão de "aplicabilidade automática" das súmulas vinculantes*. Vitória: Revista de Direitos e Garantias Fundamentais. n. 4, jul./dez., 2008. p. 213-229

(522) COURA, Alexandre de Castro. Por uma jurisdição constitucionalmente adequada ao paradigma do estado democrático de direito – reflexões acerca da legitimidade das decisões judiciais e da efetivação dos direitos e garantias fundamentais. *In:* SIQUEIRA, Julio Pinheiro Faro Homem de; TEIXEIRA, Bruno Costa; MIGUEL, Paula Castello (Coord.). *Uma homenagem aos 20 anos da constituição brasileira*. Florianópolis: Fundação Boiteux, 2008. p. 313-324.

significado-identidade com referência aos textos normativos formalmente válidos, quanto uma justificação externa, ou seja, em caso de dúvida, recorrer a precedentes judiciais, decisões de outras esferas e demais fontes do direito. Ademais, todas as circunstâncias do caso devem ser levadas em consideração, sendo que a exclusão e a seleção das características relevantes da situação requerem devida justificação[523].

A unidade outrossim parece mais próxima da idealidade, ao ser conformada por atos normativos de caráter geral, criados com a pretensão de abarcar a generalidade dos casos, mas cientes, de antemão, da impossibilidade de englobar todas as possíveis variáveis e situações presentes no mundo da vida.

Por isso, a independência funcional autoriza o membro do Ministério Público a realizar atividade interpretativa de mediação entre normas e atos (gerais e abstratos) e os casos concretos. Nesse processo interpretativo, o texto normativo generalizante encontrará a realidade social e, dessa junção, o promotor-procurador extrairá a norma jurídica adequada à situação de aplicação. O texto normativo será o ponto de partida de cada decisão, fruto de esforço hermenêutico construtivista (na norma), a requerer justificação em face das características de cada situação. Assim, unidade e independência serão conciliadas, sem sobreposição.

Portanto, enquanto o princípio da unidade aproxima-se das noções de Estado de direito e de segurança jurídica, o princípio da independência funcional vincula-se à ideia de democracia e à pretensão de justiça das decisões, ao conferir liberdade hermenêutica ao membro para interpretar o texto normativo à luz das circunstâncias do caso concreto.

Do mesmo modo, a unidade ladeia o plano de validade do direito, enquanto a independência funcional vai ao encontro da facticidade. O primeiro implicará justificação interna, enquanto o segundo, justificação externa. Um, portanto, dependerá do outro em movimentos tensional e reciprocamente oxigenado.

A distinção entre juízos de criação (justificação) e aplicação do direito não é algo simples nem um dado *a priori*. A primeira vista, poderá implicar desprestígio e subserviência da atuação do Ministério Público. Mas reconhecer essa diferenciação é fundamental para justificar a coexistência da unidade e da independência funcional como princípios institucionais válidos e igualmente necessários.

No juízo de criação (justificação) do direito, são considerados argumentos de todas as espécies (morais, éticos, políticos, pragmáticos, jurídicos, entre outros). Essa ponderação de valores é feita pelo poder normativo criador (legiferante) em cenário com pretensão de ser democrático, institucionalizado pelo princípio do discurso.

No juízo de aplicação do direito, por sua vez, opera-se processo interpretativo em busca da norma adequada à situação descrita no mundo da vida e as alegações utilizadas

---

(523) GÜNTHER, Klaus. Uma concepção normativa de coerência para uma teoria discursiva da argumentação jurídica. *Cadernos de Filosofia Alemã*. São Paulo: Humanitas, n. 6, 2000. p. 92-93 e 98-99. A teoria proposta por Günther, entrementes, é passível de crítica a vincular o resultado do processo hermenêutico a princípios morais.

concentrar-se-ão em aspectos jurídicos. Argumentos diversos, naturalmente, serão expostos, mas deverão justificar-se internamente, na ordem jurídica posta (por terem sido revestidos pela forma do direito).

A separação de competências e atribuições derivadas da Constituição e das leis, do ponto de vista da argumentação, resulta na distribuição de possibilidades de distintos tipos argumentativos e da subordinação de formas de comunicação correspondentes. O poder normativo criador (normalmente exercido pelo Poder Legislativo), na construção do texto normativo, tem poder amplo, enquanto o Ministério Público deve abster-se de dispor arbitrariamente das motivações construtoras do dispositivo por atuar em típico discurso jurídico de aplicação[524], sem poder legifero, salvo relativamente às normas secundárias.

No juízo de aplicação parece incabível desconsiderar os argumentos morais, éticos, políticos, pragmáticos, entre outros, desde que revestidos pela forma do direito pelo processo legislativo. Todos esses pontos de vista, normativamente reconhecidos, deverão ser investigados, descortinados e novamente analisados à luz da situação fática descrita, em busca da norma jurídica adequada dentro de operações interpretativa e de fundamentação.

Inexistirá, no entanto, possibilidade de substituir os juízos de valor utilizados pelo legislador, democraticamente aceitos pelo princípio do discurso. Ressalvadas as hipóteses de controle de constitucionalidade, a reanálise deve-se apenas à necessidade de encontrar a norma adequada ao caso concreto, sob pena de que razões relevantes apenas na óptica do órgão decididor, e não revestidas pela forma do direito, passem a competir, no mesmo plano, com as normas democraticamente estabelecidas.

A atividade do Ministério Público vincula-se à aplicação do direito. Sua atuação, naquela divisão, enquadra-se, portanto, no juízo de aplicação da norma jurídica. Ausenta-se de seu rol atributivo criá-lo. Quando celebra TAC ou propõe ACP, o faz com base em direito preexistente, ainda que (re)interpretado construtivamente, à luz do caso concreto.

O juízo de aplicação do direito exige operações complexas. As características da situação precisam ser descobertas e descritas com base em normas possíveis, ainda indeterminadas. Pressuporá normas válidas, porém, carentes de interpretação[525]. O discurso aplicador, portanto, exige fundamentação consistente com a ordem jurídica e racionalmente fundada nos fatos em questão.

O Ministério Público, ao aplicar a norma, pressupõe sê-la válida. Essa presunção, porém, exige do membro-intérprete dever de fundamentação. Ao abrir o texto normativo à realidade, possivelmente, novos argumentos morais, éticos, políticos, pragmáticos, jurídicos, entre outros, aparecerão e poderão desestabilizar pretéritas alegações vencedoras,

---

(524) Em sentido próximo: HABERMAS, Jürgen. *Direito e democracia:* entre facticidade e validade. 2. ed. Tradução Flávio Beno Siebeneichler. Rio de Janeiro: Tempo Brasileiro, 2003. v. I. p. 239.

(525) HABERMAS, Jürgen. *Direito e democracia:* entre facticidade e validade. 2. ed. Tradução Flávio Beno Siebeneichler. Rio de Janeiro: Tempo Brasileiro, 2003. v. I. p. 151.

em típica tensão irrompida da realidade social[526]. É momento de investigar a norma adequada diante de novel quadro ofertado. Discursos de fundamentação, portanto, ocorrem nessa fase e são imprescindíveis e também funcionam como complemento por ocasião da aplicação da norma[527].

Afigura-se improvável, como alertado, o texto normativo prever todas as situações possíveis de aplicabilidade. Certamente, contextos e situações novos surgirão. Por efeito, circunstâncias desconsideradas na confecção do texto normativo serão observadas por ocasião da sua aplicação, sob pena de se propor rigorismo abstrato e cego[528]. Urge, porém, atentar-se para distinção entre criação e aplicação normativa. É a máxima: direito como texto e como contexto. Ou seja, assunção da ciência jurídica como linguagem fruto da teoria comunicacional[529].

A unidade, nessa proposta didática, parece aproximar-se mais do juízo de criação (fundamentação) do direito, por vincular o membro do Ministério Público à ordem jurídica vigente. A independência funcional, por outro lado, é mais vinculada ao juízo de aplicação do direito, por autorizar ao membro interpretação construtiva do texto normativo preexistente à luz das circunstâncias do caso concreto e em busca da norma jurídica adequada.

Toda essa construção teórica, entretanto, pode transparecer a ideia de que o problema está distante de ser solucionado, por inexistir critério seguro, insofismável, como uma *receita (prévia)*, para separar o que a unidade permite e veda, e também o que a independência concede e proíbe. Essa impressão, em parte, é verdadeira!

Em uma visão mais otimista, porém, essa tensão (que deverá existir) entre os coprincípios originários e institucionais da unidade e independência em relação de equiprimordialidade ou de conjugação equilibrada obrigará a observância do direito, mas de uma maneira crítica-reflexiva e problematizante diante da necessidade de uma hermenêutica construtiva permanente e fundamentada à luz do sistema jurídico e das circunstâncias do caso concreto, o que permitirá ao Ministério Público brasileiro justificar, adotar, abandonar e reavaliar certas práticas.

A unidade, como dito, aproxima-se mais do Estado de direito, da segurança jurídica, do ideal, do válido e do juízo de criação (justificação) do direito, enquanto a independência funcional vincula-se mais à democracia, à pretensão de justiça, ao real, ao factível e ao juízo de aplicação do direito. Essa teorização é necessária e servirá de roupagem aos casos concretos.

Entrementes, sem análise do caso concreto, seria temerário afirmar a margem de amplitude de cada um dos dois princípios. As circunstâncias fáticas em confronto com

---

(526) HABERMAS, Jürgen. *Direito e democracia:* entre facticidade e validade. 2. ed. Tradução Flávio Beno Siebeneichler. Rio de Janeiro: Tempo Brasileiro, 2003. v. I. p. 51.

(527) HABERMAS, Jürgen. *Direito e democracia:* entre facticidade e validade. 2. ed. Tradução Flávio Beno Siebeneichler. Rio de Janeiro: Tempo Brasileiro, 2003. v. II. p. 183.

(528) GÜNTHER, Klaus. *Teoria da argumentação no direito e na moral:* justificação e aplicação. Tradução Claudio Molz. São Paulo: Landy, 2004. p. 26-29.

(529) ROBLES, Gregório. *O direito como texto.* Tradução Roberto Barbosa Alves. São Paulo: Manole, 2005. p. 1-3.

a ordem jurídica é que permitirão extrair a norma jurídica materializante dos princípios da unidade e independência funcional.

Assim sendo, retomemos, a seguir, três exemplos expostos no primeiro capítulo e incluiremos uma quarta hipótese, inédita. Então, discutiremos os casos à luz desses critérios teóricos, com o propósito de desenvolver e demonstrar caminhos argumentativos possíveis. Tudo isso, é claro, sem a pretensão de encerramento da discussão ou de respostas definitivas.

(i) atuação conflituosa de membros do Ministério Público no mesmo processo.

Na condição de juristas, é desconfortável seguir o entendimento do qual discordamos. O mesmo ocorre internamente no Ministério Público, em que existe pluralidade de entendimentos entre os membros. De maneira geral, as posições encontram muitos pontos de contato, mas a unanimidade é, quase sempre, improvável.

Um dos exemplos citados no primeiro capítulo referiu-se à atuação conflitante de membros do Ministério Público no mesmo processo[530]. Um agente do MPE requereu impronúncia do acusado. Esse pleito foi acolhido pelo juiz. Dessa decisão, outro membro, do mesmo MPE, interpôs recurso.

Como resolver esse caso concreto à luz dos critérios teóricos expostos anteriormente?

A situação é complexa. A unidade, como vimos, aproxima-se mais do Estado de direito, da segurança jurídica, do real, do válido e do juízo de criação (justificação) do direito. Assim, a princípio, a unidade impediria a mudança de opinião do Ministério Público no mesmo processo por observância daquelas categorias.

A independência funcional, entretanto, por vincular-se mais à facticidade, à pretensão de justiça no caso concreto e ao juízo de aplicação do direito, permitirá, à luz da excepcionalidade da situação, mudança de opinião, desde que devidamente justificada.

Assim, em nossa concepção, o STF somente poderá aceitar a atuação conflitante de membros de um mesmo ramo do Ministério Público no mesmo processo se existirem justificativas interna e externa relacionadas às peculiaridades do caso concreto, sob pena de afrontar o princípio do devido processo constitucional. Alegações genéricas de violação ao princípio da independência ou de que o *Parquet* é defensor da ordem jurídica, a princípio, seriam insuficientes.

O membro do Ministério Público, à falta de justificativas interna e externa, deverá conformar-se com a decisão e registrar no procedimento administrativo de acompanhamento do processo judicial seu inconformismo, sem prejuízo de propor ação rescisória, por ser medida assegurada pelo devido processo constitucional e que oportunizaria a formação de novo processo.

A Recomendação n. 19/2011 do CNMP parece, portanto, seguir caminho compatível com a conjugação equilibrada dos princípios da unidade e independência funcional,

---

(530) BRASIL. *STF*. RE n. 590908 RG/AL. Tribunal Pleno. Relator: Ministro Ricardo Lewandowski. Relator para acórdão: Ministro Marco Aurélio. Julgamento: 3.11.2011. Fonte: DJe-112 de 11.6.2012.

pois, na condição de previsão generalizante, apostou na desnecessidade de atuação de mais de um agente do Ministério Público em ações individuais e coletivas, propostas ou não pela instituição.

(ii) Atuação conflituosa de membros do Ministério Público na esfera extrajudicial.

Essa atuação conflitante de agentes do Ministério Público também pode ocorrer na esfera extrajudicial. A nossa concepção nesses casos é similar à exposta anteriormente.

Caso o membro assuma a titularidade de IC com tramitação anterior, terá, em razão da independência funcional, liberdade para modificar a forma de atuar, inclusive a linha de investigação. Porém, na hipótese de constar desse procedimento administrativo atos consolidados, como TAC celebrado ou uma promoção de arquivamento homologada pela CCR ou pelo Conselho Superior, deverá prevalecer a unidade, salvo se existir justificativas (interna e externa) em contrário, pautadas na excepcionalidade do caso analisado. A simples invocação da independência, desacompanhada das devidas razões, é insuficiente para suprimir a eficácia desses atos.

O art. 14-A da Resolução n. 69/2007 do CSMPT, diante dessa possibilidade de atuação extrajudicial conflitiva de membros do MPT, previu que, na hipótese de o procurador do trabalho oficiante considerar o TAC, anteriormente celebrado, ineficaz, deverá, em despacho fundamentado, apontar os defeitos imputados ao instrumento, as medidas que considera necessárias para saná-los, bem como a proposta retificadora com remessa dos autos à CCRMPT para apreciação.

O art. 14-A, §§ 1º, 2º e 3º, da Resolução n. 69/2007 do CSMPT prescreve que, caso o TAC tenha sido subscrito por membro diverso do agente que propõe a mudança desse instrumento, seja ele cientificado para manifestação facultativa. Na hipótese de o subscritor do TAC não mais integrar a instituição ou dela estiver afastado, será ouvido o procurador-chefe. A proposta retificadora do instrumento, além disso, exigirá anuência expressa do legitimado passivo subscritor[531].

Essa previsão, induvidosamente, cria mais uma formalidade a ser observada na atividade desenvolvida pelo MPT. Entretanto, permite a conjugação equilibrada dos princípios da unidade e independência. As obrigações contempladas no TAC somente poderão ser modificados à luz de procedimento específico com participação de alguns interessados e com apresentação de justificativa[532].

(iii) Impossibilidade de o CNMP analisar atividade-fim desenvolvida pelos membros do Ministério Público.

O CNMP, como vimos, recebeu reclamação contra a ausência de interposição de ação por membro do Ministério Público. O órgão, entretanto, reconheceu sua incompetência para apreciar ato referente à atividade-fim[533].

---

(531) Caso o legitimado passivo subscritor discorde da proposta retificadora, a alteração do TAC restará prejudicada, por ser um instrumento bilateral, dependente do acordo de vontade das partes. Nesse caso, restará a possibilidade de desconstituição do TAC, não sendo possível alteração unilateral do termo.

(532) Os atingidos pelas obrigações do TAC, mediante, pelo menos, a publicação de editais, e intimação das agremiações sindicais, poderiam ser também intimados para se manifestar sobre a mudança de cláusulas desse instrumento.

(533) BRASIL. *CNMP*. Relator: Ernando Uchoa Lima. Processo n. 0.00.000.000064/2006-12.

Em outro caso, o CNMP recebeu requerimento de que fosse recomendado a determinado promotor de justiça abstenção em se manifestar em execuções fiscais e seus incidentes, com o fito de contribuir para celeridade na tramitação das demandas. A intervenção do CNMP foi considerada descabida também nesse caso[534].

O CNMP, diante desse contexto, publicou o Enunciado n. 6/2009, segundo o qual os atos relativos à atividade-fim do Ministério Público são insuscetíveis de revisão ou desconstituição.

A posição do CNMP parece acertada. Entrementes, a atividade-fim, embora resguardada, além de não ter um fim em si mesmo, abstém-se de agir como proteção de caráter absoluto.

A unidade exige aproximação da atuação do membro com o Estado de direito, à segurança jurídica, o ideal, o válido e o juízo de criação (justificação) do direito, enquanto a independência funcional, ao aliar-se mais a outras categorias, exige fundamentação adequada.

Assim, parece possível exigir do membro do Ministério Público fundamentação adequada em sua atividade-fim. Seu ato, portanto, poderá ser declarado nulo por ausência de motivação e isso não implicará análise de sua atividade finalística. Há diferença entre declarar a nulidade de um ato por ausência de fundamentação e discordar da motivação exposta. A segunda hipótese é protegida pela independência funcional, enquanto a primeira implica violação à unidade.

Imagine o exemplo de membro do Ministério Público que promova arquivamento do IC com os simples dizeres: *arquivo este procedimento porque estou convencido de inexistir ilegalidade na conduta do indiciado*. Inexistiu fundamentação! O órgão revisor, nesse caso, poderá declarar nula a promoção de arquivamento e exigir que seja apresentada outra devidamente motivada.

Caso diverso, no entanto, foi aquele discutido pelo STF no julgamento do mandado de segurança n. 28.408[535]. Nessa situação, o CNMP havia recebido representação contra promotor de justiça que vinha requerendo ao TJ que os procuradores de Justiça integrantes das Câmaras Cíveis no segundo grau não fossem intimados nos feitos em que ele atuasse.

Os requerimentos formulados pelo promotor foram fundamentados. O argumento central do promotor de justiça era o de que, uma vez tendo o Ministério Público atuado como parte, não poderia a instituição agir também como fiscal do direito, pronunciando-se duas vezes no mesmo processo. Em seus requerimentos, o promotor alegava, de forma fundamentada, que a dupla manifestação do Ministério Público poderia ensejar pedidos de declaração de nulidade e gerar prejuízo ao regular desenvolvimento dos processos.

O CNMP pronunciara-se desfavoravelmente ao promotor de justiça em procedimento administrativo instaurado por representação de procurador de justiça contrário

---

(534) BRASIL. *CNMP*. Relator: Ernando Uchoa Lima. Processo n. 0.00.000.000141/2008-98.
(535) BRASIL. *STF*. 2ª Turma. Relatora: ministra Cármen Lúcia. MS n. 28408.

ao teor dessas manifestações. Por essa razão, tal promotor de justiça impetrou o aludido MS n. 28408, perante o STF, contra a decisão do CNMP, com a alegação de interferência em sua independência funcional.

Como já mencionado, a 2ª Turma do STF denegou a ordem pretendida ao afirmar que atitude do promotor de justiça seria contrária à resolução do Colégio de Procuradores do Estado de origem. Por fim, asseverou que o CNMP tem o papel de zelar pela autonomia funcional do Ministério Público, a qual considerou ameaçada pela atitude do promotor de justiça, que pretendia evitar atuação de colegas do segundo grau em processos nos quais o Ministério Público já havia se manifestado como parte.

Acompanhando o voto vencedor da relatora, o ministro Teori Zavascki declarou que a decisão do CNMP teve apenas o objetivo de fazer cumprir decisão do Colégio de Procuradores do Estado e que o princípio da independência deve compatibilizar-se com a hierarquia na formação institucional do Ministério Público.

Considerando a fundamentação da decisão do STF e, especialmente, o argumento explicitado pelo ministro Teori Zavascki, nota-se que a Suprema Corte afirmou perigosa sobreposição de princípio, em favor da unidade e contra a independência funcional.

Parece-nos mais adequado o entendimento exposto no voto divergente do ministro Ricardo Lewandowski, que afirmou que promotores de justiça não podem ser cerceados no seu direito de formular pedidos em juízo. Conforme salientou esse ministro, é direito funcional do membro do Ministério Público formular pedidos em juízo, desde que devidamente fundamentados. Se for o caso, o juízo poderá indeferir o pedido, não sendo cabível restrições à atuação funcional ou medida disciplinar contra o promotor de justiça que o formulou.

(iv) Observância de metas fixadas institucionalmente.

A demanda de trabalho cresce constantemente nas promotorias-procuradorias. O Ministério Público, no Brasil, tornou-se canal de confiança das pessoas, que, em muitas ocasiões, enxergam na sua atuação a única ou última maneira de equacionar conflitos e lesões ao direito.

De outro lado, os recursos humanos, logísticos e estruturais do Ministério Público não têm aumentado na mesma proporção da demanda, o que incrementa o risco de atraso e ineficiência, por exemplo, na tramitação de procedimentos administrativos nas promotorias-procuradorias.

O Ministério Público, nesse contexto, depara-se com o desafio de realizar seletividade razoável e constitucionalmente adequada, com definição de metas prioritárias e estratégias eficazes, sem desconsiderar o rol integral de atividades prescritas pela CF/1988.

As metas definidas institucionalmente são obrigatórias? O membro está obrigado a cumpri-las? Essas indagações são muito complexas para serem respondidas abstratamente, mas parece que a relação de equiprimordialidade, ou conjugação equilibrada, dos coprincípios originários da unidade e independência funcional, é capaz de sinalizar uma pista a seguir.

À primeira vista, as respostas são *sim*. A unidade obrigaria o cumprimento de metas definidas institucionalmente, até porque ela estaria mais próxima do Estado de direito, da segurança jurídica, do ideal, do válido e do juízo de criação (justificação) do direito. As metas definidas institucionalmente são normas generalizantes e, a princípio, de observância obrigatória.

Essa constatação não impede a invocação da independência funcional como princípio adequado à realização da pretensão de justiça em face do caso concreto, no juízo de aplicação do direito. Por efeito, ao agente do Ministério Público, aplicador da meta definida institucionalmente, caberá filtrar hermeneuticamente essa norma generalizante às circunstâncias fáticas.

É possível, em decorrência dessa tensão de princípios, constatar que o plano, definido institucionalmente, preveja ações juridicamente inválidas, como na hipótese de inconstitucionalidade. Nesse caso, inexistirá obrigatoriedade em cumpri-lo, mas haverá necessidade de o membro do Ministério Público apresentar fundamentação para inobservá-lo.

Também é possível que a meta institucional, de caráter geral, receba leituras diversas pelos agentes do Ministério Público e seja materializada de maneira diferente em razão de circunstâncias fáticas específicas em certa localidade, as quais sequer foram imaginadas na confecção do plano de ação.

A conclusão é de que as metas fixadas institucionalmente, a princípio, são obrigatórias. No entanto a forma de concretização não será, necessariamente, uniforme.

Metas não devem ser executadas na forma do *tudo ou nada*, em razão da diversidade e complexidade dos contextos sociais. Dependem de interpretação para serem executadas adequadamente em face do ordenamento jurídico-constitucional e das peculiaridades das situações apresentadas. Não são, portanto, autoexecutáveis.

O controle de legitimidade e correção da interpretação e execução das metas dependerá da análise dos pressupostos e fundamentos expostos, por cada agente, durante o processo hermenêutico de concretização.

Argumentos de caráter geral ou decorrentes simplesmente do juízo discricionário de oportunidade e conveniência injustificam a refutação do sentido geral (*a priori*) da meta compartilhada institucionalmente.

3.5. Considerações parciais do capítulo e síntese do Ministério Público democrático e resolutivo[536]

Desde o início deste livro, antecipamos nossa concepção de Ministério Público consubstanciada na elocução *Ministério Público democrático e resolutivo*. Concepções teóricas e práticas descritas nesta obra foram ora rechaçadas, ora assimiladas, para construção dessa proposta.

---

(536) Alguns trechos, teorizações e citações constantes deste subcapítulo foram extraídos de: FONSECA, Bruno Gomes Borges da. *Compromisso de ajustamento de conduta*. São Paulo: LTr, 2013.

Iniciamos este capítulo expondo nossa base teórica, fincada em um pensamento pós-metafísico, na filosofia pragmática da linguagem, na intersubjetividade como condição da subjetividade, na teoria da democracia e no movimento pós-positivista. Esses, resumidamente, são os eixos temáticos norteantes de nossa concepção sobre Ministério Público, sem olvidar, obviamente, do Direito como ciência normativa.

O segundo capítulo reconheceu existir uma crise de paradigmas que gera corolários na maneira de atuar do Ministério Público. Nesse ponto, concluímos que o ensino jurídico assume relevante papel nessa realidade e, concomitantemente, é elemento propulsor de uma almejada mudança.

Identificamos o paradigma do Estado democrático de direito e afastamos propostas defensoras dos Estados de direito liberal, neoliberal e social, sem prejuízo da utilização estratégica e reflexiva de concepções que lhes são típicas, após filtragem pelo atual paradigma democrático constitucional.

No quarto capítulo, por fim, teorizamos acerca dos coprincípios da unidade e independência funcional e propusemos, sinteticamente, uma relação de equiprimordialidade (ou conjugação equilibrada) e manutenção de seu estado de permanente tensão.

Feita essa síntese, parece possível apresentar o modelo teórico de atuação por nós defendido, como alternativa aos arquétipos expostos no capítulo segundo deste livro, mas, para tanto, faremos algumas incursões e comparações com outras formas de agir da instituição.

O art. 1º, parágrafo único, da Lei n. 1.341/1951, então Lei Orgânica do Ministério Público da União, ao reportar-se à atividade do *Parquet* previa:

Art. 1º. [...]

Parágrafo único. Os órgãos do Ministério Público da União, junto à justiça comum, à militar, à eleitoral e a do trabalho são independentes entre si, no tocante as respectivas funções. (Grifos nossos)

O art. 1º da Lei Complementar n. 40/1981, disciplinante de normas gerais aplicáveis ao MPE, por outro lado, definiu o Ministério Público da seguinte maneira:

Art. 1º. O Ministério Público, instituição permanente e essencial à função jurisdicional do Estado, é responsável, perante o Judiciário, pela defesa da ordem jurídica e dos interesses indisponíveis da sociedade, pela fiel observância da Constituição e das leis, e será organizado, nos Estados, de acordo com as normas gerais desta Lei Complementar. (Grifos nossos)

A CF/1988 apropriou-se dessa definição, porém, com diferencial, explicitador de possível mudança de arquétipo. As pretéritas leis destacaram as funções da instituição realizadas no Poder Judiciário. A Constituição, ao retirar a expressão *perante o Judiciário*, apresentou significativa modificação e apontou necessidade de o Ministério Público desincumbir-se de suas funções também por mecanismos extrajudiciais.

O desenho traçado pelo art. 1º da Lei Complementar n. 40/1981, embora relevante à época, limitava a atuação do Ministério Público por vinculá-lo à atividade judicial.

Era responsável por defender a ordem jurídica e os interesses indisponíveis apenas no Poder Judiciário.

Leitura apressada do texto constitucional (art. 127) possibilitaria conclusão de que o Ministério Público, por ter sido inserido como instituição essencial à função jurisdicional, deveria atuar, necessariamente, na totalidade de ações em curso no Poder Judiciário. Porém, nesse ponto, a Constituição demonstra apenas uma das formas de atuação da instituição. Relevante, mas repartida com as funções extrajudiciais, fundamentais para concretização dos fins constitucionais da instituição no paradigma do Estado democrático de direito. A literalidade do dispositivo, portanto, afasta-se de precipitada e extrema valorização da atuação judicial do *Parquet* e deve ser interpretada apenas como um dos *locais de trabalho*[537].

A norma extraída do texto constitucional, condizente com o paradigma do Estado democrático de direito, entretanto, é outra. Ao Ministério Público caberá contribuir para o funcionamento adequado da função jurisdicional, seja com propositura de ações, manifestações processuais, interposição de recursos, bem como pela ausência de intervenção por falta de interesse social ou de discussão envolvente de interesse individual indisponível. Caberá também como instituição essencial à função jurisdicional, atuar preventivamente para evitar a *judicialização* do conflito, na hipótese de ser possível seu equacionamento por mecanismos extrajudiciais, o que impedirá propositura de demandas judiciais inúteis e favorecerá o funcionamento adequado do Poder Judiciário.

A essencialidade da instituição à função jurisdicional é conjugada com as demais atribuições. O Ministério Público é essencial, mas prescindível em inúmeros casos. Atuará judicialmente caso essa conduta compatibilize-se com o desiderato constitucional. Na pretensão de direitos disponíveis, por exemplo, sua presença é dispensada. Diferentemente da hipótese de a demanda judicial lidar com interesses metaindividuais[538].

A Recomendação n. 16/2010 do CNMP dispôs sobre a atuação do Ministério Público como instituição interveniente no processo civil. Observou ser da instituição a incumbência de aferir o interesse justificador de intervenção na causa e dispensou a participação ministerial em dezena de ações (art. 5º). Destacou, ainda, necessidade de planejamento institucional com escopo de priorizar questões de repercussão social. É interpretação compatível com a atual conformação constitucional do *Parquet*.

O texto constitucional permite, destarte, as seguintes ilações: (i) ausenta-se como atribuição do Ministério Público oficiar em todos os processos judiciais; (ii) a instituição atuará também em atividades extrajudiciais[539]; (iii) a atividade será estratégica e pautada em prioridades de relevância social (definidas em conexão com práticas democráticas dialogadas, provocadas e reivindicadas).

---

(537) GARCIA, Emerson. *Ministério público*. Organização, atribuições e regime jurídico. 3. ed. rev. ampl. atual. Rio de Janeiro: Lumen Juris, 2008. p. 47.

(538) Excepcionalmente, tem-se atuação do PGR em todos os processos de competência do STF (CF/1988, art. 103, § 1º), malgrado aparente limite do art. 52 do Regimento Interno do STF.

(539) MAZZILLI, Hugo Nigro. *Regime jurídico do ministério público*. 6. ed. rev. ampl. e atual. São Paulo: Saraiva, 2007. p. 109-110.

Essa nova conformação do *Parquet* pode ser manifestada em expressões diversas. Duas destacam-se após a CF/1988: (i) Ministério Público resolutivo[540]; (ii) Ministério Público administrativo[541].

A expressão *Ministério Público administrativo* tem o mérito de desvincular a atividade exercida pela instituição da prestação jurisdicional. É inadequada, entrementes, para designar o perfil que desejamos salientar nesta pesquisa, ao deixar de identificar o modelo teórico e a característica fundamental da atuação institucional no atual paradigma constitucional.

De outro lado, a elocução *Ministério Público resolutivo* é também imperfeita ao abster-se de destacar a atuação democrática objetivada pela instituição contemporaneamente. Entretanto, adjetivada e precedida com a palavra *democrático*, parece capaz de realçar a possibilidade de prevenção e resolução do conflito por atuação extrajudicial, com adoção de instrumentos pertencentes ao seu rol atributivo, como o TAC, sem necessidade de *judicialização* e de forma aberta à participação dos potenciais afetados.

Dentro da tábua de atribuições previstas na ordem jurídica e sua aplicabilidade fática, constata-se a existência de dois modelos teóricos de atuação conflitantes de Ministério Público: (i) demandista e (ii) resolutivo. Diferenciam-se, essencialmente, pelas estratégias de atuação[542].

O Ministério Público demandista, como vimos, orienta-se pela atuação judicial. O membro da instituição funciona, fundamentalmente, como agente processual, ao propor demandas judiciais e emitir manifestações processuais. Na aresta penal, olvida-se da investigação, da prevenção, das causas e consequências da prática criminosa. No cível (sentido não criminal), o IC e demais procedimentos administrativos são reduzidos a instrumentos de colheita de provas para embasar a *judicialização* do conflito[543]; são, apenas, instrumentos pré-processuais. Há, nesse arquétipo, desprezo por métodos extrajudiciais de prevenção e resolução de conflitos e privilegia-se a atividade repressiva, sancionadora.

Para o Ministério Público resolutivo, por seu turno, a *judicialização* do conflito é vista como último recurso. A rigor, assume papel de agente político[544]. No campo criminal, investiga crimes e abstém-se de permanecer como mero expectador do inquérito policial. Naturalmente, é autor de ações penais, mas despe-se da roupagem de acusador implacável.

---

(540) GOURLART, Marcelo Pedroso. *Ministério público e democracia:* teoria e práxis. São Paulo: Editora de Direito, 1998. p. 119-123.

(541) MACHADO, Marcos Henrique. O ministério público administrativo. ALMEIDA, João Batista (Org.). *Revista Jurídica do Ministério Público de Mato Grosso*. Cuiabá: Entrelinhas, ano 2, v. 3, n. 3, jul./dez., 2007. p. 315-332.

(542) ZENKNER, Marcelo Barbosa de Castro. Ministério público e solução extrajudicial de conflitos. *In*: ALVES, Carlos Vinícius (Org.). *Ministério público:* reflexões sobre princípios e funções institucionais. 2. ed. São Paulo: Atlas, 2009, v. 1. p. 317-338; GOULART, Marcelo Pedroso. *Ministério público e democracia:* teoria e práxis. São Paulo: Editora de Direito, 1998. p. 119-120.

(543) GOULART, Marcelo Pedroso. *Ministério público e democracia*: teoria e práxis. São Paulo: Editora de Direito, 1998. p. 119-120.

(544) *Ibidem*, p. 121.

O pedido de absolvição também é uma alternativa real. Participa da investigação em atuação conjunta (e paralela) com a Polícia. Atua com estratégias de inteligência. Age preventivamente para evitar ou minimizar a prática criminal, sem prejuízo da repressão. Ademais, preocupa-se com causas e efeitos do crime, com o papel da vítima no processo penal, além da integridade física e moral e (re)socialização do preso.

Nessa perspectiva, a atuação criminal do Ministério Público busca fortalecer a tutela de bens jurídicos metaindividuais, os bens jurídicos corporificantes do regime democrático de direito e dos interesses sociais e individuais indisponíveis, conforme art. 127 da CF/1988[545].

No cível (sentido não criminal), o IC e demais procedimentos administrativos são utilizados com objetivo de evitar e equacionar juridicamente conflitos, e, subsidiariamente, para instrumentalizar ações judiciais. Nesse perfil, a instituição esgota todas as possibilidades extrajudiciais[546].

Por instrumentos extrajudiciais, o Ministério Público resolutivo propõe solução pacífica do conflito com dispensa de ações judiciais. Por efeito, instaura IC (e outros procedimentos administrativos), investiga, promove diligências (inclusive inspeções), colhe provas, realiza audiências (individuais e coletivas), atua como árbitro e mediador, expede notificações recomendatórias, propõe e celebra TACs etc. Somente se frustrados tais mecanismos é que demandará no Poder Judiciário.

O rol do art. 129 da CF/1988 destacou, em cinco incisos, instrumentos de atuação extrajudicial do Ministério Público: função de *ombudsman* (inciso II), IC (inciso III), poderes requisitórios (incisos VI e VIII), controle externo da atividade policial (VII). O inciso IX, como cláusula de abertura, admitiu que fossem concedidas outras funções desde que compatíveis com a finalidade institucional. O EMPU e a LACP admitiram, respectivamente, a notificação recomendatória (art. 6º, XX) e o TAC (art. 5º, § 6º).

A CF/1988 conferiu ao Ministério Público uma série de instrumentos extrajudiciais. Todavia, o *Parquet*, ainda, tem se fincado em perfil exageradamente demandista. É indispensável à possibilidade de propor demanda no Poder Judiciário e atuação na condição de instituição interveniente. Proposta contrária seria indefensável. Merece reflexão, contudo, a atitude de focar a instituição na *judicialização* de conflitos, com consignação desse objetivo como o precípuo (e, às vezes, único) a ser perseguido.

A função do Ministério Público de prevenir e equacionar conflitos dentro de seu campo atributivo não deve ser *delegada* ao Poder Judiciário. A Lei n. 9.784/1999, referente ao processo administrativo no âmbito da Administração Pública Federal, veda renúncia total ou parcial de poderes e competências (art. 2º, II, e art. 11) e parece aplicável, analogicamente, no particular. A jurisdição, nessa linha, deve ser provocada pelo *Parquet* somente após esgotamento da atividade extrajudicial, salvo em situações excepcionais e plenamente justificáveis.

---

(545) Em sentido próximo: BELLO, Enzo. *Op. cit.,* 291 e 320.

(546) GOULART, Marcelo Pedroso. *Ministério público e democracia*: teoria e práxis. São Paulo: Editora de Direito, 1998. p. 121.

A CF/1988 previu funções típicas e atípicas a serem desenvolvidas pelos Poderes Executivo, Legislativo e Judiciário. Respectivamente, como atividades típicas, têm-se as funções administrativas, legislativa e a jurisdição. De sorte excepcional, realizam atos de natureza diversa. Assim, o Executivo efetua julgamentos, o Legislativo administra seus serviços e o Judiciário edita atos normativos secundários, excepcionalmente.

O mesmo parece ocorrer com o Ministério Público, malgrado descaracterizado como Poder. Tipicamente, tem como funções atribuições extrajudiciais. Em um segundo momento e em certos contextos atua, judicialmente, seja como autor ou parecerista. Isso parece claro ao se observar inúmeros instrumentos extrajudiciais concedidos pela ordem jurídica brasileira, como: IC, demais procedimentos administrativos, notificação recomendatória, TAC, bem como a possibilidade de atuar como conciliador, mediador e árbitro. São atribuições típicas do *Parquet*. Caso sejam infrutíferas, surge a função judicial, igualmente importante, mas subsidiária.

Mas não basta ser resolutivo. De nada adiantaria essa proposta, caso o *Parquet* agisse contrário ao regime democrático. É por isso que esse modelo de atuação é denominado *Ministério Público democrático e resolutivo*.

A CF/1988, ao assinalar o Ministério Público como defensor do regime democrático, admite incursões diversas. Duas parecem imprescindíveis à pesquisa: (i) defesa intransigente dos direitos humanos e fundamentais como sustentáculo da democracia; (ii) necessidade de atuação democratizante para reforçar a legitimidade e efetividade de seus atos.

O regime democrático deve ser intenso. Exige observância de legitimidade na tomada de decisões. Aplica-se nas esferas pública e privada; interna e externamente. O Ministério Público, como um dos defensores, por coerência, deverá velá-lo em suas atribuições. No exercício do poder administrativo, deve viabilizar discussões e interagir com as partes afetadas. As audiências extrajudiciais, individuais e coletivas, têm papel crucial e podem tornar as promotorias-procuradorias palcos públicos dialógicos.

Com a CF/1988, consequentemente, tem-se afloramento de um Ministério Público democrático, seja para tutelar a democracia externamente como regime a ser observado fora da instituição, seja como condutor de suas atribuições em agir democratizante.

O Ministério Público, como defensor do regime democrático, poderá transformar sua atuação, inclusive judicial, em procedimentos participativos, ao relegar o agir unilateral e solipsista. A valorização do ponto de vista dos afetados, em contexto eminentemente deliberativo, não significa simplesmente reproduzir a vontade da maioria ou as opiniões colhidas. O que se propõe, a rigor, é mudança de conduta com desiderato de que tais opiniões sejam *levadas a sério* para construção e fundamentação da decisão, inclusive na hipótese de serem refutadas. Essa posição favorecerá a democracia, a legitimidade e a efetividade do resultado a ser alcançado.

Ao construir sua atividade de forma unilateral, diferentemente, o Ministério Público poderá agir como representante de suposta ética vigorante na comunidade ou como intérprete exclusivo do direito. Espécie de macrossujeito impermeável. Logo, poderão aflorar visões de mundo distorcidas, por falta de racionalidade comunicativa e de consideração à posição do outro. Ao buscar rechear suas decisões da faceta democrática deliberativa, poderá haver, minimamente, afastamento ou diminuição de interpretações descontextualizadas.

Na defesa do regime democrático, o Ministério Público não se limitará ao viés representacional, mas desobstruirá canais comunicacionais para que os potenciais afetados possam se sentir coautores das decisões e não apenas seus destinatários.

Cabe ao Ministério Público, nesse processo, reconhecer seu papel no paradigma do Estado democrático de direito. Despir-se do rótulo de autoridade e, principalmente, agir sem autoritarismos e evitar ilhar-se em suas próprias visões de mundo. Imprescindível integrar-se ao diálogo, interagir, como mais um ator social, e cumprir as funções conferidas pelo poder constituinte.

Atores representativos da coletividade devem evitar a pretensão de substituir a vontade individual; de decidir sem ouvir, sem contrarrazões; de tornarem-se pretensiosos macrossujeitos. A proteção coletiva, alerta Habermas, deverá evitar apenas aliviar o indivíduo pela representação competente; é necessário também engajá-lo na articulação de seus interesses[547] em prol de sua autonomia.

O Ministério Público democrático e resolutivo condiz com ideal de acesso à justiça no paradigma do Estado democrático de direito e com a estruturação constitucional do *Parquet*. Esse modelo aproxima-se das pessoas pelo processo dialógico. Pela linguagem, em forma de argumentos, busca entendimento com outras partes e produz poder administrativo oxigenado pela liberdade comunicativa[548].

Agrega suas atribuições tradicionais, em modelo voltado para responsabilidade social, ao buscar expandir maximamente as potencialidades contidas na ordem jurídica[549]. A proposta é de soma, inclusiva; transformar esses dois modelos (resolutivo e demandista) por escala atributiva, volvida primordialmente à prevenção e, apenas quando necessário, a repressão do conflito e reparação dos danos.

E, quando atuar judicialmente, o Ministério Público também funcionará à luz de perspectiva democratizante. Carreará ao Poder Judiciário demandas sociais reprimidas, assegurará acesso e paridade de armas aos hipossuficientes e garantirá participação social no processo de tomada de decisão. Em outro dizer, desobstruirá os canais de ingresso ao sistema de justiça e fomentará a participação processual dos potenciais afetados pela decisão.

No processo judicial, o agir democrático permitirá a manutenção ou o início do processo dialógico com as partes, o juiz e demais interessados. No lugar de postulante,

---

(547) *Direito e democracia:* entre facticidade e validade. Tradução Flávio Beno Siebeneichler. 2. ed. Rio de Janeiro: Tempo Brasileiro, 2003, v. II. p. 149.
(548) *Ibidem*, p. 73.
(549) SADEK, Maria Tereza. *In:*_____. (Org.). *Justiça e cidadania no Brasil*. São Paulo: Sumaré/IDESP, 2000. p. 17-18.

o promotor de justiça será mais uma parte em busca da melhor alternativa para o caso concreto à luz do direito preexistente, mas, agora, contextualizada pela perspectiva dos afetados.

Mesmo no palco do processo penal, o paradigma democratizante é capaz de gerar profundas transformações e possibilitar, por exemplo, a (efetiva) participação da vítima[550] na construção da decisão judicial. A vítima, então, poderá argumentar e expor sua versão do crime, suas considerações acerca do fato e consequências esperadas. Na condição de ouvinte, por sua vez, terá oportunidade de escutar o relato do suposto criminoso, suas justificativas, eventual confissão e, se for o caso, pedido de perdão.

A noção de *acesso à justiça penal* amplia seu conteúdo de sentido, para além do sistema tradicional de imposição da pena pelo Poder Judiciário. Dito de outra forma, o processo penal assume propósito restaurativo mais abrangente do que a aplicação da sanção penal ao autor do fato.

Nesse cenário crítico-reflexivo e problematizado ocupado pelo Ministério Público, na condição de instituição aplicadora do direito, mas construtiva de hermenêutica jurídica volvida ao desenvolvimento de suas atividades previstas na ordem jurídica, o *Parquet* deverá situar-se em posição pós-metafísica ao abandonar critérios *ontologizantes* e reconhecer-se como criação social fundada e dinamicamente (re)interpretada à luz da Constituição.

De uma maneira mais simplista, parece possível dizer inexistir uma *essência* imutável de Ministério Público. Ele, como instituição criada pela dogmática jurídica, será o que a Constituição, fruto do poder constituinte originário, prescrever, sem desprezar, naturalmente, a necessidade de interpretação construtiva sobre o seu sentido e o papel desempenhado no paradigma do Estado democrático de direito.

As pré-compreensões dos membros do Ministério Público, como vimos, serão inevitáveis. Os promotores-procuradores, como seres no mundo, terão visões prévias, pré-conceitos. Essa constatação, contudo, abstém-se de autorizar decisões puramente axiológicas em equiparação entre Direito e valor.

A intersubjetividade, a fundamentação adequada, a utilização do texto normativo como regra e/ou princípio, o respeito à Constituição e o reconhecimento do caráter deontológico do Direito parecem capazes de filtrar esse modelo teórico de atuação como Ministério Público *axiolagizante* e impedir que a instituição aja na condição de macrossujeito de uma sociedade órfã.

O *Parquet* democrático e resolutivo labora em perspectiva pós-metafísica, crítica-reflexiva e problematizante de suas práticas e de seu desiderato social. Reconhece o direito como uma ciência normativa manifestada linguisticamente e dependente de interpretação devidamente contextualizada.

---

(550) Acerca da participação da vítima no processo penal: BARROS, Flaviane de Magalhães. *A participação da vítima no processo penal.* Rio de Janeiro: Lumen Juris, 2008.

O Ministério Público democrático e resolutivo, portanto, decorre do paradigma do Estado democrático de direito e maneja equilibradamente os princípios da unidade e independência funcional. Procura agir democraticamente em todas as esferas, mas sustenta que a atuação extrajudicial é a atividade primeira da instituição. A *judicialização* do conflito, embora relevante em certos casos, é subsidiária e apenas um dos caminhos à disposição do *Parquet* para concretização de seu mister constitucional.

Capítulo 4

A (Des)Construção do Ministério Público Brasileiro Democrático e Resolutivo

A dinâmica do mundo da vida exige reflexão permanente acerca do papel do Ministério Público no Brasil à luz do sistema jurídico constitucional contemporâneo. Os textos normativos devem ser interpretados construtivamente. Esse processo contínuo, a todo instante, encontrará contexto dialético, em face de contradições, dilemas, tensões, paradoxos e ares de desconstrutivismo.

Tal processo hermenêutico deverá conjugar democracia e constitucionalismo ou facticidade e idealidade e, no caso do Ministério Público Brasileiro, administrar a tensão entre unidade e independência funcional, em busca da concretização do mister constitucional dessa instituição.

O objetivo deste capítulo final, portanto, será, primeiramente, o de abordar os supostos riscos e perspectivas do Ministério Público brasileiro, bem como concluir delineamento de nossa visão sobre a instituição e postagem de encaminhamentos necessários para a consolidação do *Parquet* democrático e resolutivo.

4.1. Discurso apocalíptico? Realidade indiciária? Supostos riscos e perspectivas do Ministério Público Brasileiro

Como autores da presente obra, reconhecemos nossa condição humana de *seres no mundo*, isentos de neutralidade, marcados pelo contexto histórico compartilhado e pelas experiências individuais vivenciadas dentro e fora da instituição. Ao identificarmos e apontarmos supostos problemas à efetiva atuação do Ministério Público, assumimos explicitamente tal condição e os riscos que lhe são inerentes, inclusive o de que nosso discurso seja rotulado de apocalíptico.

O Ministério Público brasileiro foi recriado e renovado, no plano normativo, com a CF/1988 ao ser dotado de previsões que, potencialmente, possibilitarão atuação em prol do regime democrático, da ordem jurídica e dos interesses sociais e individuais indisponíveis.

A partir desse marco (CF/1988), verificou-se avanços e retrocessos na construção do Ministério Público democrático e resolutivo brasileiro. Esse caminho tortuoso, aliás, marcou a história do *Parquet* no Brasil.

Os riscos contra a construção de uma instituição democrática e resolutiva serão analisados, por amostragem, sob três ópticas. A primeira, a partir das modificações constitucionais e também do descumprimento de normas da Constituição, afetantes da atuação do *Parquet*. A segunda, na perspectiva da maneira de atuação dos membros do Ministério Público. A terceira, com base nas propostas regulamentadoras do CNMP.

A EC n. 45/2004 promoveu significativa reforma no texto constitucional e muitas alterações afetaram negativamente a construção do Ministério Público democrático e resolutivo.

Ao membro do Ministério Público, antes da EC n. 45/2004, era vedado o exercício de atividade político-partidária, salvo exceções previstas legalmente. Essa era a antiga redação do art. 128, § 5º, II, *e*, da CF/1988.

Com base nessa redação constitucional, anterior à promulgação da EC n. 45/2004, o art. 44, V, da LONMP e o art. 237, V, do EMPU, eram invocados para deferir-se a possibilidade de filiação partidária e elegibilidade dos membros do Ministério Público.

A posição do STF, antes da promulgação da EC n. 45/2004, ao analisar esses dispositivos, era no sentido de que os membros do Ministério Público poderiam filiar-se a partidos e concorrerem a pleitos eleitorais mediante licença do exercício funcional[551].

A EC n. 45/2004, todavia, suprimiu do texto do art. 128, 5º, II, *e*, da CF/1988, a expressão *salvo exceções previstas em lei*. A partir dessa supressão, a leitura corrente do dispositivo passou a ser de que ao membro do Ministério Público, ainda que licenciado, estaria vedada a filiação partidária e, consequentemente, a elegibilidade a cargos públicos.

Atualmente, portanto, o membro do Ministério Público que deseje filiar-se a partido político ou a concorrer a cargo eletivo deverá exonerar-se ou aposentar-se. O STF, ademais, decidiu inexistir direito adquirido dos membros do Ministério Público para concorrerem sequer à reeleição[552].

O CNMP editou a Resolução n. 5/2006, alterada posteriormente pela Resolução n. 72/2011, segundo a qual: está expressamente proibido aos membros do Ministério Público o exercício de atividade político-partidária após a promulgação da EC n. 45/2011 (art. 1º); eventuais leis orgânicas estaduais em sentido contrário tornaram-se inconstitucionais (art. 4º, parágrafo único); os agentes do *Parquet,* então afastados para o exercício dessas funções públicas, teriam o prazo de 90 dias para retomar suas atividades no Ministério Público (art. 5º).

Essa modificação do art. 128, § 5º, II, *e*, da CF/1988 foi comemorada por alguns setores por entenderem que a possibilidade de um membro licenciado do Ministério

---

(551) BRASIL. *STF.* ADI n. 1377/DF. Tribunal Pleno. Relator: Ministro Octavio Gallotti. Relator para acórdão: Ministro Nelson Jobim. Julgamento: 3.6.1998. Publicação: DJ 16.12.2005; BRASIL. *STF.* ADI n. 2534 MC/MG. Tribunal Pleno. Relator: Ministro Maurício Corrêa. Julgamento: 15.8.2002. Fonte: DJ 13.6.2003.

(552) BRASIL. *STF.* RE n. 597994/PA. Tribunal Pleno. Relatora: Ministra Ellen Gracie. Relator para acórdão: Ministro Eros Grau. Julgamento: 4.6.2009. Fonte: DJe-162, divulgado em 27.08.2009 e publicado em 28.8.2009.

Público filiar-se partidariamente, ocupar um cargo eletivo ou de nomeação política e, depois, retornar à instituição era prejudicial à independência funcional do respectivo agente e à autonomia do *Parquet*[553].

Preocupações com suposta fragilização da independência funcional do membro e da autonomia da instituição não devem ser desconsideradas. Entretanto é um risco constante a ser observado, independentemente de exercício de função político-partidária. De um jeito ou de outro, as Corregedorias, o CNMP e os cidadãos em geral devem estar atentos, ao fiscalizarem e noticiarem condutas de agente que destoem de seus deveres funcionais.

Essa alteração constitucional, por outro lado, acarretou ausência de representatividade do Ministério Público no Congresso Nacional e implicou sérios riscos contra a instituição e à efetividade do cumprimento de seus objetivos constitucionais, listados no art. 127 da CF/1988.

A participação de membros do Ministério Público no processo legislativo, sobretudo na condição de parlamentares, parece imprescindível para manutenção de um *Parquet* capaz de contribuir para o desenvolvimento do paradigma do Estado democrático de direito. Nesse contexto, a representatividade almejada em nossa proposta não é a puramente corporativa.

Membros de outras instituições, como delegados de polícia, defensores públicos, advogados públicos e privados podem exercer atividade político-partidária. Em certos casos, isso ocasiona desequilíbrio entre os pontos de vista defendidos por essas instituições e os esposados pelo Ministério Público.

De outro lado, pode acontecer de parlamentares serem réus em ações de autoria do Ministério Público. Em muitos casos, em tese, projetos podem ser apresentados em evidente retaliação dessa atuação e, novamente, haverá um desequilíbrio de forças.

O *déficit* de capacidade eleitoral passiva dos membros do Ministério Público poderá favorecer perigosa desnaturação dos contornos institucionais traçados pelo poder constituinte originário. A definição constitucional do *Parquet* é funcional. Foi criado para defender o regime democrático, a ordem jurídica e os interesses sociais e individuais indisponíveis. Para desincumbir-se dessa complexa missão, urge manutenção de certas prerrogativas, garantias e instrumentos de atuação, bem como estrutura de material e pessoal[554]. Tudo isso depende, em alguma medida, do devido processo legislativo.

O Ministério Público depende de aprovação de lei para criar cargos para membros e demais servidores, por exemplo. Sem esses instrumentos, diante do crescimento impressionante da demanda nas promotorias-procuradorias, a atividade da instituição ficará

---

(553) Ada Pelegrini Grinover. *Op. cit.*, p. 26, antes da alteração promovida pela EC n. 45/2004, defendia a inconveniência de o membro do Ministério Público desempenhar função político-partidária.

(554) É possível, obviamente, sustentar a inconstitucionalidade de emendas constitucionais e de leis tendentes a abolir o Ministério Público, desnaturar suas atividades ou impedir sua atuação. Em sentido aproximado: FONSECA, Bruno Gomes Borges. Ministério público é cláusula pétrea? Análise na perspectiva da teoria das garantias institucionais. *Revista do Ministério Público do Trabalho*. Brasília: LTr, ano XXI, n. 41, mar. 2011. p. 125-144.

prejudicada. Daí, entre outras hipóteses, a importância da representação no Parlamento, da possibilidade de filiação partidária e da elegibilidade dos membros do *Parquet*.

O ponto de vista de integrantes do Ministério Público eventualmente eleitos fornecerá perspectiva e argumentos muitas vezes desconhecidos pelos demais parlamentares, o que poderá contribuir para a qualidade de anteprojetos, de projetos e de discussões em geral no Poder Legislativo.

A atuação no Ministério Público, ademais, agrega vivências e experiências que podem ser consideradas relevantes, como critério de escolha, por eleitores que desejem votar em membros da instituição dispostos o exercício de mandato eletivo. Essa experiência será bastante interessante, porque o agente sairá de uma atividade de aplicação e ingressará em local de criação do direito. Essa transmudação de *locus* permitirá interlocução potencialmente apta a gerar benefícios ao regime democrático.

Outra situação de risco ao desenvolvimento das atividades do Ministério Público nasce com a equivocada interpretação do texto do art. 128, § 5º, II, *d*, da CF/1988, que veda aos membros do Ministério Público o exercício de qualquer outra função pública, salvo uma de magistério.

Os membros do Poder Judiciário têm previsão similar (CF/1988, art. 95, parágrafo único, I) e a Resolução n. 336/2003 do Conselho da Justiça Federal, ao interpretar o dispositivo constitucional, permitiu aos juízes federais o exercício de um único magistério, seja público ou particular.

A AJUFE ajuizou ADI no STF contra os termos da resolução. A Suprema Corte suspendeu a resolução ao decidir que a CF/1988 absteve-se de limitar o exercício de uma única função de magistério, mas sim em tempo compatível com a função de juiz exercida[555].

O CNMP, com vistas a regulamentar a atividade de docência desenvolvida por membros do Ministério Público, editou a Resolução n. 73/2011. Esse ato normativo trouxe duas limitações ao exercício do magistério.

A primeira restrição refere-se ao exercício do magistério em 20 horas semanais por membros do Ministério Público (art. 1º da Resolução n. 73/2011 do CNMP).

A outra restrição estabeleceu que o exercício do magistério apenas dar-se-ia no município de lotação do respectivo agente do Ministério Público. Eventual atividade docente fora desses limites deve ser precedida de autorização do chefe da instituição (art. 2º, § 1º, da Resolução n. 73/2011 do CNMP).

Tais restrições ao exercício do magistério foram exaltadas por alguns, sob o argumento de que evitariam abusos supostamente praticados por membros do Ministério Público que privilegiariam jornadas exaustivas na condição de professor e deixariam de cumprir deveres funcionais.

---

(555) BRASIL. *STF*. ADI n. 3126 MC/DF. Tribunal Pleno. Relator: Ministro Gilmar Mendes. Julgamento: 17.2.2005. Fonte: DJ 6.5.2005.

Esse fundamento é relevante. Porém, restrições gerais, que agrupem situações concretas com peculiaridades distintas, em um mesmo plano de tratamento, nem sempre alcançam os nobres objetivos almejados. Salientamos, nesse ponto, que as faltas dos membros do Ministério Público, sejam professores ou não, devem ser aferidas em concreto, pela análise da conduta e do desempenho funcionais. Não simplesmente presumidas em razão do exercício do magistério.

Incumbe, assim, aos órgãos de fiscalização das atividades desenvolvidas pelo Ministério Público avaliar, contextualmente, a existência de omissões e, depois, verificar se esses atos faltosos têm ligação com o exercício do magistério. Parecem-nos equivocadas generalizações e presunções, como a de que membros-professores possam prejudicar o desenvolvimento das atividades da instituição, em decorrência (silogística) do exercício da docência.

As resoluções do CNMP, ao contrário de fomentar o exercício institucionalmente produtivo da docência, tendem a desestimular o magistério. A médio prazo, poderão afastar os membros do Ministério Público dessa relevante arena de interlocução, o que gerará prejuízos inestimáveis ao sistema de acesso à justiça e à reflexão crítica das atividades desenvolvidas pela instituição.

Na esfera acadêmica, a diversidade no quadro docente é caminho interessante para o debate, o confronto de ideias, problematizações e, em última análise, a democratização no ensino.

O professor, como ser no mundo, não é neutro e suas exposições, mesmo involuntariamente, são influenciadas pelo contexto de sua vida. Logo, um advogado-docente apresentará um ponto de vista muitas vezes distinto do juiz ou do promotor-procurador professores e, ainda, do professor exclusivo que não exerça outras atividades profissionais. A academia, portanto, não deve ficar privada dessas diversas visões, sob pena de que a inexistência de contraditórios acadêmico e teórico revertam-se contra o corpo discente e o próprio Ministério Público.

A presença do membro do Ministério Público na academia tende a fortalecer a instituição, seja pela defesa de seu contorno constitucional, seja pela interlocução dos agentes-professores, que, na maioria das vezes, oxigenam o *Parquet* com novas posições teóricas capazes de gerar reflexões sobre práticas consolidadas e apontar caminhos para enfrentamento de novos desafios.

Nesse percurso de riscos, há também propostas de alteração da Constituição que consubstanciam incursões antijurídicas nas atividades desenvolvidas pelo Ministério Público. Duas PECs, nesse sentido, merecem especial destaque.

Primeiramente, a PEC n. 37/2011, proposta com o propósito de acrescentar o § 10 ao art. 144 da CF/1988 e conferir às Polícias Civil e Federal o monopólio da investigação de infrações penais e, consequentemente, retirar do Ministério Público o poder de investigação criminal[556].

---

(556) BRASIL. *Câmara dos Deputados*. Disponível em: <http://www.camara.gov.br/proposicoesWeb/fichadetramitacao?idProposicao=507965>. Acesso em: 4 ago. 2012.

A discussão da PEC n. 37/2011 surgiu em momento no qual o STF, após uma dezena de sessões e quase cinco meses de julgamento, condenou criminalmente réus, alguns deles políticos do alto escalão, em virtude de esquema apelidado de *mensalão*. Essa decisão condenatória da Suprema Corte decorreu da AP n. 470/MG[557], que, por sua vez, fora embasada em investigações procedidas pelo Ministério Público[558].

Reconhecemos a complexidade desse assunto e sua análise merece ampla discussão, em face da perceptível insatisfação da população no Brasil com a segurança pública. A crítica sobre a PEC n. 37/20011 decorre do seu evidente casuísmo. Na realidade, apenas pretendeu retirar a possibilidade de o Ministério Público promover ou participar de investigações criminais (porque para alguns talvez tenha surtido efeito indesejado) e esqueceu-se de proposições para o controle da criminalidade. Por efeito, recebeu a pecha de *PEC da Impunidade*.

A PEC n. 37/2011 outrossim desconsiderou inúmeros dados do direito brasileiro, em especial, decisões das cortes superiores e posição do CNMP. Essa dialética era imprescindível para confecção daquela proposta.

O STF, por exemplo, tem inúmeras decisões que reconhecem a legalidade de investigações criminais promovidas pelo Ministério Público[559]. Há, ainda, alguns processos, na Suprema Corte, cujos objetos tendem a definir o tema, porém, pendentes de julgamento[560].

O STJ, por seu turno, consolidou entendimento no sentido de inexistir ilegalidade na investigação criminal encetada pelo Ministério Público[561]. Essa corte, inclusive, pela súmula n. 234, definiu que a participação de membro do *Parquet* na fase investigatória criminal não acarreta o seu impedimento ou suspeição para o oferecimento da denúncia.

O CNMP, ademais, com base em dispositivos constitucionais e legais que abordam a definição e as funções desempenhadas pelo *Parquet*, editou a Resolução n. 13/2006, cujo texto disciplinou, no âmbito da instituição, a instauração e tramitação de procedimento investigatório criminal. Esse ato normativo admitiu a investigação de crimes pelo Ministério Público e estipulou procedimento geral, inclusive com a observância do princípio da publicidade (arts. 13 e 14) e de direitos e garantias individuais (art. 17), bem como controle da promoção de arquivamento (arts. 15 e 16).

Esses parâmetros já discutidos pelo STF, STJ e CNMP, sem contar o recurso extraordinário de repercussão geral, pendente de julgamento no STF, deveriam ter integrado

---

(557) BRASIL. *STF*. Disponível em: <http://www.stf.jus.br/portal/processo/verProcessoAndamento.asp?incidente=11541>. Acesso em: 30 jun. 2013.
(558) Sobre a legitimidade da função investigatória do Ministério Público: STRECK, Lenio Luiz; FELDENS, Luciano. *Op. cit.*
(559) BRASIL. *STF*. HC n. 91613/MG. 2ª Turma. Relator: Ministro Gilmar Mendes. Julgamento: 15.5.2012. Fonte: DJe-182, divulgação em 14.9.2012, publicação em 17.9.2012.
(560) Por exemplo: BRASIL. *STF*. ADI n. 3806. Pleno. Relator: Ministro Ricardo Lewandovski. Disponível em: <http://www.stf.jus.br/portal/processo/verProcessoAndamento.asp>. Acesso em: 24 maio 2014.
(561) BRASIL. *STJ*. HC n. 127667/SP. 6ª Turma. Relatora: Ministra Maria Thereza de Assis Moura. Julgamento: 27.11.2012. Fonte: DJe 12.12.2012.

o debate acerca da conformação da PEC n. 37/2011. Uma proposta legislativa poderá fazer proposições distintas de determinada prática, mas não poderá se furtar a enfrentar esses pontos, escutar as pessoas e os setores envolvidos e, então, justificar a adoção de um ou outro ponto de vista, sob pena de tornar-se ilegítima.

Inicialmente, a PEC recebeu grande apoio político e, segundo noticiado amplamente na imprensa, sua aprovação era provável. Entretanto, no curso do evento esportivo *Copa das Federações,* ocorrido no Brasil no mês de junho do ano de 2013, iniciou-se, em todo o país, movimentos de milhões de brasileiros, com manifestações em ruas e redes sociais, e a rejeição da PEC n. 37/2011 foi uma das bandeiras desenvolvidas[562]. Diante desse clamor social, a proposta foi rejeitada[563], em um contexto de apoio popular ao poder de investigação criminal do Ministério Público brasileiro.

Outra proposição legislativa materializante de risco ao Ministério Público é a PEC n. 75/2011. Ela propôs nova redação aos arts. 128, § 5º, I, *a*, e 130-A, § 2º, III, da CF/1988, para prever a possibilidade de aplicação, a membros do *Parquet*, das penas de demissão e cassação de aposentadoria ou de disponibilidade pelo CNMP[564].

A PEC n. 75/2001, em outro dizer, extinguirá a garantia da vitaliciedade, atualmente, prevista no art. 128, § 5º, I, *a*, da CF/1988, que assegura ao membro do Ministério Público, após dois anos de exercício, a manutenção do cargo, salvo decisão judicial transitada em julgado.

A justificativa da PEC n. 75/2011 decorre da premissa de que a dependência de ação judicial e trânsito em julgado da decisão para aplicação da perda do cargo dos agentes do Ministério Público seria algo excessivamente burocrático e que menosprezaria o papel do CNMP.

Membros desidiosos do Ministério Público devem ser processados, julgados e punidos. Para tanto, há correições periódicas promovidas pelas corregedorias e pelo CNMP. No entanto, após dois anos no cargo e aprovação no estágio probatório, o agente do *Parquet* adquire a garantia da vitaliciedade e somente poderá perder o cargo por decisão judicial transitada em julgado. A necessidade de *judicialização* não configura excesso de burocracia, mas garantia, da sociedade e do membro do Ministério Público, para o pleno desenvolvimento das funções institucionais, que podem criar uma rede de inimigos poderosos e influentes.

O CNMP é um órgão administrativo de controle externo. Reconhecemos a sua seriedade e o trabalho que desenvolve em prol do Ministério Público brasileiro. Mas a

---

(562) BRASIL. *Agência Brasil*: Empresa Brasil de Comunicação. Disponível em: <http://agenciabrasil.ebc.com.br/noticia/2013-06-20/cpi-da-copa-pec-37-e-melhorias-em-servicos-publicos-sao-bandeiras-de-manifestacoes-em--brasilia>. Acesso em: 30 jun. 2013.

(563) BRASIL. Associação Nacional de Procuradores do Trabalho. Disponível em: <http://www.anpt.org.br/index1.jsp?pk_assoc_informe_site=18448&exibe_mais=n>. Acesso em: 2 jul. 2013.

(564) BRASIL. *Senado Federal*. Disponível em: <http://www.senado.gov.br/atividade/materia/detalhes.asp?p_cod_mate=101498>. Acesso em: 30 jun. 2013.

CF/1988 assegurou aos membros do *Parquet* a garantia da vitaliciedade, que somente pode ser ultrapassada por decisão judicial passada em julgado, após devido processo jurisdicional, à luz do contraditório e da ampla defesa. Assim, a vitaliciedade configura garantia fundamental, diferente da estabilidade que admite a perda do cargo por decisão administrativa. Logo, a PEC n. 75/2011, no atual contexto, mais parece uma nova tentativa de intimidação dos agentes do Ministério Público.

Nessa esteira, há que se refletir também acerca dos riscos e mecanismos de controle relacionados à (in)correção de comportamento de membros do Ministério Público. O agente omisso, apático, descumpridor de seus deveres, despreparado para ocupar o cargo e sem vontade de laborar, obviamente, ocasionará inúmeros prejuízos às atividades a serem cumpridas pela instituição.

Nossa abordagem, no entanto, destacará equívocos teóricos e pragmáticos decorrentes de paradigmas inconciliáveis com o projeto constitucional do estado democrático de direto.

Destacaremos dois pretensos modelos teóricos de atuação do Ministério Público capazes de gerar sérios riscos ao desenvolvimento das atividades da instituição. Um desenvolvido no segundo capítulo e o outro abordado, ineditamente, neste subcapítulo.

O primeiro deles é o suposto modelo de atuação do Ministério Público como macrossujeito, crente em sua capacidade de prevenir e resolver todas as mazelas e materializador do poder de definir o caminho (único) a ser seguido em decisão tomada unilateralmente.

Esse suposto membro do Ministério Público trabalha com afinco. Abstém-se, pois, de ser omisso em seus deveres funcionais. Todavia, adota concepção equivocada do papel do *Parquet* à luz do paradigma do Estado democrático de direito e coloca em risco a ideia de sociedade de parceiros do direito com pretensões de liberdade e igualdade.

Os membros do Ministério Público devem, de antemão, reconhecer sua falibilidade. Isso não significa pessimismo, fragilidade ou falta de desejo de contribuir para modificação de uma realidade. Significa, sim, admitir que, em uma sociedade complexa, de massa, heterogênea e globalizante, o *Parquet* deve respeitar e promover, como ator social, uma cadeia de decisões válidas e tomadas em diversas esferas.

Esse pretenso agente do Ministério Público, embora possa se considerar proativo (em certo sentido), não consegue atingir a eficiência constitucionalmente adequada, à luz do paradigma do Estado democrático de direito. Dito de outra forma, o trabalho realizado por ele em nada contribui para emancipação dos cidadãos e para a autonomia das pessoas, pois a proteção coletiva é usada como bloqueio à participação dos afetados.

O segundo modelo putativo de atuação do Ministério Público a ser destacado, adota, de forma não menos problemática, a crença no fatalismo social enquanto bandeira. Nessa hipótese, seus agentes mostram-se sempre conformados com o *curso da maré,* curvando-se à jurisprudência dominante e ao posicionamento teórico massificado, fruto do senso comum. Enfim, sempre seguem a opinião que consideram ser da maioria.

O suposto modelo teórico de atuação fatalista leva a comportamento introspectivo, conformista, sonhador do esquecimento. Nesse contexto, contrariar, debater, teorizar, reavaliar, refletir, criticar são condutas consideradas utópicas. O natural, para essa suposta concepção teórica de Ministério Público, é permanecer do jeito que está.

Esse putativo modelo fatalista é tão prejudicial quanto o anterior. Abstém-se de interagir com as pessoas, age impulsionado pelo que acha mais simples e esquece da reflexão. A instituição continuará sempre pautada em antigas tradições, práticas, e não se apresentará a novos contextos. É arquétipo capaz de prejudicar fortemente o desenvolvimento das atividades do Ministério Público.

4.2. Nós, o Ministério Público, vistos por seus membros: encaminhamentos para reflexão[565]

Os encaminhamentos abaixo contemplados parecem prescritivos e, por leitura precipitada, encaixar-se-iam como receita de sucesso institucional do Ministério Público brasileiro. Todavia, para nós, defensores de uma instituição democrática e resolutiva, essa perspectiva é equivocada.

O objetivo deste subcapítulo é capitanear encaminhamentos para produtiva reflexão. Os pontos consignados, talvez, pequem por falta de lapidação. Nosso desejo é que sejam postos à prova e, dinamicamente, retrabalhados, aprimorados e, quiçá, abandonados por propostas mais eficazes.

A forma de exposição dos encaminhamentos será funcional e mais objetiva. Evitar-se-ão, dentro do possível, citações a textos normativos, a teorias e a decisões. O desiderato é registrar uma ideia que possa fomentar debates e, a partir de então, voos mais altos.

(i) Democratização interna: a deliberação pelo colégio de membros do Ministério Público.

O EMPU previu como órgão de cada sub-ramo do MPU um colegiado formado por todos os membros em atividade e presidido pelo respectivo chefe. Assim, temos o Colégio de Procuradores da República (EMPU, arts. 52 e 53), o Colégio de Procuradores do Trabalho (EMPU, arts. 93 e 94), o Colégio de Procuradores da Justiça Militar (EMPU, arts. 126 e 127) e o Colégio de Procuradores e Promotores de Justiça do MPDFT (EMPU, arts. 161 e 162).

A LONMP apenas previu como órgão do MPE o Colégio de Procuradores de Justiça (LONMP, arts. 5º, II, 12 e 13) e omitiu-se em contemplar colégio formado por todos os membros em atividades em virtude da ausência dos promotores de justiça desse colegiado.

Nos MPEs, teoricamente, haveria deficiência deliberativa, pois apenas os procuradores de justiça formariam o colégio de membros.

Em muitos Estados, tal homogeneidade é também reproduzida em outros órgãos colegiados da administração superior, como o CSMP, ao inadmitir-se integração por promotores de justiça.

---

(565) A ordem de registro dos encaminhamentos foi aleatória e abstém-se de materializar graus de relevância.

Assim, o ponto de vista dos promotores de justiça é subtraído de relevantes discussões e deliberações, o que prejudica o aprofundamento da interlocução institucional e a qualidade das decisões, pela ausência de diversificação de opiniões a serem confrontadas.

A participação do promotor de justiça no colégio é imprescindível. O procurador de justiça oficia, normalmente, nos tribunais estaduais, enquanto o promotor atua no primeiro grau, situado no centro e no interior dos Estados. A perspectiva e os pontos de vista desses membros, que atuam na base institucional, nascente dos processos e onde ocorre a maioria dos atendimentos ao público, são fundamentais para o processo deliberativo democrático.

Inexiste óbice legal para os MPEs deliberarem por colégio formado por todos os membros da instituição. Para tanto, entendemos que bastaria aplicação subsidiária do EMPU (LONMP, art. 80). É, pois, recomendável que o PGJ de cada Estado, para tomada de certas decisões, consulte todos os membros da instituição e não apenas o Colégio de Procuradores de Justiça.

No Ministério Público democrático, tirante essa deficiência legislativa no colegiado dos MPEs, a consulta prévia ao colégio de membros é passo decisivo à democratização interna da instituição. As opiniões e os marcos teóricos diversos dos agentes tendem a imbricar-se na formação das propostas acolhidas pela maioria dos consultados. Por outro lado, nesse processo, as minorias poderão transformar-se em maioria em razão da mobilização causada por essas consultas. Além disso, os votos vencidos, minimamente, gerarão reflexão e acumulação de experiência para novas deliberações.

(ii) Construção e reconstrução democrática da agenda de atuação do Ministério Público na seleção dos casos de atuação[566].

A definição funcional do Ministério Público brasileiro (art. 127 da CF/1988, art. 1º do EMPU e art. 1º da LONMP) permite interpretações no sentido de que caberia à instituição selecionar metas prioritárias, dentre as hipóteses de atuação[567].

As elocuções *regime democrático, interesse social, direitos indisponíveis* e *ordem jurídica* são conceitos jurídicos indeterminados, cuja concretização hermenêutica não deve ocorrer em abstrato, mas requer análise de cada situação de aplicação. A rigor, não é da linguagem, inclusive a textual, dizer tudo; sempre restará algo por dizer[568]. Assim, os casos nos quais o Ministério Público atuará dependerão da construção de cada situação, o que exige inter-relação e diálogo pautados na razão comunicativa e na intersubjetividade como condição da subjetividade.

---

(566) Com proposta parecida: GOULART, Marcelo Pedroso. Princípios institucionais do ministério público. In: RIBEIRO, Carlos Vinícius Alves (Org.). *Ministério público*. Reflexões sobre princípios e funções institucionais. São Paulo: Atlas, 2010. p. 171.

(567) O sexto *considerando* da Recomendação n. 16/2010 do CNMP reconheceu exclusividade do *Parquet* na identificação do interesse público motivador da intervenção no processo judicial. Entretanto, na hipótese de concluir pela sua inexistência, caberá apresentar ao juízo os respectivos fundamentos para não intervir (art. 1º).

(568) Poesia *Desordem:* GULLAR, Ferreira. *Em alguma parte alguma*. 2. ed. Rio de Janeiro: José Olympio, 2010. p. 26.

O cotidiano institucional evidencia que, em face do excesso de demanda nas promotorias-procuradorias e da limitação de estrutura material e pessoal, a atuação do Ministério Público brasileiro será seletiva. Isso, contudo, não é algo necessariamente pejorativo. Tudo dependerá da forma e dos critérios adotados para a materialização das metas e prioridades institucionais.

Nesse contexto, uma alternativa é a (re)construção permanente e democrática de uma agenda de atuação do Ministério Público. A instituição, em cada micro ou macro localidade, por mecanismos de participação popular, como audiências coletivas prévias, o atendimento ao público cotidiano e a participação em eventos sociais (conselhos, comitês, grupos de trabalho, seminários, palestras etc.), pode extrair da comunidade local as demandas mais urgentes, com maior repercussão social, e, respeitante a ordem jurídica, direcionar sua atuação para esses casos.

A seletividade dos casos, nessa hipótese, além de estratégica em virtude da possibilidade de gerar corolários imediatos à comunidade local, aproximaria o Ministério Público das pessoas e reforçaria a base democrática das escolhas dos casos de atuação prioritária.

A agenda (re)construída democraticamente encontraria aderência na soberania popular, o que facilitaria a atuação do Ministério Público. Esse plano estratégico, todavia, deverá ocorrer em cada ramo e sub-ramo do *Parquet* e adaptar-se às particularidades de cada região.

Além disso, a agenda democrática de atuação do Ministério com a seleção dos casos deverá ser, permanentemente, reavaliada, com possibilidade de ocorrer novo direcionamento e abandono de propostas anteriormente adotadas, como condição do dinamismo social.

A construção de uma agenda democrática abstém-se de arranhar a independência funcional do membro do Ministério Público. Haveria, com ela, a formação de um diagnóstico social sobre as principais demandas na localidade. Caberá ao agente ministerial analisar essas situações concretamente e adotar o instrumento de ação que considere mais adequado ou justificar a sua decisão de não agir em certos momentos.

A agenda construída democraticamente, como consequência do procedimentalismo e da democracia deliberativa, abstém-se de ter uma função normativa. O seu resultado, para ser efetivado, deverá encontrar amparo no direito. É maneira de imbricar forma e conteúdo e respeitar o código binário *constitucional-inconstitucional* ou *legal-ilegal*. Por efeito, como dito acima, o agente do Ministério Público, no caso concreto, poderá justificar sua decisão em não agir pautado, por exemplo, na conclusão de que uma proposta social indicada pela comunidade escapa à atribuição do *Parquet* ou afronta a Constituição.

(iii) Participação dos órgãos do Ministério Público no cumprimento da agenda de atuação definida democraticamente[569].

---

(569) Com proposta parecida: GOULART, Marcelo Pedroso. Princípios institucionais do Ministério Público. *In:* RIBEIRO, Carlos Vinícius Alves (Org.). *Ministério Público*. Reflexões sobre princípios e funções institucionais. São Paulo: Atlas, 2010. p. 172.

Além dos membros (promotores, procuradores e subprocuradores) do Ministério, os órgãos da administração superior também deverão envolver-se no cumprimento da agenda de atuação definida democraticamente.

O PGR, o PGJ e os chefes de cada sub-ramo do MPU deverão expor à sociedade a agenda de atuação do Ministério Público, bem como conclamar os membros à consecução dos objetivos estratégicos. Esse segundo ponto, no MPU, deverá ser desenvolvido também pela CCR, órgão de coordenação e revisão.

A CCR no MPU e o Conselho Superior no MPE deverão adotar critérios compatíveis com a agenda de atuação no momento de homologarem, ou não, as promoções de arquivamento.

O Conselho Superior, tanto do MPU quanto do MPE, no exercício de sua função normativa, deverá expedir atos normativos secundários que regulamentem e facilitem o cumprimento da agenda construída democraticamente pelos membros do Ministério Público.

(iv) A fundamentação da decisão do membro do Ministério Público na seleção dos casos de atuação.

Com base no exposto anteriormente, outra maneira de promover a legitimidade da escolha de casos para atuação é a exigência de fundamentação constitucionalmente adequada justificante da decisão de agir ou da conclusão da ausência de atribuição para intervir.

Nos procedimentos administrativos, nas hipóteses de indeferimento do requerimento da instauração de IC ou na promoção de arquivamento, normas internas do Ministério Público obrigam sejam intimados o noticiante do fato e a pessoa apontada como autora da ilicitude, sem prejuízo da intimação de outros interessados. Haverá possibilidade de interposição de recurso administrativo contra a decisão do *Parquet*, que poderá exercer juízo de retratação, ou, em caso contrário, encaminhar os autos ao órgão superior para apreciação.

Essa maneira de atuar, fundamentada e sujeita a controle administrativo recursal, coaduna-se com o contorno de um Ministério Público democrático e contribui para aliviar a existência de agentes solipsistas.

(v) Gestão administrativa e orçamento participativos no Ministério Público brasileiro.

A gestão administrativa do Ministério Público brasileiro, em todos os seus ramos e sub-ramos, deverá ser participativa. As decisões de maior repercussão na instituição, assim, seriam tomadas após consulta prévia dos respectivos colégios de membros. O chefe poderá até discordar da maioria, todavia, caberá considerar esse ponto de vista e indicar as razões de sua decisão contrária à deliberação majoritária, observados os limites da lei.

O mesmo afirma-se relativamente à definição orçamentária. Deve-se implantar no Ministério Público brasileiro algo próximo da ideia de orçamento participativo. Deve-se permitir ao colégio de membros a apresentação de suas demandas e seus pontos de vista para que o chefe da instituição analise e direcione recursos financeiros, sempre com a devida motivação.

(vi) Ministério Público como instituição desobstruidora dos ranços antidemocráticos e apto a introduzir novas demandas sociais no sistema de acesso à justiça.

O Ministério Público, como um dos canais de acesso à justiça no sistema jurídico brasileiro, na formação de sua agenda de atuação, deverá reafirmar sua posição de instituição desobstruidora de ranços antidemocráticos e, dentro do possível, introduzir novas demandas sociais, com seus instrumentos de atuação.

Dessa maneira, o Ministério Público, a todo instante, renovará sua base de legitimação social por ressoar os interesses sociais. Esse ponto também contribuirá para avaliação da prática adotada pela instituição com introdução de novas formas de agir e propiciará diálogo social permanente.

A ligação do Ministério Público com a defesa do regime democrático e dos direitos humanos e fundamentais posiciona a instituição nessa relação de equiprimordialidade entre as autonomias privada e pública. Com isso, ao *Parquet* caberá recuperar da soberania popular novas demandas sociais que possam (re)direcionar a sua atuação.

Diferentemente de pretenso regente de uma sociedade supostamente incapaz de lidar com seus problemas, o Ministério Público deve abster-se de posição centralizadora e incentivar outras arenas discursivas, com integração de pessoas e de entidades púbicas e privadas. Assim, poderá desobstruir canais democráticos para que as pessoas possam colaborar na identificação dos problemas prioritários e na construção das hipóteses de solução.

O MPT, por exemplo, não deverá ocupar o papel das associações sindicais[570] que são as legítimas representantes das categorias profissionais e econômicas (CF/1988, art. 8º, III). Além de incentivar a atuação dessas agremiações, deverá indiciar as que, injustificadamente, recusem-se a cumprir seu desiderato constitucional.

O MPF, ainda ilustrativamente, deverá dialogar com os órgãos de proteção ambientação e as associações civis de mesmo fim. Haverá espaço para todos e a cada um caberá cumprir sua missão.

Como mais um exemplo, o MPE deverá interagir com as Secretarias de Segurança Pública e Ação Social, a Polícia e as associações, com vistas a implementação de ações integradas na prevenção e no combate à criminalidade, para além da mera responsabilização penal do autor da infração penal.

Cada uma dessas instituições tem papel relevante nesse panorama, que não deverá ser distorcido por perspectiva de atuação centralizada e unilateral.

(vii) Interlocução permanente e facilitada com as pessoas e demais *entidades* públicas e privadas.

---

(570) Nesse sentido, com maior aprofundamento: FONSECA, Bruno Gomes Borges da. As associações sindicais como garantidoras de direitos e o papel do Ministério Público do Trabalho: considerações e propostas de atuação. *Revista do Ministério Público do Trabalho*. Brasília: LTr, ano XIX, n. 37, mar. 2009. p. 183-229.

O Ministério Público extrai sua legitimidade do ordenamento jurídico-constitucional. O sistema jurídico brasileiro, como anteriormente visto, no que se refere à exigência de concurso público de provas e títulos para ingresso na carreira, parece o mais adequado ao nosso contexto, mesmo se comparado a outros países, que selecionam os membros do *Parquet* por eleição ou livre nomeação.

Além da legitimidade derivada da Constituição, cabe ao Ministério Público, sem desconsiderar os limites de sua atuação como instituição aplicadora do direito, recuperar essa base legitimante da interlocução permanente com as pessoas e demais *entidades* públicas e privadas.

Desse ponto, novamente, extrai-se a relevância de existirem membros-professores (interlocução na e com a academia), membros, mesmo licenciados, em cargos eletivos, membros participantes de outros colegiados, como comitês, grupos de trabalho e de estudo, comissões etc. e de membros participantes de eventos externos, inclusive em contato com a mídia, seja na condição de palestrante ou de ouvinte.

À instituição também caberá fomentar esses canais de comunicação. Nesse ponto, há inúmeras iniciativas interessantes do CNMP, decorrentes da edição de resoluções.

A primeira é a Resolução n. 64/2010, referente à implantação de Ouvidorias no Ministério Público[571], conforme previsto no art. 130-A, § 5º, da CF/1988. As Ouvidorias almejam ser canal direto e desburocratizado estabelecido entre as pessoas e a instituição. Por críticas, reclamações, sugestões e elogios buscar-se-á aprimoramento do serviço público desenvolvido pelo *Parquet* (CNMP, arts. 1º e 2º da Resolução n. 64/2010).

A segunda é a Resolução n. 86/2012, alusiva ao portal da transparência do Ministério Público, como instrumento de controle social da execução orçamentária, financeira e administrativa da instituição (art. 1º), com acesso facilitado pela rede mundial de computadores (arts. 2º e 3º).

A terceira é a Resolução n. 88/2012 do CNMP, disciplinante do atendimento ao público e aos advogados. É mais uma maneira de o Ministério Público incrementar mecanismos institucionalizados de interlocução com as pessoas.

O ideal é atender as pessoas no exato momento que desejam. Entretanto o Ministério Público tem uma série de (outras) funções a serem cumpridas. Assim, às vezes, é impossível atendê-las de imediato, mas isso deverá ocorrer com maior presteza possível (art. 1º, §§ 1º e 2º da Resolução n. 88/2012 do CNMP).

A Resolução n. 88/2012 do CNMP, sem prejuízo de atendimentos emergenciais, permitiu a designação de um ou mais dias da semana para atendimento ao público (art. 1º, § 6º). Essa prática permitirá dinamizar o atendimento.

(viii) Uso com maior frequência (e adequado) das audiências coletivas.

---

(571) O CNMP pela Resolução n. 95/2013, alterada pela Resolução n. 104/2013, dispôs sobre as atribuições das ouvidorias no Ministério Público.

O Ministério Público deverá fazer uso, com maior frequência e com adequação, das audiências coletivas (LONMP, art. 27, parágrafo único, IV).

A Resolução n. 82/2012 do CNMP regulamentou a realização de audiências coletivas no âmbito do Ministério Público e, expressamente, reconheceu que as pessoas e a sociedade organizada poderão contribuir com a atuação da instituição (terceiro *considerando*).

A audiência coletiva poderá ser utilizada para dois relevantes fins (art. 1º da Resolução n. 82/2012 do CNMP): (i) auxílio na tramitação e resolução de procedimentos administrativos em curso nas promotorias-procuradorias; (ii) identificação de demandas sociais (aqui haverá construção da agenda de atuação do Ministério Público).

Essas audiências deverão ser realizadas em forma de reuniões abertas a qualquer cidadão (art. 1º, § 1º, da Resolução n. 82/2012 do CNMP), obedecer o princípio da publicidade com divulgação de editais (art. 1º, §§ 2º e 3º, da Resolução n. 82/2012 do CNMP) e ter seu conteúdo registrado (art. 4º da Resolução n. 82/2012 do CNMP).

A audiência coletiva é instrumento de atuação do Ministério Público afinado com o regime democrático. Nela o promotor-procurador poderá ouvir e até debater com as pessoas sobre temas de sua atuação. É maneira de colher outros pontos de vista e pôr os seus à prova. Poderá obter elementos para resolução de casos concretos ou poderá identificar demandas sociais para atuação no futuro.

Esse instrumento, entretanto, não deverá ser utilizado apenas formalmente. Urge adotar mecanismos para maior publicidade possível e participação pluralística, bem como assegurar cenário discursivo pautado pela liberdade e igualdade dos participantes.

(ix) Realização e participação em eventos acadêmicos.

É comum as promotorias-procuradorias receberem solicitação de indicação de membros do Ministério Público para proferirem palestras em seminários e eventos similares.

A participação do Ministério Público nesse tipo de evento é fundamental. Além de contribuir para a visibilidade da instituição, tal atividade proporcionará aquisição de novos conhecimentos e interlocução com pessoas e agentes de outras áreas, o que submeterá à prova opiniões *consolidadas*.

Todavia, alguns membros do Ministério Público, por diversas razões (até mesmo por dificuldade ou falta de treinamento para falar publicamente), recusam-se a participar desses tipos de evento. Assim, os voluntários *de costume* acabam por cumprir essa relevante função, mas de forma sobrecarregada.

O Ministério Público tem criado também agendas anuais de eventos. Nessa hipótese, a instituição é a organizadora do evento. Essa prática, embora trabalhosa, é afinada com o paradigma democrático e deverá ser inserida em todos os ramos do *Parquet*, pois abrir as promotorias-procuradorias às pessoas é forma democrática de pautar a discussão e promover reflexão acerca de temas de interesse da institucional.

(x) Participação dos membros do Ministério Público em grupos de estudo e trabalho, comissões, comitês entre outros colegiados afetos à sua área atributiva.

O membro do Ministério Público deverá sair do gabinete e também das promotorias-procuradorias. Sempre que possível é relevante participar de grupos de estudo e trabalho, comissões, comitês, entre outros colegiados afetos à sua área atributiva.

É maneira interessante de dialogar com outros setores, instaurar outros canais comunicativos, contribuir com o colegiado no qual participe e obter informações adicionais que possam potencializar a atuação institucional.

(xi) Democracia externa na atuação do Ministério Público.

O Ministério Público, além da busca pela democratização interna, deverá oxigenar suas funções judiciais e extrajudiciais pelo paradigma do Estado democrático.

Ao velar pelo regime democrático, caberá ao Ministério Público agir democraticamente e abrir-se aos processos integrativos e comunicacionais. De revés, perderá contato com sua base de legitimação social e, talvez, credibilidade para o exercício da função de defensor do regime democrático.

Ora, como a figura de um membro autoritário poderia coexistir com a de defensor do regime democrático? Aqui, certamente, existirá um paradoxo, com pouca possibilidade de resultados *criativos*. O membro do Ministério Público, no exercício de suas funções, deverá agir democraticamente e pautar-se por proteção intransigente desse regime.

O Ministério Público não deverá temer a democracia, como não deverá ter receio de ser contrariado, questionado ou posto à prova em uma discussão argumentativa. Ao contrário, caberá aprofundar-se no debate e, na condição de falante e ouvinte, convencer o outro ou ser convencido à luz do(s) argumento(s) constitucionalmente adequado(s).

(xii) O reconhecimento institucional do caráter fundamental da atuação extrajudicial.

A atuação extrajudicial é a atividade primeira da instituição, e isso abstém-se de tornar irrelevante a função judicial, como defendemos anteriormente. Caberá ao membro do Ministério Público adotar todos os mecanismos extrajudiciais de atuação para prevenir e equacionar o conflito. Ultrapassada essa fase, caso seja medida efetiva, acionará o Poder Judiciário.

(xiii) O Ministério Público deverá priorizar a atuação como instituição agente.

O Ministério Público democrático e resolutivo reconhece que a CF/1988 priorizou a função tradicionalmente chamada de *órgão* (instituição) agente em relação à de interveniente.

Essa prioridade na atuação como instituição agente vem sendo explicitada pelo CNMP. A título de exemplo, os *considerados* das Recomendações n. 8/2008 e n. 16/2010 que propuseram medidas para racionalização da atividade interventiva do Ministério Público.

Caberá à instituição, portanto, concentrar-se na atividade como instituição agente. É essa função que deverá receber maior atenção e direcionamento, sem prejuízo da atuação como instituição interveniente, que, entretanto, deverá ser racionalizada e constitucionalmente filtrada.

(**xiv**) O Ministério Público deverá atuar estrategicamente na condição de instituição interveniente.

Discordamos da posição defensora da extinção ou da irrelevância da atividade interveniente (*parecerista*) do Ministério Público brasileiro, embora concordemos que deverá haver priorização da atividade na condição de instituição agente.

A crítica à atividade interveniente decorre da falta de estratégia em sua concretização, que gera agir burocratizado e inefetivo. O membro, na maioria das vezes, preocupa-se, apenas, em verificar se o caso é de emissão de parecer ou de uma simples cota de tramitação regular do feito.

Há evidente deficiência na integração entre a atividade interveniente e a atuação como instituição agente. Às vezes, por exemplo, o indiciado em um IC é, concomitantemente, réu em diversas ações individuais movidas por particulares. O membro do Ministério Público, presidente do inquérito, não tem essa informação, enquanto o agente interveniente também não sabe que o réu responde a procedimento administrativo na promotoria-procuradoria.

A instituição na condição de interveniente deverá ser extremamente seletiva. Atuar nos casos nos quais vislumbrar interesse público justificante da intervenção, mas também em que haja repercussão social decorrente dessa atuação, a princípio, casuística. Como interveniente, a manifestação acerca do mérito em todos os processos remetidos à promotoria-procuradoria é desnecessária e constitui falta de foco em outras atividades com maior relevância.

Caberá também na atuação como instituição interveniente, verificar a repetição de ações em face de um mesmo réu e com temas similares. Essa atenção permitirá a extração de cópia dos autos e formulação de notícia de fato ao membro atuante como instituição agente para instauração de IC, que poderá ensejar a celebração de TAC ou a promoção a ação coletiva e evitar centenas de novas demandas individuais.

A seleção de casos na atividade interveniente, obviamente, deverá respeitar as prescrições da ordem jurídica e a independência funcional de cada membro. Porém o interessante é sua realização de maneira integrada com outros órgãos de execução do Ministério Público, intervenientes e agentes, e sem prejuízo da participação popular, quando pertinente. Extrair, em outro dizer, o que é comum nessas duas formas de atuação.

Casos selecionados, diretrizes e entendimentos conformados coletivamente têm caráter geral e não dispensarão mediação constitutiva de sentido em face do caso concreto. Induvidosamente, surgirão situações particulares que dispensarão a manifestação, ainda que semelhantes aos casos pré-selecionados. Outros casos exigirão manifestação, malgrado não tenham sido previstos antecipadamente, na confecção da listagem original.

A atividade interveniente, caso realizada estrategicamente, funcionará como relevante canal de defesa de teses advogadas pelo Ministério Público, na esfera judicial, que poderão contribuir para o deslinde positivo de ICs, TACs e ACPs. Haverá, assim, integração entre essas duas formas de atuação, em um processo positivo de retroalimentação.

(xv) Priorização dos casos de maior repercussão-relevância social, tanto na atividade como instituição interveniente quanto na atuação como instituição agente.

A Recomendação n. 16/2010 do CNMP, ao dispor acerca da atuação do Ministério Público como interveniente no processo civil, exaltou a necessidade de a instituição adequar-se ao modelo estabelecido pela CF/1988 e priorizar conflitos de repercussão social (art. 7º).

Mesmo na atuação como instituição interveniente, atividade importante, mas secundária em relação à atividade como agente, o Ministério Público deverá priorizar as principais hipóteses de atuação (CNMP, arts. 1º e 5º da Resolução n. 19/2011), sem prejuízo à independência funcional de seus membros (CNMP, art. 4º da Resolução n. 19/2011).

Caberá ao Ministério Público verificar, no caso concreto, a existência de interesse público justificador da intervenção. E motivar sua decisão de atuar ou não, mas sempre tendo em vista a priorização dos casos de maior relevância social.

Extrajudicialmente, ao membro do Ministério do Público que couber, por distribuição, a notícia de fato (outrora representação) caberá também priorizar os casos de maior *repercussão social*[572]. Na falta desse elemento, ocorrerá, a princípio, hipótese de indeferimento ou arquivamento do procedimento administrativo. Essa decisão, obviamente, deverá ser fundamentada, estará sujeita a recurso administrativo e à homologação pela CCR ou pelo Conselho Superior.

(xvi) O Ministério Público, em sua atuação, deverá contribuir para a celeridade da tramitação processual no Poder Judiciário.

O Ministério Público, no exercício de suas atribuições, deverá contribuir para a celeridade na tramitação processual no Poder Judiciário, e, por efeito, evitar e combater a demora injustificada.

Uma primeira forma (simplista) de isso ocorrer é a obediência a prazos processuais. A divisão entre prazo direto e indireto e suas consequências, nessa proposta, deverão ser reinterpretadas. O primeiro seria o peremptório, fatal, gerador da preclusão, enquanto o segundo o recomendatório, o facultativo, o dilatório, no qual a inobservância abstém-se de gerar qualquer penalidade processual.

Essa construção teórica justifica manifestações e petições do *Parquet* protocolizados em *qualquer* prazo, pois, para alguns, têm-se nessas hipóteses prazos indiretos. Desse

---

(572) Aqui fazemos uma observação, talvez, desnecessária, mas preventiva: repercussão social abstém-se de significar casos midiáticos, mas sim situações que possam trazer maiores consequências sociais.

modo, processos poderão permanecer sem tramitação por aguardarem manifestação do Ministério Público.

A Recomendação n. 8/2008 do CNMP, em busca de racionalização da intervenção do Ministério Público no processo judicial e da efetividade e celeridade processuais, recomendou que fosse observado o art. 185 do CPC, isto é, à falta de cominação de prazo, seja pelo juiz, seja pela lei, caberá ao *Parquet* manifestar-se em um prazo de cinco dias.

Nas demais hipóteses nas quais a ordem jurídica aponta o prazo, este, obviamente, deverá ser observado, sob pena de aplicação de penalidades processuais. Além disso, o prazo para parecer deverá ser observado, salvo casos excepcionais, com justificativa ancorada na ordem jurídica. O prazo, embora rotulado como indireto, não deve ser considerado mera sugestão.

O Ministério Público, além disso, em sua função judicial e à luz das possibilidades do caso concreto, deverá contribuir para a celeridade processual, com atuação desburocratizada e renunciante a formalismos inúteis.

(**xvii**) Constante aprimoramento do edital (e do) de concurso público de provas e título de ingresso de membros do Ministério Público.

O concurso de ingresso na carreira de membro do Ministério Público é um dos mais dificultosos da república brasileira. É composto de provas escritas, oral e de títulos, sendo que as primeiras são desdobradas em duas etapas — prova preambular de múltipla escolha e prova discursiva — (arts. 16 e 17 da Resolução n. 14/2006 do CNMP). Ademais, os sub-ramos da instituição acrescem a prova prática, seja de confecção de peça, seja de tribuna.

A estrutura formal do concurso parece adequada. Entretanto, um dos questionamentos que pode ser feito refere-se às disciplinas constantes do edital programático e à maneira de serem exigidas nas provas.

Além das disciplinas dogmáticas tradicionais, o edital do concurso deverá inserir matérias como Filosofia, Sociologia e Teoria Geral do Direito. A ampliação de editais ocorreu, por exemplo, pela Recomendação n. 12/2009 do CNMP, que recomendou ao MPE a inserção da disciplina *direito eleitoral*. Essa prática poderá ser adotada pelo CNMP para a inserção de novas disciplinas.

O concurso, em suas fases, deverá acarretar provas compatíveis com a realidade a ser vivenciada pelo exercício do cargo. As provas práticas deverão exigir a confecção de instrumentos de ação presentes no cotidiano e privilegiar a atuação extrajudicial, como a confecção de TACs, notificações recomendatórias e promoções de arquivamento, sem prejuízo da exigência de confecção de ações coletivas.

As provas deverão exigir do candidato conhecimento teórico-reflexivo-crítico e capacidade para problematizar e resolver situações do cotidiano de um membro do Ministério Público. Com isso, evitar-se-ão questões puramente dogmáticas ou desconectadas do contexto da carreira.

(xiii) Aperfeiçoamento das escolas institucionais do Ministério Público.

As escolas institucionais do Ministério Público não devem funcionar apenas como *cursinhos preparatórios,* mas contribuírem também para o aprimoramento e a formação continuada dos membros do *Parquet*[573].

Os membros do Ministério Público deverão encontrar nas escolas institucionais o local necessário e adequado para aprimoramento profissional. Os cursos deverão aliar conhecimento teórico e (re)avaliação da prática adotada pela instituição, pois, do contrário, não farão sentido.

As escolas institucionais deverão, ainda, introduzir exposição sobre saberes distintos do Direito, como a Filosofia, a Psicanálise, a Sociologia, e os seus palestrantes deverão ser mesclados, dentre membros do Ministério e de outras instituições, com o propósito de permitir diálogo interinstitucional.

(xix) Criação de órgãos de apoio à atividade-fim do Ministério Público[574].

Em virtude dos novos conflitos e da sociedade complexa, a atuação do Ministério Público, comumente, exige conhecimento de outras áreas científicas, como Medicina, Matemática, Psicologia, Engenharia etc. Assim, parece-nos interessante a criação de órgãos de apoio especializados que poderão prestar assessoria ao membro da instituição em casos de maior complexidade.

Como exemplo, seria muito útil a criação de assessoria contábil e de engenharia, para auxiliar tecnicamente os membros do Ministério Público no exercício da tutela do meio ambiente natural, do urbanismo e em perícias necessárias ao desfecho de diversos inquéritos civis.

(xx) Aperfeiçoamento dos Centros de Apoio Operacional e do Centros de Estudos e Aperfeiçoamento Funcional.

Os arts. 33 e 35 da LONMP previram, respectivamente, o Centro de Apoio Operacional (CAO) e Centro de Estudos e Aperfeiçoamento Funcional (CEAF) como órgãos auxiliares dos MPEs.

O CAO tem como atribuições estimular a integração e o intercâmbio entre órgãos de execução que atuam na mesma área de atividade e que tenham atribuições comuns, remeter informações técnico-jurídicas, sem caráter vinculativo, aos órgãos ligados à sua atividade, estabelecer intercâmbio permanente com entidades ou órgãos públicos ou privados que atuem em áreas afins, para obtenção de elementos técnicos especializados necessários ao desempenho de suas funções e remeter, anualmente, ao PGJ relatório das atividades do Ministério Público relativas às suas áreas de atribuições. Além disso, poderá exercer outras funções compatíveis com suas finalidades, vedado o exercício de qualquer atividade de órgão de execução, bem como a expedição de atos normativos a estes dirigidos.

---

(573) BELLO, Enzo. *Op. cit.,* 349-350.
(574) BELLO, Enzo. *Op. cit.,* 352-353.

O CEAF, por sua vez, é destinado a realizar cursos, seminários, congressos, simpósios, pesquisas, atividades, estudos e publicações visando ao aprimoramento profissional e cultural dos membros da instituição, de seus auxiliares e funcionários, bem como a melhor execução de seus serviços e racionalização de seus recursos materiais.

O CAO e o CEAF deveriam ser implantados nos sub-ramos do MPU e não ficarem restritos aos MPEs.

O funcionamento do CAO e do CEAF, ademais, deverá ser aprimorado constantemente. Para tanto, dependerão de aparato tecnológico de ponta e lotação de pessoal suficiente e capacitado para realizar suas atribuições de órgãos auxiliares.

(xvi) Publicidade das atividades desenvolvidas pelo Ministério Público: formação e aprimoramento das Assessorias de Comunicação.

O Ministério Público, além de desenvolver sua atividade institucional satisfatoriamente, deve prestar contas à sociedade sobre os atos realizados. É dever imposto pelo princípio da publicidade e do contorno de república. Para tanto, urge constituir assessorias de comunicação permanentes e capacitadas. Nas unidades nas quais ela exista, é interessante avaliar suas demandas em busca de aprimoramento.

A assessoria de comunicação devidamente constituída, como dito, além de atender ao princípio da publicidade, contribuirá para informar e conceder visibilidade à atividade desenvolvida pelo Ministério Público. Funcionará também como canal de integração entre a instituição, a imprensa e a sociedade.

A constituição de assessoria de comunicação realmente apta a atender as diversas promotorias-procuradorias outrossim proporcionaria canal de formação e atualização dos membros do Ministério Público sobre como adequar-se ao contato com a imprensa e à linguagem por ela utilizada. Conceder uma entrevista ou confeccionar um texto para ser publicado na imprensa é muito diferente do que ministrar uma aula ou preparar um artigo científico. Essa assessoria especializada, por efeito, teria a incumbência de orientar os agentes nesse diferente papel e promover a divulgação de projetos e informações de relevância institucional, sempre que necessário.

(xxii) Os membros do Ministério Público deverão ser incentivados ao aprimoramento do conhecimento com realização de cursos de extensão e de pós-graduação.

Os membros do Ministério Público deveriam ser incentivados pela instituição ao aprimoramento do conhecimento com realização de cursos de extensão e de pós-graduação.

Esse incentivo deverá incluir licenças e autorizações para frequência às aulas, bem como incentivos financeiros, como custeio dos cursos. A finalização desses cursos deverá ser considerada na promoção por merecimento.

(xxiii) Incentivo aos membros do Ministério Público ao exercício da docência.

Diferente do verificado atualmente, deve-se incentivar o exercício do magistério e da pesquisa pelos membros do Ministério Público. A criação de restrições generalizantes, em vez de coibir abusos, pode prestar-se a perigoso papel.

Eventuais equívocos e omissões dos membros, professores ou não, devem ser aferidos em concreto, pela análise da conduta e do desempenho funcionais. Não simplesmente presumidas em razão do exercício do magistério.

Incumbe aos órgãos de fiscalização das atividades desenvolvidas pelo Ministério Público avaliar concretamente a existência de omissões e, depois, verificar se esses atos faltosos têm ligação com o exercício do magistério. Assim, os membros-professores realmente omissos em seus deveres funcionais serão punidos.

As salas de aula e os demais ambientes acadêmicos configuram relevante arena de interlocução e de divulgação da relevância social do *Parquet*. Por isso, o Ministério Público deverá interpretar a autorização constitucional para o magistério como garantia fundamental de caráter institucional e, por consequência, incentivar seus membros à prática da docência.

(xxiv) Controle efetivo da atividade policial pelo Ministério Público.

O Ministério Público deverá exercer efetivo controle sobre a atividade policial, em respeito aos arts. 127 e 129, VII, da CF/1988 e arts. 3º, 9º e 10 do EMPU. Esse tema envolve a segurança pública e materializa discussão mais ampla do que aquela utilizada como fundamento para propositura da PEC n. 37/2011 (rejeitada).

A Resolução n. 20/2007 do CNMP regulamentou a maneira como dá-se o controle externo da atividade policial e o objetivo da medida abstém-se de criar um canal de hierarquização entre Polícia e Ministério Público ou entre policiais e promotores-procuradores. O desiderato é aprimorar a atividade policial, que, em muitos casos, funciona como meio para a atuação do *Parquet* na seara penal.

O Ministério Público no exercício dessa função, entre outras medidas, deverá atuar para manutenção do respeito de direitos humanos e fundamentais das pessoas envolvidas, deverá exigir a celeridade da tramitação dos IPs, a probidade administrativa e a qualidade técnica das provas colhidas.

Normalmente, o *Parquet* deverá atuar como *parceiro* da autoridade policial, sem prejuízo de medidas investigativas e preventivas concomitantes. De outro lado, deverá reprimir abusos e ilicitudes eventualmente cometidos por agentes policiais.

Ainda, o Ministério Público deverá acionar, extrajudicial e judicialmente, o poder público com pleitos de lotação de servidores, inclusive delegados de polícia, de implementação de tecnologias necessárias para a adequada tramitação dos inquéritos policiais, dentre outras medidas para aparelhamento da polícia.

A posição do Ministério Público democrático e resolutivo, em última análise, deverá ser de movimento. Deixar a função de mero receptor ou observador do IP, para agente atuante em prol de sua efetividade e respeito aos direitos humanos e fundamentais das pessoas envolvidas.

(xxv) Revolução tecnológica em favor do aperfeiçoamento da atividade desenvolvida pelo Ministério Público brasileiro.

O Ministério Público, além da lotação de pessoal e estrutura material, dependerá, para desenvolvimento adequado de suas atividades, de verdadeira revolução tecnológica.

A utilização de *e-mails,* redes sociais, videoconferências, programas de gravação das audiências, audiências coletivas virtuais, reuniões institucionais virtuais, cursos virtuais, digitalização dos processos, programas específicos de computador, maquinário de última geração etc. integram esse processo de desenvolvimento tecnológico.

Essas práticas, além de aprimorarem o desenvolvimento das atividades institucionais, reduzem custos com diárias, deslocamentos e outros recursos, além de contribuir para celeridade aos atos.

Ao Ministério Público caberá, por efeito, constituir equipe técnica preparada e permanente responsável pelas reviravoltas tecnológicas na instituição. Essa avaliação deverá ocorrer continuamente com o propósito de introduzir novas ferramentas de acordo com a evolução e o surgimento de demandas sociais.

Considerações Finais

Este livro almejou refletir sobre a conformação e atuação do Ministério Público brasileiro, instituição renovada com a CF/1988 e de vanguarda em cotejo com similares em todo o mundo.

A pesquisa analisou o aparente paradoxo de a instituição situar-se entre a unidade e a independência, bem como a constituição de modelos teóricos de atuação de membros do Ministério Público brasileiro e sua suposta vinculação a determinados paradigmas.

O primeiro capítulo revisitou os princípios da unidade e independência funcional aplicáveis ao Ministério Público brasileiro, com proposta de imbricação pragmática-teórica, pautada por decisões de órgãos vinculados à instituição, da jurisprudência dos tribunais e de revisão bibliográfica. A ideia foi preparar terreno para a proposta de conjugação equilibrada daqueles princípios, à luz de uma indissociável e produtiva relação de tensão.

O segundo capítulo apresentou e analisou os supostos modelos teóricos que podem constituir e ser constituídos por paradigmas de atuação dos membros do Ministério Público brasileiro. O objetivo foi descortinar pressupostos subjacentes a supostas condutas irrefletidas e consolidadas na instituição.

O terceiro capítulo trabalhou com nosso marco teórico e contornou o *Ministério Público democrático e resolutivo* oxigenado pelo paradigma do Estado democrático, circunscrito pela filosofia da linguagem, pelos movimentos pós-metafísico e do pós-positivismo jurídico e pela intersubjetividade como condição da subjetividade.

O último capítulo registrou eventuais riscos e perspectivas do Ministério Público brasileiro e formulou problematizações e encaminhamentos das possíveis direções a serem seguidas, sem, contudo, ter a pretensão de dogmatizar e eternizar respostas.

Os paradigmas e os marcos teóricos adotados pelos membros do Ministério Público parecem influenciar a forma de atuação institucional. Consequentemente, a instituição deverá laborar com mecanismos para amenizar autorreferências, pô-las em xeque e torná-las inter-relacionáveis. Enxergar, em outro dizer, a intersubjetividade como condição da subjetividade e a precariedade e dinamismo inerentes ao conhecimento humano.

Para o desenvolvimento do Ministério Público, caberá conjugar equilibradamente os princípios da unidade e independência funcional, em produtiva relação de tensão e equiprimordialidade.

Esse estado tensional entre os princípios da unidade e independência funcional pareceu capaz de impulsionar reflexão crítica e problematizante sobre práticas institucionais dos membros do Ministério Público que, ao serem naturalizadas, são reproduzidas de forma irrefletida, acrítica e consolidam pressupostos de agir insustentáveis à luz do atual paradigma constitucional.

O Ministério Público deverá volver-se ao paradigma do Estado democrático de direito inaugurado pela CF/1988 e abandonar interpretações meramente retrospectivas e práticas baseadas em processo de mera reprodução. Interação, inter-relação, intersubjetividade passam a consubstanciar uma nova maneira de laborar institucionalmente.

A nossa proposta, portanto, gira em torno de um Ministério Público democrático e resolutivo, que receberá influxos, interna e externamente, do paradigma democrático de direito e, ao mesmo tempo, enxergará como sua atividade primeira a extrajudicial, sem prejuízo da relevante função judicial. Para tanto, a todo instante, pressupostos subjacentes a certas práticas deverão ser descortinados à reflexão, em viés crítico.

O dinamismo da instituição e a possibilidade de atuação adequada à Constituição, ademais, dependerá do reconhecimento do estado de tensão permanente dos princípios da unidade e independência funcional, sem estabilização de uma sobreposição, assim como acontece entre as noções de Estado de direito e democracia.

Referências

ADEODATO, João Maurício. *Uma teoria retórica da norma jurídica e do direito subjetivo*. São Paulo: Noeses, 2011.

AGOSTINHO, Santo. *Confissões*. Tradução J. Oliveira e A. Ambrósio de Pina. Petrópolis: Vozes, 2011.

_____. *A Cidade de deus* (contra os pagões [sic]). Parte I. Tradução Oscar Paes Leme. Petrópolis: Vozes, 2012.

_____. *O livre-arbítrio*. Tradução Nair de Assis Oliveira. 6. ed. São Paulo: Paulus, 2011.

ALEXY, Robert. *Teoria dos direitos fundamentais*. Tradução Virgílio Afonso da Silva. São Paulo: Malheiros, 2008.

_____. *Teoria da argumentação jurídica*. A teoria do discurso racional como teoria da justificação jurídica. Tradução Zilda Hutchinson Schild Silva. São Paulo: Landy, 2001.

ANDRADE, José Carlos Vieira de. *Os direitos fundamentais na constituição portuguesa de 1976*. 4. ed. Coimbra: Almedina, 2009.

ARISTÓTELES. *Categorias*. Tradução Edson Bini. São Paulo: Edipro, 2011.

AUSTIN, John. Aulas sobre direito. In: MORRIS, Clarice. *Os grandes filósofos do direito*: leituras escolhidas em direito. Tradução Reinaldo Guarany. São Paulo: Martins Fontes, 2002.

BACHOF, Otto. *Normas constitucionais inconstitucionais?* Tradução José Manuel M. Cardoso da Costa. Coimbra: Almedina, 2008.

BARROS, Flaviane de Magalhães. *A participação da vítima no processo penal*. Rio de Janeiro: Lumen Juris, 2008.

BARROSO, Luís Roberto. *Curso de direito constitucional contemporâneo*: os conceitos fundamentais e a construção do novo modelo. 2. ed. São Paulo: Saraiva, 2010.

BASTOS, Aurélio Wander. *O ensino jurídico no Brasil*. 2. ed. rev. atual. Rio de Janeiro: Lumen juris, 2000.

BELLO, Enzo. *Perspectivas para o direito penal e para um ministério público republicano*. Rio de Janeiro: Lumen Juris, 2007.

BONAVIDES, Paulo. *Curso de direito constitucional*. 16. ed. atual. São Paulo: Malheiros, 2005.

BRASIL. *Agência Brasil*: Empresa Brasil de Comunicação. Disponível em: <http://agenciabrasil.ebc.com.br/noticia/2013-06-20/cpi-da-copa-pec-37-e-melhorias-em-servicos-publicos-sao-bandeiras-de-manifestacoes-em-brasilia>. Acesso em: 30 jun. 2013.

BRASIL. *Associação Nacional de Procuradores do Trabalho*. Disponível em: <http://www.anpt.org.br/index1.jsp?pk_assoc_informe_site=18448&exibe_mais=n>. Acesso em: 2 jul. 2013.

BRASIL. *Câmara dos Deputados*. Disponível em: <http://www.camara.gov.br/proposicoesWeb/fichadetramitacao?idProposicao=507965>. Acesso em: 4 ago. 2012.

BRASIL. *CNMP*. Relator: Adilson Gurgel de Castro. Processo n. 0.00.000.000894/2009-84. Disponível em: <http://aplicativos.cnmp.gov.br/consultaProcessual/consultaProcesso.seam;jsessionid=60916A56F3D65879D525FEE9A110C87D>. Acesso em: 30 jun. 2013.

BRASIL. *CNMP*. Relator: Ernando Uchoa Lima. Processo n. 0.00.000.000064/2006-12. Disponível em: <http://aplicativos.cnmp.gov.br/consultaProcessual/consultaProcesso.seam>. Acesso em: 30 jun. 2013.

BRASIL. *CNMP*. Relator: Ernando Uchoa Lima. Processo n. 0.00.000.000141/2008-98. Disponível em: <http://aplicativos.cnmp.gov.br/consultaProcessual/consultaProcesso.seam>. Acesso em: 30 jun. 2013.

BRASIL. *Senado Federal*. Disponível em: <http://www.senado.gov.br/atividade/materia/detalhes. asp?p_cod_mate=101498>. Acesso em: 30 jun. 2013.

BRASIL. *STF*. ADI n. 3806. Pleno. Relator: Ministro Ricardo Lewandovski. Disponível em: <http://www.stf.jus.br/portal/processo/verProcessoAndamento.asp>. Acesso em: 24 maio 2014.

BRASIL. *STF*. HC n. 107047/PE. 1ª Turma. Relator: Ministro Dias Toffoli. Julgamento: 10.5.2011. Publicação: DJe-149, divulgado em 3.08.2011 e publicado 4.8.2011. Disponível em: <http://www.jusbrasil.com.br/jurisprudencia/20627125/habeas-corpus-hc-107047-pe-stf>. Acesso em: 15 jan. 2013.

BRASIL. STF. HC n. 82424/RS. Tribunal Pleno. Relator: Ministro Moreira Alves. Relator para acórdão: Ministro Maurício Corrêa. Julgamento: 17.9.2003. Publicação: DJ 19.3.2004. Disponível em: http://www.stf.jus.br/portal/jurisprudencia/listarJurisprudencia.asp?s1=%2882424. NUME.+OU+82424.ACMS.%29&base=baseAcordaos&url=http://tinyurl.com/buppjs3>. Acesso em: 16 out. 2013.

BRASIL. *STF*. HC n. 108739/SC. Relator originário: Ministra Rosa Weber. Redação para o acórdão: Ministro Luiz Fux. Julgamento: 14.8.2012. Informativo n. 675, 13 a 17 ago. 2012. Disponível em: <http://www.stf.jus.br//arquivo/informativo/documento/informativo675.htm>. Acesso em: 13 fev. 2013.

BRASIL. STF. Rcl n. 7358/SP. Tribunal Pleno. Relatora: Ministra Ellen Gracie. Julgamento: 24.2.2011. Fonte: DJe-106, divulgado em 2.6.2011 e publicado em 3.6.2011. Disponível em: <http://www.stf.jus.br/portal/jurisprudencia/listarJurisprudencia.asp?s1=%287358.NUME.+OU+7358.AC MS.%29&base=baseAcordaos&url=http://tinyurl.com/bvohy2n>. Acesso em: 7 jul. 2013.

BRASIL. *STF*. Rcl n. 4824 AgR-ED/MS. Tribunal Pleno. Relator: Ministro Dias Toffoli. Julgamento: 6.2.2013. Publicação: DJe-043, 6.3.2013. Disponível em: <http://www.stf.jus.br/portal/jurisprudencia/listarJurisprudencia.asp?s1=%28princ%EDpio+unidade+minist%E9rio+p%FAblico%2EE MEN%2E+OU+princ%EDpio+unidade+minist%E9rio+p%FAblico%2EIND%2E%29&base=base Acordaos&url=http://tinyurl.com/p4p5dae>. Acesso em: 2 maio 2013.

BRASIL. *STF*. Rcl n. 5873 AgR/ES. Tribunal Pleno. Relator: Ministro Celso de Mello. Julgamento: 9.12.2009. Publicação: DJe-027, 12.2.2010. Disponível em: <http://www.stf.jus.br/portal/jurisprudencia/listarJurisprudencia.asp?s1=%28princ%EDpio+unidade+minist%E9rio+p%FAblico%2EEM EN%2E+OU+princ%EDpio+unidade+minist%E9rio+p%FAblico%2EIND%2E%29&pagina=2&b ase=baseAcordaos&url=http://tinyurl.com/p4p5dae>. Acesso em: 26 maio 2013.

BRASIL. *STF*. Rcl n. 4931 AgR/CE. Tribunal Pleno. Relator: Ministro Celso de Mello. Julgamento: 23.9.2009. Publicação: DJe-200, 23.10.2009. Disponível em: <http://www.stf.jus.br/portal/jurisprudencia/listarJurisprudencia.asp?s1=%28princ%EDpio+unidade+minist%E9rio+p%FAblico%2 EEMEN%2E+OU+princ%EDpio+unidade+minist%E9rio+p%FAblico%2EIND%2E%29&pagina= 2&base=baseAcordaos&url=http://tinyurl.com/p4p5dae>. Acesso em: 26 maio 2013.

BRASIL. *STF*. RE n. 590908 RG/AL. Tribunal Pleno. Relator: Ministro Ricardo Lewandowski. Relator para acórdão: Ministro Marco Aurélio. Julgamento: 3.11.2011. Fonte: DJe-112 de 11.6.2012. Disponível em: <http://redir.stf.jus.br/paginadorpub/paginador.jsp?docTP=TP&docID=2161905>. Acesso em: 26 maio 2013.

BRASIL. *STF*. RHC n. 66944/ES. 2ª Turma. Relator: Ministro Djaci Falcão. Julgamento: 18.11.1988. Fonte: DJ 2.12.1988. Disponível em: <http://redir.stf.jus.br/paginadorpub/paginador.jsp?docTP=AC&docID=102254>. Acesso em: 26 maio 2013.

BRASIL. *STF*. HC n. 80463/DF. 2ª Turma. Relator: Ministro Maurício Corrêa. Julgamento: 15.8.2001. Fonte: DJ 1.8.2003. Disponível em: <http://redir.stf.jus.br/paginadorpub/paginador.jsp?docTP=AC&docID=78402>. Acesso em: 9 jun. 2013.

BRASIL. *STF*. ADI n. 1377/DF. Tribunal Pleno. Relator: Ministro Octavio Gallotti. Relator para acórdão: Ministro Nelson Jobim. Julgamento: 3.6.1998. Publicação: DJ 16-12-2005. Disponível em: <http://www.stf.jus.br/portal/jurisprudencia/listarJurisprudencia.asp?s1=%28MINIST%C9RIO+P%DABLICO+ATIVIDADE+POL%CDTICO%2DPARTID%C1RIA%2EEMEN%2E+OU+MINIST%C9RIO+P%DABLICO+ATIVIDADE+POL%CDTICO%2DPARTID%C1RIA%2EIND%2E%29&base=baseAcordaos&url=http://tinyurl.com/pvvpzjb>. Acesso em: 27 maio 2013.

BRASIL. *STF*. ADI n. 2534 MC/MG. Tribunal Pleno. Relator: Ministro Maurício Corrêa. Julgamento: 15.8.2002. Fonte: DJ 13.6.2003. Disponível em: <http://www.stf.jus.br/portal/jurisprudencia/listarJurisprudencia.asp?s1=%28MINIST%C9RIO+P%DABLICO+ATIVIDADE+POL%CDTICO%2DPARTID%C1RIA%2EEMEN%2E+OU+MINIST%C9RIO+P%DABLICO+ATIVIDADE+POL%CDTICO%2DPARTID%C1RIA%2EIND%2E%29&base=baseAcordaos&url=http://tinyurl.com/pvvpzjb>. Acesso em: 27 maio 2013.

BRASIL. *STF*. RE n. 597994/PA. Tribunal Pleno. Relatora: Ministra Ellen Gracie. Relator para acórdão: Ministro Eros Grau. Julgamento: 4.6.2009. Fonte: DJe-162 divulgado em 27.8.2009 e publicado em 28.8.2009. Disponível em: <http://www.stf.jus.br/portal/jurisprudencia/listarJurisprudencia.asp?s1=%28MINIST%C9RIO+P%DABLICO+ATIVIDADE+POL%CDTICO%2DPARTID%C1RIA%2EEMEN%2E+OU+MINIST%C9RIO+P%DABLICO+ATIVIDADE+POL%CDTICO%2DPARTID%C1RIA%2EIND%2E%29&base=baseAcordaos&url=http://tinyurl.com/pvvpzjb>. Acesso em: 27 maio 2013.

BRASIL. *STF*. HC n. 85137/MT. 1ª Turma. Relator: Ministro Cezar Peluso. Julgamento: 13.9.2005. Fonte: DJ 28.10.2005. Disponível em: <http://redir.stf.jus.br/paginadorpub/paginador.jsp?docTP=AC&docID=358693>. Acesso em: 30 jun. 2013.

BRASIL. *STF*. AP n. 470/MG. Disponível em: <http://www.stf.jus.br/portal/processo/verProcessoAndamento.asp?incidente=11541>. Acesso em: 30 jun. 2013.

BRASIL. *STF*. RE n. 593727 RG/MG. Tribunal Pleno. Relator: Ministro Cezar Peluso. Julgamento: 27.8.2009. Fonte: DJe-181, divulgado em 24.9.2009 e publicado em 25.9.2009. Disponível em: <http://www.stf.jus.br/portal/jurisprudencia/listarJurisprudencia.asp?s1=%28minist%E9rio+p%FAblico%2EEMEN%2E+OU+minist%E9rio+p%FAblico%2EIND%2E%29&pagina=2&base=baseRepercussao&url=http://tinyurl.com/cubeak6>. Acesso em: 24 jun. 2013.

BRASIL. *STF*. RE n. 593727 RG/MG. Tribunal Pleno. Relator: Ministro Cezar Peluso. Fonte: informativo n. 671. Disponível em: <http://www.stf.jus.br/arquivo/informativo/documento/informativo671.htm#Investiga%C3%A7%C3%A3o%20criminal%20promovida%20pelo%20Minist%C3%A9rio%20P%C3%BAblico%20e%20aditamento%20da%20den%C3%BAncia%20-%204>. Acesso em: 7 jul. 2013.

BRASIL. *STF*. HC n. 91613/MG. 2ª Turma. Relator: Ministro Gilmar Mendes. Julgamento: 15.5.2012. Fonte: DJe-182, divulgação em 14.9.2012, publicação em 17.9.2012. Disponível em: <http://www.stf.jus.br/portal/jurisprudencia/listarJurisprudencia.asp?s1=%28minist%E9rio+p%FAblico+investiga%E7%E3o+%2EEMEN%2E+OU+minist%E9rio+p%FAblico+investiga%E7%E3o+%2EIND%2E%29&base=baseAcordaos&url=http://tinyurl.com/przjauf>. Acesso em: 30 jun. 2013.

BRASIL. *STF*. ADI n. 3126 MC/DF. Tribunal Pleno. Relator: Ministro Gilmar Mendes. Julgamento: 17.2.2005. Fonte: DJ 6.5.2005. Disponível em: <http://www.stf.jus.br/portal/jurisprudencia/listar Jurisprudencia.asp?s1=%283126.NUME.+OU+3126.ACMS.%29&base=baseAcordaos&url=http:// tinyurl.com/botmugp>. Acesso em: 1º jul. 2013.

BRASIL. *STF*. HC n. 98373/SP. 1ª Turma. Relator: Ministro Ricardo Lewandowski. Julgamento: 6.4.2010. Fonte: DJe-071, divulgado em 22.4.2010, publicado em 23.4.2010. Disponível em: <http://www.stf.jus.br/portal/jurisprudencia/listarJurisprudencia.asp?s1=%28ratifica%E7%E3o+ den%FAncia%2EEMEN%2E+OU+ratifica%E7%E3o+den%FAncia%2EIND%2E%29&base=base Acordaos&url=http://tinyurl.com/qcb8h42>. Acesso em: 30 jun. 2013.

BRASIL. *STF*. Inq n. 2471/SP. Tribunal Pleno. Relator: Ministro Ricardo Lewandowski. Julgamento: 29.9.2011. Fonte: DJe-43, divulgado em 29.2.2012 e publicado em 1.3.2012. Disponível em: <http://www.stf.jus.br/portal/jurisprudencia/listarJurisprudencia.asp?s1=%28ratifica%E7%E3o+ den%FAncia%2EEMEN%2E+OU+ratifica%E7%E3o+den%FAncia%2EIND%2E%29&base=base Acordaos&url=http://tinyurl.com/qcb8h42>. Acesso em: 30 jun. 2013.

BRASIL. *STF*. ADI n. 3460/DF. Tribunal Pleno. Relator: Ministro Carlos Britto. Julgamento: 31.8.2006. Fonte: DJe-37, divulgado em 14.6.2007 e publicado em 15.6.2007. Disponível em: <http://www. stf.jus.br/portal/jurisprudencia/listarJurisprudencia.asp?s1=%283460.NUME.+OU+3460.ACMS. %29&base=baseAcordaos&url=http://tinyurl.com/c2esmzd>. Acesso em: 30 jun. 2013.

BRASIL. *STF*. ADI n. 1748 MC/RJ. Tribunal Pleno. Relator: Ministro Sydney Sanches. Julgamento: 15.12.1997. Fonte: DJ 8.9.2000. Disponível em: <http://www.stf.jus.br/portal/jurisprudencia/ listarJurisprudencia.asp?s1=%281748.NUME.+OU+1748.ACMS.%29&base=baseAcordaos&url =http://tinyurl.com/o4c7y7p>. Acesso em: 30 jun. 2013.

BRASIL. *STF*. HC n. 71198/GO. 2ª Turma. Relator: Ministro Maurício Corrêa. Julgamento: 21.2.1995. Fonte: DJ 30.6.2000. Disponível em: <http://www.stf.jus.br/portal/jurisprudencia/ listarJurisprudencia.asp?s1=%2871198.NUME.+OU+71198.ACMS.%29&base=baseAcordaos& url=http://tinyurl.com/nn2j76x>. Acesso em: 30 jun. 2013.

BRASIL. *STF*. ADI n. 789/DF. Tribunal Pleno. Relatora: Ministro Celso de Mello. Julgamento: 26.5.1994. Fonte: DJ 19.12.1994. Disponível em: <http://www.stf.jus.br/portal/jurisprudencia/ listarJurisprudencia.asp?s1=%28789.NUME.+OU+789.ACMS.%29&base=baseAcordaos&url=h ttp://tinyurl.com/cq8zdc4>. Acesso em: 30 jun. 2013.

BRASIL. *STF*. ADI n. 1858 MC/GO. Tribunal Pleno. Relator: Ministro Ilmar Galvão. Julgamento: 16.12.1998. Fonte: DJ 18.05.2001. Disponível em: <http://www.stf.jus.br/portal/jurisprudencia/ listarJurisprudencia.asp?s1=%281858.NUME.+OU+1858.ACMS.%29&base=baseAcordaos&url =http://tinyurl.com/oqy74uk>. Acesso em: 30 jun. 2013.

BRASIL. *STF*. ADI n. 160/TO. Tribunal Pleno. Relator: Ministro Octavio Gallotti. Julgamento: 23.4.1998. Fonte: DJ 20.11.1998. Disponível em: <http://www.stf.jus.br/portal/jurisprudencia/ listarJurisprudencia.asp?s1=%28160.NUME.+OU+160.ACMS.%29&base=baseAcordaos&url=h ttp://tinyurl.com/osm2tsb>. Acesso em: 30 jun. 2013.

BRASIL. *STF*. HC n. 69599/RJ. Tribunal Pleno. Relator: Ministro Sepúlveda Pertence. Julgamento: 30.6.1993. Fonte: DJ 27.8.1993. Disponível em: <http://www.stf.jus.br/portal/jurisprudencia/ listarJurisprudencia.asp?s1=%2869599.NUME.+OU+69599.ACMS.%29&base=baseAcordaos& url=http://tinyurl.com/ownfldg>. Acesso em: 30 jun. 2013.

BRASIL. *STF*. HC n. 90277/DF. 2ª Turma. Relatora: Ministra Ellen Gracie. Julgamento: 17.6.2008. Fonte: DJe-142, divulgado em 31.7.2008 e publicado em 1.8.2008. Disponível em: <http://www. stf.jus.br/portal/jurisprudencia/listarJurisprudencia.asp?s1=%2890277.NUME.+OU+90277.ACM S.%29&base=baseAcordaos&url=http://tinyurl.com/o86lu6h>. Acesso em: 30 jun. 2013.

BRASIL. *STF*. RE n. 638757 AgR/RS. 1ª Turma. Relator: Ministro Luiz Fux. Julgamento: 9.4.2013. Fonte: DJe-78, divulgado em 25.4.2013 e publicado em 26.4.2013. Disponível em: <http://www.stf.jus.br/portal/jurisprudencia/listarJurisprudencia.asp?s1=%28638757.NUME.+OU+638757.ACMS.%29&base=baseAcordaos&url=http://tinyurl.com/q2vjq26>. Acesso em: 30 jun. 2013.

BRASIL. *STF*. HC n. 103038/PA. 2ª Turma. Relator: Ministro Joaquim Barbosa. Julgamento: 11.10.2011. Fonte: DJe-207, divulgado em 26.10.2011 e publicado em 27.10.2011. Disponível em: <http://www.stf.jus.br/portal/jurisprudencia/listarJurisprudencia.asp?s1=%28103038.NUME.+OU+103038.ACMS.%29&base=baseAcordaos&url=http://tinyurl.com/nkvfswr>. Acesso em: 30 jun. 2013.

BRASIL. *STF*. HC n. 62110/RJ. 1ª Turma. Relator: Ministro Oscar Correa. Julgamento: 14.12.1984. Fonte: DJ 22.2.1985. Disponível em: <http://www.stf.jus.br/portal/jurisprudencia/listarJurisprudencia.asp?s1=%2862110.NUME.+OU+62110.ACMS.%29&base=baseAcordaos&url=http://tinyurl.com/oqjaawn>. Acesso em: 30 jun. 2013.

BRASIL. *STF.* ADI n. 3962/DF. Tribunal Pleno. Relatora: Ministra Cármen Lúcia. Disponível em: <http://www.stf.jus.br/portal/processo/verProcessoAndamento.asp?incidente=2559670>. Acesso em: 2 jul. 2013.

BRASIL. *STF*. HC n. 83255/SP. Tribunal Pleno. Relator: Ministro Marco Aurélio. Julgamento: 5.11.2003. Fonte: DJ 12.3.2004. Disponível em: <http://www.stf.jus.br/portal/jurisprudencia/listarJurisprudencia.asp?s1=%2883255.NUME.+OU+83255.ACMS.%29&base=baseAcordaos&url=http://tinyurl.com/d53g56t>. Acesso em: 6 jul. 2013.

BRASIL. *STF*. MS n. 21239/DF. Tribunal Pleno. Relator: Ministro Sepúlveda Pertence. Julgamento: 5.6.1991. Disponível em: <http://redir.stf.jus.br/paginadorpub/paginador.jsp?docTP=AC&docID=85463>. Acesso em: 6 jul. 2013.

BRASIL. *STF.* ADI n. 4277/DF. Tribunal Pleno. Relator: Ministro Ayres Britto. Julgamento: 5.5.2011. Fonte: DJe-198 divulgado em 13.10.2011 e publicado em 14.10.2011. Disponível em: <http://www.stf.jus.br/portal/jurisprudencia/listarJurisprudencia.asp?s1=%28uni%E3o+pessoas+mesmo+sexo%2EEMEN%2E+OU+uni%E3o+pessoas+mesmo+sexo%2EIND%2E%29&base=baseAcordaos&url=http://tinyurl.com/osluavx>. Acesso em: 13 jul. 2013.

BRASIL. *STF.* ADPF n. 132/RJ. Tribunal Pleno. Relator: Ministro Ayres Britto. Julgamento: 5.5.2011. Fonte: divulgado em 13.10.2011 e publicado em 14.10.2011. Disponível em: <http://www.stf.jus.br/portal/jurisprudencia/listarJurisprudencia.asp?s1=%28uni%E3o+pessoas+mesmo+sexo%2EEMEN%2E+OU+uni%E3o+pessoas+mesmo+sexo%2EIND%2E%29&base=baseAcordaos&url=http://tinyurl.com/osluavx>. Acesso em: 13 jul. 2013.

BRASIL. *STF.* ACO n. 79/MT. Tribunal Pleno. Relator: Ministro Cezar Peluso. Julgamento: 15.3.2012. Fonte: DJe-103 divulgado em 25.5.2012 e publicado em 28.5.2012. Disponível em: <http://www.stf.jus.br/portal/jurisprudencia/listarJurisprudencia.asp?s1=%28pondera%E7%E3o+valores%2EEMEN%2E+OU+pondera%E7%E3o+valores%2EIND%2E%29&base=baseAcordaos&url=http://tinyurl.com/krmaxdk>. Acesso em: 16 jul. 2013.

BRASIL. *STF.* Inq n. 2913 AgR/MT. Tribunal Pleno. Relator: Ministro Dias Toffoli. Relator para acórdão: Ministro Luiz Fux. Julgamento: 1.3.2012. Fonte: DJe-121 divulgado em 20.6.2012 e publicado em 21.6.2012. Disponível em: <http://www.stf.jus.br/portal/jurisprudencia/listarJurisprudencia.asp?s1=%28princ%EDpio+mandado+otimiza%E7%E3o%2EEMEN%2E+OU+princ%EDpio+mandado+otimiza%E7%E3o%2EIND%2E%29&base=baseAcordaos&url=http://tinyurl.com/mnuuq49>. Acesso em: 16 jul. 2013.

BRASIL. STF. 2ª Turma. Relatora: Ministra Cármen Lúcia. MS 28408. Disponível em: <http://www.stf.jus.br/portal/diarioJustica/verDiarioProcesso.asp?numDj=60&dataPublicacaoDj=27/03/2014&incidente=3791052&codCapitulo=4&numMateria=6&codMateria=3>. Acesso em: 09 maio 2014.

BRASIL. STF. MS n. 28408. 2ª Turma. Relatora: Ministra Cármen Lúcia. MS n. 28408. Disponível em: <http://www.stf.jus.br/portal/diarioJustica/verDiarioProcesso.asp?numDj=60&dataPublicacaoDj=27/03/2014&incidente=3791052&codCapitulo=4&numMateria=6&codMateria=3>. Acesso em: 9 maio 2014.

BRASIL. STJ. HC n. 197.370. Relator: Ministro Napoleão Nunes Maia Filho. Disponível em: <http://www.jusbrasil.com.br/jurisprudencia/21666862/habeas-corpus-hc-197370-ms-2011-0031775-8-stj/relatorio-e-voto>. Acesso em: 23 jan. 2013.

BRASIL. STJ. AgRg no REsp n. 685808/PR. 1ª Turma. Relator: Ministro Francisco Falcão. Julgamento: 14.9.2005. Publicação: DJ 28.11.2005, p. 205. Disponível em: <http://www.jusbrasil.com.br/jurisprudencia/60805/agravo-regimental-no-recurso-especial-agrg-no-resp-685808-pr-2004-0086472-4-stj>. Acesso em: 21 jan. 2013.

BRASIL. STJ. HC n. 77041/MG. 1ª Turma. Relator: Ministro Ilmar Galvão. Julgamento: 26.5.1998. Fonte: DJ 7.8.1998. Disponível em: <http://www.stf.jus.br/portal/jurisprudencia/listarJurisprudencia.asp?s1=%28minist%E9rio+p%FAblico+princ%EDpio+independ%EAncia+funcional%2EEMEN%2E+OU+minist%E9rio+p%FAblico+princ%EDpio+independ%EAncia+funcional%2EIND%2E%29&pagina=2&base=baseAcordaos&url=http://tinyurl.com/ngmo5sa.> Acesso em: 26 maio 2013.

BRASIL. STJ. REsp n. 1095253/DF. 6ª Turma. Relator: Ministro Sebastião Reis Júnior. Julgamento: 18.4.2013. Fonte: DJe 30.4.2013. Disponível em: <http://www.stj.jus.br/SCON/jurisprudencia/toc.jsp?tipo_visualizacao=null&ementa=minist%E9rio+p%FAblico+princ%EDpio+unidade&b=ACOR&thesaurus=JURIDICO>. Acesso em: 26 maio 2013.

BRASIL. STJ. EDcl no HC n. 227658/SP. 6ª Turma. Relator: Ministra Maria Thereza de Assis Moura. Julgamento: 3.5.2012. Fonte: DJe 14.5.2012. Disponível em: <http://www.stj.jus.br/SCON/jurisprudencia/toc.jsp?tipo_visualizacao=null&ementa=minist%E9rio+p%FAblico+princ%EDpio+unidade&b=ACOR&thesaurus=JURIDICO>. Acesso em: 26 maio 2013.

BRASIL. STJ. AgRg no Ag n. 1322990/RJ. 5ª Turma. Relatora: Ministra Laurita Vaz. Julgamento: 12.4.2011. Fonte: DJe 4.5.2011. Disponível em: <http://www.stj.jus.br/SCON/jurisprudencia/toc.jsp?tipo_visualizacao=null&ementa=minist%E9rio+p%FAblico+princ%EDpio+unidade&b=ACOR&thesaurus=JURIDICO>. Acesso em: 25 maio 2013.

BRASIL. STJ. HC n. 105804/SP. 6ª Turma. Relator: Ministra Maria Thereza de Assis Moura. Julgamento: 16.9.2010. Fonte: DJe 4.10.2010. Disponível em: <http://www.stj.jus.br/SCON/jurisprudencia/toc.jsp?tipo_visualizacao=null&ementa=minist%E9rio+p%FAblico+princ%EDpio+unidade&&b=ACOR&p=true&t=JURIDICO&l=10&i=11>. Acesso em: 26 maio 2013.

BRASIL. STJ. AgRg nos EREsp n. 1162604/SP. 1ª Seção. Relator: Ministro Cesar Asfor Rocha. Julgamento: 23.5.2012. Fonte: DJe 30.5.2012. Disponível em: http://www.stj.jus.br/SCON/jurisprudencia/toc.jsp?tipo_visualizacao=null&ementa=minist%E9rio+p%FAblico+princ%EDpio+unidade&b=ACOR&thesaurus=JURIDICO>. Acesso em: 26 maio 2013.

BRASIL. STJ. HC n. 112793/ES. 5ª Turma. Relator: Ministro Arnaldo Esteves Lima. Julgamento: 6.5.2010. Fonte: DJe 24.5.2010. Disponível em: <http://www.stj.jus.br/SCON/jurisprudencia/toc.jsp?tipo_visualizacao=null&ementa=minist%E9rio+p%FAblico+princ%EDpio+unidade&&b=ACOR&p=true&t=JURIDICO&l=10&i=11>. Acesso em: 26 maio 2013.

BRASIL. STJ. HC n. 171306/RJ. 5ª Turma. Relator: Ministro Gilson Dipp. Julgamento: 20.10.2011. Fonte: DJe 4.11.2011. Disponível em: <http://www.stj.jus.br/SCON/jurisprudencia/toc.jsp?tipo_visualizacao=null&ementa=minist%E9rio+p%FAblico+princ%EDpio+independ%EAncia+funcional&b=ACOR&thesaurus=JURIDICO>. Aceso em: 20 maio 2013.

BRASIL. STJ. REP n. 132-951/DF. 5ª Turma. Relator: Ministro José Arnaldo. Julgamento: 13.10.1998. Fonte: DJ 1.3.1999 p. 357. Disponível em: <http://www.stj.jus.br/SCON/jurisprudencia/toc.jsp?tipo_visualizacao=null&processo=132951&b=ACOR&thesaurus=JURIDICO>. Acesso em: 20 jun. 2013.

BRASIL. *STJ*. AP n. 689/BA. Corte Especial. Relatora: Ministra Eliana Calmon. Julgamento: 17.12.2012. Fonte: DJe 15.3.2013. Disponível em: <http://www.stj.jus.br/SCON/jurisprudencia/toc.jsp?tipo_visualizacao=null&ementa=ratifica%E7%E3o+den%FAncia&b=ACOR&thesaurus=JURIDICO>. Acesso em: 30 jun. 2013.

BRASIL. *STJ*. HC n. 127667/SP. 6ª Turma. Relatora: Ministra Maria Thereza de Assis Moura. Julgamento: 27.11.2012. Fonte: DJe 12.12.2012. Disponível em: <http://www.stj.jus.br/SCON/jurisprudencia/toc.jsp?tipo_visualizacao=null&ementa=minist%E9rio+p%FAblico+investiga%E7%E3o+criminal&&b=ACOR&p=true&t=JURIDICO&l=10&i=11>. Acesso em: 30 jun. 2013.

BRASIL. *STJ*. HC n.1669/GO. 6ª Turma. Relator: Ministro Pedro Acioli. Julgamento: 27/04/1993. Fonte: DJ 14.6.1993 p. 11790. Disponível em: <http://www.stj.jus.br/SCON/jurisprudencia/toc.jsp?tipo_visualizacao=null&processo=1669&b=ACOR&thesaurus=JURIDICO>. Acesso em: 30 jun. 2013.

BRASIL. STJ. AgRg no AgRg no AREsp n. 194892/RJ. 1ª Seção. Relator: Ministro Mauro Campbell Marques. Julgamento: 24.10.2012. Fonte: DJe 26/10/2012. Disponível em: <http://www.stj.jus.br/SCON/jurisprudencia/toc.jsp?tipo_visualizacao=null&processo=194892&b=ACOR&thesaurus=JURIDICO>. Acesso em: 7 jul. 2013.

BRASIL. *STJ*. AgRg no AREsp n. 157094. 2ª Turma. Relator: Ministro Humberto Martins. Julgamento: 2.10.2012. Fonte: DJe 10.10.2012. Disponível em: <http://www.stj.jus.br/SCON/jurisprudencia/toc.jsp? tipo_visualizacao=null&ementa=analisar+todas+as+alega%E7%F5es&b=ACOR&thesaurus=JURIDICO>. Acesso em: 25 jul. 2013.

BRASIL. *TJ-AP*. HC n. 9477920128030000 AP. Seção Única. Relatora: Desembargadora Sueli Pereira Pini. Julgamento: 26.7.2012. Publicação: DJE n. 139, 31.7.2012. Disponível em: <http://www.jusbrasil.com.br/jurisprudencia/22083491/habeas-corpus-hc-9477920128030000-ap-tjap>. Acesso em: 21 jan. 2013.

BRASIL. *TJ-DF*. APL n. 0053787-51.2009.807.0003. 1ª Turma Cível. Relator: Teófilo Caetano. Julgamento: 29.3.2012. Publicação: 23.4.2012, DJe, p. 107. Disponível em: <http://www.jusbrasil.com.br/jurisprudencia/21535621/apelacao-ci-vel-apl-537875120098070003-df-0053787-5120098070003-tjdf>. Acesso em: 15 jan. 2013.

BRASIL. *TJ-DF*. APL n. 20823020038070001. 2ª Turma Cível. Relator: Fernando Habibe. Julgamento: 14.11.2005. Fonte: Publicação: 21.03.2006, DJU, p. 88. Disponível em: <http://tj-df.jusbrasil.com.br/jurisprudencia/6903808/apelacao-da-vara-da-infancia-e-da-juventude--apl-20823020038070001-df-0002082-3020038070001>. Acesso em: 23 jul. 2013.

BRASIL. *TJ-MS*. MS n. 2011.037707-7/0001.00. 2ª Seção Cível. Relator: Desembargador Joenildo de Sousa Chaves. Julgamento: 12.3.2012. Publicação: 16.3.2012. Disponível em: <http://www.jusbrasil.com.br/jurisprudencia/21395966/agravo-regimental-em-mandado-de-seguranca-ms-37707--ms-2011037707-7-000100-tjms>. Acesso em: 21 jan. 2013.

BRASIL. *TJ-PE*. APL n. 0043979-15.2010.8.17.0001. 5ª Câmara Cível. Relator: Agenor Ferreira de Lima Filho. Julgamento: 4.4.2012. Publicação: 6.8.2012. Disponível em: <http://www.jusbrasil.com.br/jurisprudencia/21477100/apelacao-apl-439791520108170001-pe-0043979-1520108170001-tjpe>. Acesso em: 15 jan. 2013.

BRASIL. *TJ-SC*. AC n. 2008.021708-7. 4ª Câmara de Direito Público. Relator: José Volpato de Souza. Julgamento: 14.9.2009. Disponível em: <http://www.jusbrasil.com.br/jurisprudencia/6715037/apelacao-civel-ac-217087-sc-2008021708-7-tjsc>. Acesso em: 21 jan. 2013.

BRASIL. *TJ-SC*. AC n. 11272 SC 2011.001127-2. 2ª Câmara de Direito Público. Relator: Ricardo Roesler Julgamento: 27.1.2012. Julgamento: 27.1.2012. Disponível: <http://www.jusbrasil.com.br/jurisprudencia/21127271/apelacao-civel-ac-11272-sc-2011001127-2-tjsc>. Acesso em: 21 jan. 2013.

BRASIL. TJ-SP. AGR n. 770875220118260000-SP. 11ª Câmara de Direito Público. Relator: Ricardo Dip. Julgamento: 20.6.2011. Publicação: 22.6.2011. Disponível em: <http://www.jusbrasil.com.br/jurisprudencia/19862694/agravo-regimental-agr-770875220118260000-sp-0077087-5220118260000-tjsp>. Acesso em: 21 jan. 2013.

BRASIL. TJ-SP. AI n. 334080220118260000-SP. 28ª Câmara de Direito Privado. Relator: Cesar Lacerda. Julgamento: 26.4.2011. Publicação: 2.5.2011. Disponível em: <http://www.jusbrasil.com.br/jurisprudencia/18848866/agravo-de-instrumento-ai-334080220118260000-sp-0033408-0220118260000-tjsp>. Acesso em: 22 jan. 2013.

BRASIL. *TJ-RS*. AI n. 70045190600. Relator: Jorge Maraschin dos Santos. Julgamento: 23.11.2011. Primeira Câmara Cível. Publicação: DJ 5.12.2011. Disponível em: <http://www.jusbrasil.com.br/jurisprudencia/20936523/agravo-de-instrumento-ai-70045190600-rs-tjrs>. Acesso em: 21 jan. 2013.

BRASIL. *TJ-RS*. RC n. 71003613403. Turma Recursal Criminal. Relatora: Cristina Pereira Gonzales. Julgamento: 23.4.2012. Publicação: DJ 24.4.2012. Disponível em: <http://www.jusbrasil.com.br/jurisprudencia/21527838/recurso-crime-rc-71003613403-rs-tjrs>. Acesso em: 23 jan. 2013.

BRASIL. *TJ-SC*. AC n. 548786 SC 2011.054878-6. Câmara Especial Regional de Chapecó. Relator: Eduardo Mattos Gallo Júnior. Julgamento: 27.10.2011. Disponível em: <http://www.jusbrasil.com.br/jurisprudencia/20665810/apelacao-civel-ac-548786-sc-2011054878-6-tjsc>. Acesso em: 21 jan. 2013.

BRASIL. *TST*. RR n. 130800-61.2004.5.01.0281. 8ª Turma. Relator: Márcio Eurico Vitral Amaro. Julgamento: 15.2.2012. Publicação: DEJT 24.2.2012. Disponível em: <http://www.jusbrasil.com.br/jurisprudencia/21303632/recurso-de-revista-rr-1308006120045010281-130800-6120045010281-tst>. Acesso em: 22 jan. 2013.

BRASIL. *TST*. RR n. 553395-40.1999.5.05.5555. 4ª Turma. Julgamento: 17.5.2000. Relator: Ministro Ives Gandra Martins Filho. Fonte: DJ 16.6.2000. Disponível em: <http://www.tst.jus.br/consulta-unificada>. Acesso em: 24 jun. 2013.

BRASIL. *TST*. RR n. 43786-71.1992.5.10.0002. 5ª Turma. Julgamento: 24.3.2010. Relator: Ministro Emmanoel Pereira. Fonte: DEJT 11.6.2010. Disponível em: <http://aplicacao5.tst.jus.br/consultaunificada2/inteiroTeor.do?action=printInteiroTeor&format=html&highlight=true&numeroFormatado=RR%20-%2043786-71.1992.5.10.0002&base=acordao&rowid=AAANGhABIAAAAZGAAI&dataPublicacao=11/06/2010&query=minist%E9rio%20and%20p%FAblico%20and%20princ%EDpio%20and%20da%20and%20unidade.>. Acesso em: 24 jun. 2013.

CALAMANDREI, Piero. *Instituições de direito processual civil*. Tradução Douglas Dias Ferreira. 2. ed. Campinas: Bookseller, 2003, v. II.

CÂMARA, Alexandre Freitas. *Lições de direito processual civil*. 10. ed. Rio de Janeiro: Lumen Juris, 2004, v. 1.

COMPARATO, Fábio Konder. *A afirmação histórica dos direitos humanos*. 6. ed. rev. atual. São Paulo: Saraiva, 2008.

CANOTILHO, J. J. Gomes. *Direito constitucional e teoria da constituição*. 7. ed. Coimbra: Almedina, 2003.

CAPPELLETTI, Mauro; BRYANT, Garth. *Acesso à justiça*. Tradução Elllen Gracie Northfleet. Porto Alegre: Sergio Antonio Fabris, 1998.

CARNEIRO, Paulo Cezar Pinheiro. *O ministério público no processo civil e penal*. Promotor natural, atribuição e conflito com base na constituição de 1988. 5. ed. Rio de Janeiro: Forense, 1995.

CARVALHO, Cecilia Maringoni de. Por uma ética ilustrada e progressista: uma defesa do utilitarismo. *In*: OLIVEIRA, Manfredo A. (Org.). *Correntes fundamentais da ética contemporânea*. 4. ed. Petrópolis: Vozes, 2009, p. 99-117.

CARVALHO NETTO, Menelick. Requisitos pragmáticos da interpretação jurídica sob o paradigma do estado democrático de direito. *Revista de Direito Comparado*. Pós-graduação da faculdade de direito da Universidade Federal de Minas Gerais. Mandamentos: Belo Horizonte, v. 3, maio 1993, p. 473-486.

CHIOVENDA, Giuseppe. *Instituições de direito processual civil*. Tradução Paolo Capitanio. Capinas: Bookseller, 1998, v. 2.

CINTRA, Antonio Carlos de Araújo; GRINOVER, Ada Pelegrini; DINAMARCO, Cândido Rangel. *Teoria geral do processo*. 13. ed. São Paulo: Malheiros, 1997.

COMTE, Auguste. *Curso de filosofia positiva*. Coleção Os Pensadores. Tradução José Arthur Giannotti e Miguel Lemos. 5. ed. São Paulo: Nova Cultural, 1991.

COURA, Alexandre de Castro. *Hermenêutica jurídica e jurisdição (IN) constitucional*: para uma análise crítica da "jurisprudência de valores" à luz da teoria discursiva de Habermas. Mandamentos: Belo Horizonte, 2009.

_____. Sobre discricionariedade e decisionismo na interpretação e aplicação das normas em Kelsen. *In*: A diversidade do pensamento de Hans Kelsen. FARO, Julio Pinheiro; BUSSINGUER, Elda Coelho de Azevedo (Orgs.). Rio de Janeiro: Lumen Juris, 2013. p. 131-140.

_____. Uma questão de interpretação. *In*: LIMA NETO, Francisco Vieira; SILVESTRE, Gilberto Fachetti; LIMA, Marcellus Polastri; ZAGANELLI, Margareth Vetis. (Orgs.). *Temas atuais de direitos*: estudos em homenagem aos 80 anos do Curso de Direito da Universidade Federal do Espírito Santo. 1. ed. Rio de Janeiro: Lumen Juris, 2011. v. 1, p. 1-22.

_____. Por uma jurisdição constitucionalmente adequada ao paradigma do estado democrático de direito — reflexões acerca da legitimidade das decisões judiciais e da efetivação dos direitos e garantias fundamentais. *In*: SIQUEIRA, Julio Pinheiro Faro Homem de; TEIXEIRA, Bruno Costa; MIGUEL, Paula Castello (Coords.). *Uma homenagem aos 20 anos da constituição brasileira*. Florianópolis: Fundação Boiteux, 2008, p. 311-329.

COURA, Alexandre de Castro; FONSECA, Bruno Gomes Borges da. Reflexões acerca dos direitos fundamentais a partir da tensão entre Estado de Direito e Democracia em Jürgen Habermas. *Revista do Instituto de Hermenêutica Jurídica* (RIHJ). Ano 11, n. 13. Belo Horizonte: Fórum, 2013, p. 29-50.

COURA, Alexandre de Castro; PAULA, Rodrigo Francisco de. *Interpretação e aplicação das súmulas vinculantes e a cláusula "se for o caso": para uma análise crítica da pretensão de "aplicabilidade automática" das súmulas vinculantes*. Vitória: Revista de Direitos e Garantias Fundamentais. n. 4, jul./dez., 2008, p. 213-229.

CRUZ, Álvaro Ricardo de Souza. *Habermas e o direito brasileiro*. 2. ed. Rio de Janeiro: Lumen Juris, 2008.

_____. Um olhar crítico-deliberativo sobre os direitos sociais no estado democrático de direito. *In*: SOUZA NETO, Cláudio Pereira; SARMENTO, Daniel (Coords.). *Direitos sociais*: fundamentação, judicialização e direitos sociais em espécie. 2. tir. Rio de Janeiro: Lumen Juris, 2010, p. 87-136.

DALLARI, Adilson Abreu. Autonomia e responsabilidade do ministério público. *In*: RIBEIRO, Carlos Vinícius Alves (Org.). *Ministério público*. Reflexões sobre princípios e funções institucionais. São Paulo: Atlas, 2010, p. 43-61.

DELGADO, Mauricio Godinho. *Curso de direito do trabalho*. 10. ed. São Paulo: LTr, 2011.

DESCARTES, René. *Discurso do método*. Tradução Paulo Neves. Porto Alegre: L & PM, 2009.

DWORKIN, Ronald. *Levando os direitos a sério*. Tradução Nelson Boeira. São Paulo: Martins Fontes, 2007.

_____. *O império do direito*. 2. ed. Tradução Jefferson Luiz Camargo. São Paulo: Martins Fontes, 2007.

FERRAJOLI, Luigi. *Por uma teoria dos direitos e dos bens fundamentais*. Tradução Alexandre Salim et al. Porto Alegre: Livraria do Advogado, 2011.

FERRAZ JÚNIOR, Tercio Sampaio. *A ciência do direito*. 2. ed. São Paulo: Atlas, 2009.

FIORILLO, Celso Antonio Pacheco. *Curso de direito ambiental brasileiro*. 8. ed. São Paulo: Saraiva, 2007.

FONSECA, Bruno Gomes Borges da. *Compromisso de ajustamento de conduta*. LTr: São Paulo, 2013.

_____. Direitos humanos e fundamentais: pontos e contrapontos. *In*: SANTOS, Élisson Miessa; CORREIA, Henrique (Coords.). *Estudos aprofundados*: ministério público do trabalho. Salvador: Editora jusPodivm. 2013, p. 215-234.

_____. Um olhar transdisciplinar sobre as(in)consequências das vestes formais dos profissionais do direito. *In*: FRANCISCHETTO, Gilsilene Passon P. (Orgs.). *Um diálogo entre ensino jurídico e pedagogia*. Curitiba: CRV, 2011, p. 83-107.

_____. Ministério público é cláusula pétrea? Análise na perspectiva da teoria das garantias institucionais. *Revista do Ministério Público do Trabalho*. Brasília: LTr, ano XXI, n. 41, mar. 2011 p. 125-144.

_____. Diferenças entre regras e princípio na perspectiva da teoria de Ronald Dworkin. *In*: KROHLING, Aloísio; FERREIRA, Dirce Nazaré de Andrade (Coords.). *Filosofia do direito*: novos rumos. Curitiba: Juruá, 2012, p. 143-158.

_____. As associações sindicais como garantidoras de direitos e o papel do ministério público do trabalho: considerações e propostas de atuação. *Revista do Ministério Público do Trabalho*. Brasília: LTr, ano XIX, n. 37, mar. 2009, p. 183-229

FLORES, Joaquím Herrera. *Teoria crítica dos direitos humanos*: os direitos humanos como produtos culturais. Rio de Janeiro: Lumen Juris, 2009.

FREIRE, Paulo. *Pedagogia do oprimido*. Rio de Janeiro: Paz e Terra, 2009.

GADAMER, Hans-Georg. *Verdade e método I*: traços fundamentais de uma hermenêutica filosófica. 11. ed. Tradução Flávio Paulo Meurer. Petrópolis: Vozes/Editora Universitária São Francisco, 2011.

_____. *Verdade e método II*: complementos e índice. 2. ed. Tradução Enio Paulo Giachini. Petrópolis: Vozes/Editora Universitária São Francisco, 2004.

GARAPON, Antoine; GROS, Frédéric; PECH, Thierry. *Punir em democracia e a justiça será*. Lisboa: Instituto Piaget, 2001.

GARCIA, Emerson. *Ministério público*. Organização, atribuições e regime jurídico. 3. ed. rev. ampl. atual. Rio de Janeiro: Lumen Juris, 2008.

_____. Ministério público: essência e limites da independência funcional. *In*: RIBEIRO, Carlos Vinícius Alves (Org.). *Ministério público*. Reflexões sobre princípios e funções institucionais. São Paulo: Atlas, 2010. p. 62-82.

GOULART, Marcelo Pedroso. *Ministério público e democracia*: teoria e práxis. São Paulo: Editora de Direito, 1998.

_____. Princípios institucionais do ministério público. *In*: RIBEIRO, Carlos Vinícius Alves (Orgs.). *Ministério público*. Reflexões sobre princípios e funções institucionais. São Paulo: Atlas, 2010. p. 164-180.

GRINOVER, Ada Pelegrini. O papel do ministério público entre as instituições que compõem o sistema brasileiro de justiça. *In*: SADEK, Maria Tereza (Org.). *O Ministério Público e a justiça no Brasil*. São Paulo: Sumaré/IDESP, 1997. p. 7-27.

GROTIUS, Hugo. *O direito da guerra e da paz*. 2. ed. Tradução Crio Mioranza. Ijuí: Editora Unijuí, 2005. v. 1.

GUIMARÃES, Guilherme F. A. Cintra. *O uso criativo dos paradoxos do direito na aplicação de princípios constitucionais*: abertura, autoritarismo e pragmatismo na jurisdição constitucional brasileira. Brasília: Dissertação de Mestrado do Programa de Pós-graduação *Stricto Sensu* da UnB. Área de concentração: Direito, Estado e Constituição. Orientador: Professor Dr. Cristiano Otávio Paixão Araújo Pinto, 2007.

GULLAR, Ferreira. *Em alguma parte alguma*. 2. ed. Rio de Janeiro: José Olympio, 2010.

GÜNTHER, Klaus. Uma concepção normativa de coerência para uma teoria discursiva da argumentação jurídica. *Cadernos de Filosofia Alemã*. São Paulo: Humanitas, n. 6, 2000, p. 85-102.

_____. *Teoria da argumentação no direito e na moral*: justificação e aplicação. Tradução Claudio Molz. São Paulo: Landy, 2004.

HÄBERLE, Peter. *Hermenêutica constitucional*. A sociedade aberta dos intérpretes da constituição: contribuição para a interpretação pluralista e procedimental da constituição. Tradução Gilmar Ferreira Mendes. Porto Alegre: Sergio Antonio Fabris, 1997.

HABERMAS, Jürgen. *Between facts and norms*: contributions to a discourse theory of law and democracy. Tradução de William Rehg. Massachusetts: The MIT Press, Cambrigde, 1996.

HABERMAS, Jürgen. *Direito e democracia*: entre facticidade e validade. 2. ed. Tradução Flávio Beno Siebeneichler. Rio de Janeiro: Tempo Brasileiro, 2003. v. I.

_____. 2. ed. Tradução Flávio Beno Siebeneichler. Rio de Janeiro: Tempo Brasileiro, 2003, v. II.

_____. *A ética da discussão e a questão da verdade*. 2. ed. Tradução Marcelo Brandão Cipolla. São Paulo: Martins Fontes, 2007.

_____. *Pensamento pós-metafísico*. Estudos filosóficos. Tradução Flávio Beno Siebeneichler. Rio de Janeiro: Tempo Brasileiro, 2002.

_____. *A inclusão do outro*: estudos de teoria política. Tradução George Sperber e Paulo Astor Soethe. São Paulo: Loyola, 2002.

_____. *Consciência moral e agir comunicativo*. Tradução Márcio Seligmann-Silva. 2. ed. Tradução Guido A. de Almeida. Rio de Janeiro: Tempo Brasileiro, 2003.

HART, H. L. A. *O conceito de direito*. Tradução Antônio de Oliveira Sette-Câmara. São Paulo: Martins Fontes, 2009.

HEIDEGGER, Martin. *Ser e tempo*. 6. ed. Tradução revisada Marcia Sá Cavalcante Schuback. Petrópolis: Vozes/Editora Universitária São Francisco, 2012.

HERKENHOFF, João Baptista. *Como aplicar o direito* (à luz de uma perspectiva fenomenológica e sociológica-política). 12. ed. Rio de Janeiro: Forense, 2010.

HERRERO, F. Javier. Ética do discurso. *In*: OLIVEIRA, Manfredo A. (Org.). *Correntes fundamentais da ética contemporânea*. 4. ed. Petrópolis: Vozes, 2009.

HOBBES, Thomas. *Leviatã ou matéria, forma e poder de um estado eclesiástico e civil*. Tradução Rosina D' Angina. São Paulo: Martin Claret, 2009.

HOBSBAWN, Eric. Introdução: a invenção das tradições. *In*: HOBSBAWM, Eric; RANGER, Terence (Orgs.). *A invenção das tradições*. Tradução Celina Cardim Cavalcante. Rio de Janeiro: Nova Fronteira, 2012.

JATAHY, Carlos Roberto de Castro. *Curso de princípios institucionais do ministério público*. 4. ed. Rio de Janeiro: Lumen Juris, 2009.

_____. *O ministério público e o estado democrático de direito*. Perspectivas constitucionais de atuação institucional. Rio de Janeiro: Lumen Juris, 2007.

KANT, Emmanuel [sic]. *Crítica da razão pura*. Tradução J. Rodrigues de Mereje. 9. ed. Rio de Janeiro: Ediouro, [19- -?].

_____. *Doutrina do direito*. Tradução Edson Bini. 3. ed. São Paulo: Ícone, 2005.

KANT, Immanuel. *Crítica da razão prática*. Tradução Valério Rohden. São Paulo: Martins Fontes, 1993.

KELSEN, Hans. *Teoria pura do direito*. Tradução João Baptista Machado. 7. ed. São Paulo: Martins Fontes, 2006.

KELSEN, Hans. *Introduction to the Problems of Legal Theory*. Trad. B.L. Paulson and S. L. Paulson. Oxford: Clarendon Press, 1934/2002.

KEYNES, John Maynard. *Teoria geral do emprego, do juro e da moeda*. Tradução Manuel Resende. São Paulo: Saraiva, 2012.

KROHLING, Aloísio. Ética moral: protótipos epistemológicos. *In*: _____. (Org.). Ética e a descoberta do outro. Curitiba: CRV, 2010. p. 17-35.

KUHN, Thomas S. *A estrutura das revoluções científicas*. 9. ed. Tradução Beatriz Vianna Boeira e Nelson Boeira. São Paulo: Perspectiva, 2007.

LEITE, Carlos Henrique Bezerra. *Ministério público do trabalho*. Doutrina, jurisprudência e prática. 2. ed. São Paulo: LTr, 2002.

LYRA, Roberto. *Teoria e prática da promotoria de justiça*. 2. ed. Porto Alegre: Sergio Antonio Fabris, 1989.

LOCKE, John. *Segundo tratado sobre o governo*. Ensaio relativo à verdadeira origem, extensão e objetivo do governo civil. Tradução Alex Marins. São Paulo: Martin Claret, 2002.

MACHADO, Antônio Alberto. *Ministério Público*: democracia e ensino jurídico. Belo Horizonte: Del Rey, 2000.

MACHADO, Antônio Cláudio da Costa. *A intervenção do ministério público no processo civil brasileiro*. São Paulo: Saraiva, 1989.

MACHADO, Bruno Amaral. *Ministério público*: organização, representações e trajetórias. Curitiba: Juruá, 2007.

MACHADO, Marcos Henrique. O ministério público administrativo. ALMEIDA, João Batista (Org.). *Revista Jurídica do Ministério Público de Mato Grosso*. Cuiabá: Entrelinhas, ano 2, v. 3, n. 3, jul./dez., 2007, p. 315-332.

MAUS, Ingeborg. Judiciário como superego da sociedade. O papel da atividade jurisprudencial na "sociedade órfã". Tradução Martonio Lima e Paulo Albuquerque. *Revista Novos Estudos*. São Paulo: Editora Brasileira de Ciências, n. 58, nov. 2000, p. 183-202.

MAZZILLI, Hugo Nigro. *Regime jurídico do ministério público*. 6. ed. rev. ampl. e atual. São Paulo: Saraiva, 2007.

_____. *A defesa dos interesses difusos em juízo*. 20. ed. São Paulo: Saraiva, 2007.

_____. *O acesso à justiça e o ministério público*. 5. ed. São Paulo: Saraiva, 2007.

MENDES, Aluisio Gonçalves de Castro. *Ações coletivas no direito comparado e nacional*. 2. ed. rev. atual. ampl. São Paulo: Revista dos Tribunais, 2010.

MILL, J. S. *Utilitarismo*. Introdução, tradução e notas Pedro Galvão. Portugal: Porto Editor, 2005.

MÜLLER, Friedrich. *Métodos de trabalho do direito constitucional*. Tradução Peter Naumann. 2. ed. São Paulo: Max Limonad, 2004.

MORAES, Alexandre. *Direito constitucional*. 19. ed. São Paulo: Atlas, 2006.

MOREIRA, Jairo Cruz. *A intervenção do ministério público no processo civil*: à luz da constituição. Belo Horizonte: Del Rey, 2009.

MARTINEZ, Sergio Rodrigo. *Manual da educação jurídica*. Um contra-arquétipo na proposta de criação de um núcleo transdisciplinar. Curitiba: Juruá, 2003.

O NOME DA ROSA. Direção: Jean-Jacques Annaud. Brasil: Videolar S.A. Licença: *Warner Bros.* 1986, filme (131 min).

OLIVEIRA, Manfredo A. de. *Reviravolta linguística-pragmática* na filosofia contemporânea. 3. ed. São Paulo: Loyola, 2006.

OLIVEIRA, Marcelo Andrade Cattoni de. *Teoria da constituição*. Belo Horizonte: Initia Via Editora, 2012.

PLATÃO. *Crátilo*. Tradução Maria José Figueiredo. Lisboa: Instituto Piaget, 2001.

_____. *A república*. Tradução Albertino Pinheiro. 6. ed. São Paulo: Atena Editora, 1956.

PÔRTO, Inês da Fonseca. *Ensino jurídico, diálogos com a imaginação*. Construção do projeto didático no ensino jurídico. Porto Alegre: Sergio Antonio Fabris, 2000.

POUND, Roscoe. *Justiça conforme a lei*. 2. ed. Tradução E. Jacy Monteiro. São Paulo: Ibrasa, 1976.

REPOLÊS, Maria Fernanda Salcedo. *Habermas e a desobediência civil*. Belo Horizonte: Mandamentos, 2003.

RIBEIRO, Carlos Vinícius Alves. Funções administrativas e discricionárias do ministério público. *In*: _____. (Org.). *Ministério público*. Reflexões sobre princípios e funções institucionais. São Paulo: Atlas, 2010. p. 339-356.

RITT, Eduardo. *O ministério público como instrumento de democracia e garantia constitucional*. Porto Alegre: Livraria do Advogado, 2012.

ROBLES, Gregório. *O direito como texto*. Tradução Roberto Barbosa Alves. São Paulo: Manole, 2005.

RODRIGUES, Geisa de Assis. *Ação civil pública e termo de ajustamento de conduta*. Rio de Janeiro: Forense, 2002.

ROSS, Alf. *Direito e justiça*. 2. ed. Tradução Edson Bini. Bauru, SP: Edipro, 2007.

ROUSSEAU, Jean-Jacques. *Do contrato social*. Princípios do direito político. Tradução Vicente Sabino Jr. São Paulo: Editora CD, 2001.

SADEK, Maria Tereza. *In*: _____. (Org.). *Justiça e cidadania no Brasil*. São Paulo: Sumaré/IDESP, 2000. p. 11-37.

SANTOS, André Luiz Lopes. *Ensino jurídico*. Uma abordagem político-educacional. Campinas: Edicamp, 2002.

SARLET, Ingo Wolfgang. *A eficácia dos direitos fundamentais*. 7. ed. rev. atual. ampl. Porto Alegre: Livraria do Advogado, 2007.

SARMENTO, Daniel. Colisões entre direitos fundamentais e interesses públicos. *In*: SARMENTO, Daniel; GALDINO, Flavio (Org.). *Direitos fundamentais*: estudo em homenagem ao professor Ricardo Lobo Torres. Rio de Janeiro: Renovar, 2006. p. 267-324.

_____. O neoconstitucionalismo no Brasil: riscos e possibilidades. *In*: QUARESMA, Regina; OLIVEIRA, Maria Lúcia de Paula; OLIVEIRA, Farlei Martins Riccio de (Coords.). *Neoconstitucionalismo*. Rio de Janeiro: Forense, 2009, p. 267-301.

SARTRE, Jean-Paul. *O existencialismo é um humanismo*. Tradução João Batista Kreuch. Petrópolis: Vozes, 2012.

SAUWEN FILHO, João Francisco. *Ministério público brasileiro e estado democrático de direito*. Rio de Janeiro: Renovar, 1999.

SAVIANI, Demerval. *História das ideias pedagógicas no Brasil*. 2. ed. rev. ampl. Campinas: Autores Associados, 2008.

SILVA, Cátia Aida. *Justiça em jogo*: novas facetas da atuação dos promotores de Justiça. São Paulo: Editora da Universidade de São Paulo, 2001.

SIMÓN, Sandra Lia. O ministério público do trabalho e as coordenadorias nacionais. *In*: PEREIRA, Ricardo José Macedo de Britto (Orgs.). *Ministério Público do Trabalho*: coordenadorias temáticas. Brasília: Escola Superior do Ministério Público da União, 2006.

SMITH, Adam Ricardo. *Investigação sobre a natureza e as causas da riqueza das nações*. Tradução Conceição Jardim Maria do Carmo Cary e Eduardo Lúcio Nogueira. 2. ed. São Paulo: Abril Cultural, 1979.

SOUZA NETO, Cláudio Pereira de. *Teoria constitucional e democracia deliberativa*: um estudo sobre o papel do direito na garantia das condições para a cooperação na deliberação democrática. Rio de Janeiro: Renovar, 2006.

_____. Teoria da constituição, democracia e igualdade. *In*: SOUZA NETO, Cláudio Pereira de et al. *Teoria da Constituição*: estudos sobre o lugar da política no direito constitucional. Rio de Janeiro: Lumen Juris, 2003. p. 1-73.

STRECK, Lenio Luiz. *Hermenêutica jurídica e(m) crise*. Uma exploração hermenêutica da construção do direito. 8. ed. Porto Alegre: Livraria do Advogado, 2009.

_____. *O que é isto — decido conforme minha consciência?* 2. ed. rev. ampl. Porto Alegre: Livraria do Advogado, 2010.

_____. *Verdade e consenso*. Constituição, hermenêutica e teorias discursivas. Da possibilidade à necessidade de respostas corretas em direito. 3. ed. Rio de Janeiro: Lumen Juris, 2009.

STRECK, Lenio Luiz; FELDENS, Luciano. *Crime e constituição*. A legitimidade da função investigatória do ministério público. 3. ed. Rio de Janeiro: Forense, 2006.

TORNAGHI, Hélio. *Curso de processo penal*. 10. ed. Atualização Adalberto José Q. T. De Camargo Aranha. São Paulo: Saraiva, 1997. v. I.

WATANABE, Kazuo. Capítulo I. Disposições gerais. *In*: GRINOVER, Ada Pellegrini et al. *Código brasileiro de defesa do consumidor: comentado pelos autores do anteprojeto*. 8. ed. São Paulo: Forense Universitária, 2004. p. 780-853.

WARAT, Luiz Alberto. *Introdução geral ao direito*. Interpretação da lei. Temas para uma reformulação. Porto Alegre: Sergio Antonio Fabris, 1994. v. I.

_____. *Introdução geral ao direito*. A epistemologia jurídica da modernidade. Porto Alegre: Sergio Antonio Fabris, 1995. v. 2.

WEBER, Max. *A ética protestante e o espírito do capitalismo*. Tradução Vinícius Eduardo Alves. São Paulo: Centauro, 2008.

WITTGENSTEIN, Ludvig. *Investigações filosóficas*. 6. ed. Tradução Marcos G. Montagnoli. Petrópolis: Vozes, 2009.

ZENKNER, Marcelo Barbosa de Castro. *Ministério público e efetividade do processo civil*. São Paulo: Revista dos Tribunais, 2006.

ZENKNER, Marcelo Barbosa de Castro. Ministério público e solução extrajudicial de conflitos. *In*: ALVES, Carlos Vinícius (Org.). *Ministério público*: reflexões sobre princípios e funções institucionais. 2. ed. São Paulo: Atlas, 2009. v. 1, p. 317-338.